中国科技期刊发展蓝皮书（2017）

中国科学技术协会 主编

科学出版社
北京

内容简介

《中国科技期刊发展蓝皮书（2017）》是我国科技期刊领域的第一本"蓝皮书"。该书围绕建设创新型国家的总体目标，由我国科技期刊领域著名的院士、专家、学者组成专家委员会和编写委员会，以第三方视角，客观反映中国科技期刊的全貌，分析发展现状，剖析存在问题，总结出版规律，预测发展趋势，借鉴国际优秀科技期刊发展经验，探索我国科技期刊可持续发展路径。本书内容全面，数据可靠，是引导我国科技期刊明确使命、谋划布局、引领发展的指南，可供期刊从业人员、管理人员及科研人员作为重要参考。

图书在版编目（CIP）数据

中国科技期刊发展蓝皮书. 2017/中国科学技术协会主编. —北京：科学出版社，2017.12
ISBN 978-7-03-055971-5

Ⅰ. ①中⋯ Ⅱ. ①中⋯ Ⅲ. ①科技期刊–出版工作–研究报告–中国–2017 Ⅳ. ①G237.5

中国版本图书馆 CIP 数据核字(2017)第 309797 号

责任编辑：张晓宇 翟亚丽 / 责任校对：刘凤英
责任印制：关山飞 / 封面设计：张云峰

科学出版社 出版
北京东黄城根北街 16 号
邮政编码：100717
http://www.sciencep.com

北京科信印刷有限公司 印刷
科学出版社发行　各地新华书店经销

*

2018 年 1 月第 一 版　开本：720×1000 1/16
2018 年 1 月第一次印刷　印张：16 1/4
字数：238 000
定价：98.00 元
(如有印装质量问题，我社负责调换)

《中国科技期刊发展蓝皮书》专家委员会

主　任：　王恩哥　中国科学院院士

　　　　　　　　《科学通报（英文版）》主编

委　员：（以姓氏笔画为序）

　　　　丁以绣　国家新闻出版广电总局综合业务司副司长

　　　　万建民　中国工程院院士

　　　　　　　　中国农业科学院副院长

　　　　　　　　《中国农业科学》主编

　　　　　　　　《作物学报》主编

　　　　王　杉　北京大学人民医院外科教授

　　　　　　　　《科学通报（英文版）》副主编

　　　　卢锡城　中国工程院院士

　　　　　　　　《信息与电子工程前沿（英文）》主编

　　　　刘　明　中国科学院院士

　　　　朱　明　中国农业工程学会理事长

　　　　　　　　《农业工程学报》主编

　　　　宋　军　中国科协党组成员兼

　　　　　　　　学会学术部（企业工作办公室）部长（主任）

李　军　国家新闻出版广电总局新闻报刊司司长

李亚栋　中国科学院院士

　　　　《中国科学：材料科学》主编

　　　　《纳米研究》主编

项昌乐　中国科协党组成员、书记处书记

高　福　中国科学院院士

　　　　《科学通报（中文版）》主编

　　　　中国科协科学技术普及专门委员会副主任

屠海令　中国工程院院士

　　　　《稀有金属（英文版）》主编

　　　　《分析检测（英文版）》主编

彭　斌　中国科技出版传媒股份有限公司总经理、编审

颜　帅　中国高校科技期刊研究会理事长、编审

《中国科技期刊发展蓝皮书》编写委员会

主　任：项昌乐　中国科协党组成员、书记处书记

副主任：刘兴平　中国科协学会服务中心主任

　　　　任胜利　中国科学技术期刊编辑学会副理事长兼
　　　　　　　　秘书长、编审

　　　　刘培一　科学出版社北京中科期刊出版有限公司
　　　　　　　　副总经理、编审

委　员：（以姓氏笔画为序）

　　　　马　峥　中国科学技术信息研究所科学计量与评价
　　　　　　　　研究中心副主任、研究员

　　　　刘筱敏　中国科学院文献情报中心知识服务创业中心
　　　　　　　　主任、研究馆员

　　　　肖　宏　清华大学《中国学术期刊（光盘版）》电子
　　　　　　　　杂志社副社长、副总编辑、编审

　　　　卓宏勇　国家新闻出版广电总局新闻报刊司
　　　　　　　　报刊处处长

　　　　段艳文　中国期刊协会中国期刊年鉴杂志社
　　　　　　　　常务副社长、主编

　　　　程维红　中国农业科学院作物科学研究所
　　　　　　　　《作物学报》编辑部主任、编审

　　　　楼　伟　中国科协学会服务中心副主任

序　　言

　　创新是引领发展的第一动力,是建设现代化经济体系的战略支撑。创新的内涵非常丰富,其中最核心的是科技创新。科技创新作为提高社会生产力、提升国际竞争力、增强综合国力、保障国家安全的战略支撑,必须摆在国家发展全局的核心位置。

　　党的十九大报告指出,要瞄准世界科技前沿,着力加强基础研究、应用基础研究,加强国家创新体系建设,强化战略科技力量。推动科技创新,应该重视基础研究,提高原始创新和自主创新能力,把握好世界科技前沿,特别是技术革命的最新趋势,在各个领域特别是一些关键领域前瞻布局,抓住新一轮全球科技竞争的战略主动权,形成主导未来国家发展的强大力量。推动科技创新,应强化应用研究,着力打通科技和经济社会发展之间的通道,促进科技创新与经济社会发展的紧密结合。同时,要深化科技体制改革,充分释放创新活力,倡导创新文化,促进科技成果转化,培养造就高水平人才,为实施创新驱动发展战略和建设创新型国家提供体制机制和人才保障。

　　科技期刊自诞生以来,在开展学术交流、推动科技发展和人类社会进步过程中一直扮演着重要角色。在过去 100 多年中,80%以上的世界科技创新成果首先发表在科技期刊上。科技期刊在发布和记录科研成果、推动学术交流、倡导学术争鸣、激发创新思维、引领学科发展前沿、提升公众科学素养等方面发挥了重要的社会功能。因此,建成世界科技创新强国,成为世界主要科学中心和创新高地,就必须拥有一批能在全世界起到主导和引领作用的科技期刊。

　　目前我国科技期刊总量已达 5020 种,覆盖理、工、农、医、交叉学科等各个领域,作为科技发展链条中的重要环节,在国家创新体系中占据了不可替代的位置,为中国的科技创新做出了积极的贡献。然而,与建成世界科技强国的战略目标相比，当前我国科技期刊的总体发展规模和水平还存在较大差距。

长期以来，我国尚未出版过全面系统地研究中国科技期刊发展现状的相关书籍。为进一步推动我国科技期刊发展，增强科技期刊学术引领能力，中国科协组织研究编撰了《中国科技期刊发展蓝皮书》，首次全面系统地分析了我国科技期刊面临的问题和挑战，丰富了我国科技期刊发展研究成果。该书围绕建设创新型国家的总体目标，由我国科技期刊领域著名的院士、专家、学者组成专家委员会和编写委员会，以第三方视角，客观分析中国5020种科技期刊发展的现状，剖析存在的问题，总结发展规律，并借鉴国际优秀科技期刊发展经验，提出了中国科技期刊处于重要的发展机遇期，建设科研诚信和规范出版伦理是中国科技期刊的发展前提，理性、科学和指标多元化是中国科技期刊未来评价趋势，加强办刊能力建设是中国科技期刊未来工作重中之重，集群化发展是中国科技期刊出版产业做大做强的重要途径，从"借船出海"到"造船出海"是中国科技期刊国际化之路，依托融合出版、提供知识服务是中国科技期刊的未来发展趋势等判断，供业界讨论。

我非常期待该书能在中国即将迎来跨越式发展的时刻，成为引导我国科技期刊明确使命、谋划布局、引领发展的指南，推动我国科技期刊以国家需求为发展导向、以改革引领为发展定位、以创新驱动为发展思路、以社会效益优先为发展理念，适应世界科技期刊学科定位专业化、出版经营集群化、传播方式数字化的发展态势，更好地提升科技期刊的学术质量与影响力，在引领科技创新、推动文化繁荣、服务经济社会发展、建设创新型国家中发挥越来越重要的作用。

2018年1月

前　　言

当前，中国正站在新的历史起点上，逐步向现代化强国迈进，加快建设创新型国家是建设社会主义现代化强国的战略举措。坚定实施创新驱动发展战略，强化创新第一动力的地位和作用，突出以科技创新引领全面创新，加强学术引领，是当前科技界的第一要务。"科技是国之利器，国家赖之以强"，世界上的现代化强国无一不是创新强国、科技强国。成为世界科技强国，就要成为世界主要科学中心和创新高地，必须拥有一批世界一流科研机构、研究型大学、创新型企业，能够持续涌现一批重大原创性科学成果。

科技期刊作为传播专业理论知识和传递科技信息为核心的重要载体，发布最新最前沿的学术成果，开展学术传播与交流，推动创新驱动发展，在发挥学术引领方面起到重要作用，是国家科技竞争力与文化软实力的重要体现。推进十九大精神贯彻落实，切实担负好培育社会主义核心价值观，推动科学技术发展改革创新，提升国家智库影响力和国际影响力，是科技期刊独特且不可替代的使命与责任。在习近平新时代中国特色社会主义思想指引下，科技期刊创新发展的第一要务、第一考验就是要坚持解放思想与时俱进，坚持战略思维系统思维，坚持问题导向，主动识变应变求变，加强战略谋划，找准战略支点，重塑工作格局，推动我国科技期刊从量变到质变转化。

"打铁还需自身硬"，我们既要看到新时代科技期刊事业发展前景光明、大有空间，又要深刻把握科技期刊发挥引领作用不充分、推进创新不充分等问题，提高科技期刊自身的能力、培育科技期刊自信的心态、做出具有国际影响力的中国科技期刊，打破思想依赖、路径依赖和心理依赖，为实施科教兴国、人才强国、创新驱动发展等国家战略发挥引领作用，为筑牢"四个自信"作出不可替代的贡献。

我国科技期刊正处于十分重要的发展机遇期。随着我国科研实力和科研产出的快速提升，我国科技期刊有着日益良好的发展基础，同时在建设科研诚信体系和促进学术规范中扮演的角色也越来越重要。科技期刊不仅要发挥好学术引领作用，还要做好科研诚信的表率，宣传推广学术道德规范和出版伦理，担当我国科研诚信体系建设和学术不端监督的主力军。

为此，我们组织研究编撰《中国科技期刊发展蓝皮书》，作为第一本反映我国科技期刊发展的"蓝皮书"，以图全面反映我国科技期刊的整体概况，并通过全面统计分析我国科技论文的产出和影响力、剖析国际科技期刊的出版特点和发展趋向，为我国科技期刊"把脉问诊"，可谓恰逢其时，意义重大。

本书以国内外知名数据库和第一手官方数据为基础分析数据，注重以数据为基础，以事实为依据。数据来源有国家新闻出版广电总局全国期刊年检数据、学术期刊认定数据及行政审批变更项数据，中国科学技术信息研究所《中国科技期刊引证报告》及"扩展版"，中国科学院文献情报中心《中国科学引文数据库》，科睿唯安 Web of Science (WoS) 数据库，爱思唯尔 Scopus 数据库和乌利希国际连续出版物指南数据库等。在此，向上述所有数据单位致以诚挚的感谢！同时向所有为本书的研制和出版付出辛勤劳动的各位同仁致以诚挚的感谢！

本书研制过程中，由于数据量大，且统计来源、数据选取和统计时段各有侧重，给我们的数据检索、统计分析和编辑统稿工作带来了较大的困难。虽然我们殚精竭虑，想必错误和疏漏之处也在所难免，期待着广大读者不吝赐教，批评指正。

中国科协学会服务中心

2018 年 1 月

目 录

第一章 中国科技期刊概况 ... 1

第一节 中国科技期刊现状分析 ... 3

一、期刊基本信息 ... 3

（一）出版地统计 ... 3

（二）出版周期统计 ... 3

（三）文种分布 ... 5

（四）学科分布 ... 5

（五）定价分布 ... 5

（六）主管、主办和出版单位分布 ... 7

二、办刊条件及人力资源 ... 8

（一）办刊条件 ... 8

（二）人力资源 ... 9

三、稿件管理与审稿制度 ... 13

四、期刊获上级单位的经费资助情况 ... 14

（一）来自主管主办单位经费 ... 14

（二）国家级专项经费 ... 15

（三）行业专业级专项经费 ... 15

（四）省市区级专项经费 ... 16

（五）其他专项经费 ... 16

五、期刊经营状况 ... 17

（一）平均期印数 ··· 17
　　（二）平均期发行量 ··· 18
　　（三）年度数字出版收入 ·· 19
　　（四）海外出版收入 ·· 19
　　（五）广告经营方式及收入 ·· 20
　　（六）发行收入 ··· 20
　　（七）总收入 ··· 21
　　（八）总支出 ··· 21
第二节　我国中文科技期刊学科分布及整体表现 ······················ 22
　一、《中国科学引文数据库》收录期刊分析 ························· 23
　　（一）学科分析 ··· 23
　　（二）期刊载文量和学术影响力指标演变 ···················· 23
　二、《中国科技期刊引证报告》（CSTPCD）收录期刊分析 ···· 27
　　（一）期刊学科分布 ·· 28
　　（二）期刊数量和载文量 ··· 30
　　（三）期刊主要引证指标 ··· 31
　　（四）期刊自引 ··· 31
第三节　我国科技期刊国际影响力分析 ································· 32
　一、2016年我国英文科技期刊发展现状 ······························ 33
　二、基于SCI的我国科技期刊国际影响力分析 ······················ 36
　　（一）2016年度SCI收录的我国科技期刊影响力指标简析 ······ 36
　　（二）我国非SCI收录期刊的国际影响力分析 ················ 36
　　（三）"中国科技期刊国际影响力提升计划"资助效果分析 ······ 37
　三、基于Scopus的我国科技期刊国际影响力分析 ················ 41

四、我国英文科技期刊的运营模式 ·· 43
　　（一）我国英文科技期刊国际合作出版现状 ································ 43
　　（二）我国英文科技期刊的数量规模及国际地位 ···························· 45

第二章　中国科技期刊发表论文分析 ·· 72
第一节　SCI 和 Scopus 数据库收录中国科技期刊论文发表情况 ··········· 74
　一、中国科技期刊发表论文的学科分布 ·· 74
　　（一）中国科技期刊发表论文的学科数量分布 ······························ 75
　　（二）中国科技期刊发表论文的学科学术影响力分析 ······················ 80
　　（三）中国科技期刊发表论文的学科国际合作情况分析 ···················· 85
　二、中国科技期刊发表论文的机构分布 ·· 85
　　（一）中国机构在 SCI 收录中国科技期刊发文概况 ························ 87
　　（二）中国 Top50 机构在中国科技期刊发文情况 ·························· 87
　　（三）中国科学院在 SCI 收录中国科技期刊发文情况 ······················ 93
　三、中国科技期刊发表论文的学术影响力 ··· 96
　　（一）世界主要国家期刊发表论文学术影响力对比 ························ 96
　　（二）近十年中国科技期刊发表论文的学术影响力 ························ 98
　　（三）中国科技期刊发表论文的国际合作情况 ···························· 105
　　（四）中国科技期刊发文数和影响力排行榜 ······························· 107

第二节　中国科技核心期刊论文发表情况分析 ································ 109
　一、中国科技核心期刊论文学科分布 ··· 109
　二、中国科技核心期刊论文地区分布 ··· 111
　三、中国科技核心期刊论文发文机构分布 ·· 113
　四、中国科技核心期刊基金论文 ··· 117
　五、中国科技核心期刊海外作者论文和国际合作论文 ·························· 119
　六、中国科技核心期刊论文的学术影响力 ·· 122

（一）论文被引频次 ………………………………………………………… 122
（二）卓越论文 ……………………………………………………………… 124

第三章　中国科技期刊发展态势 …………………………………………… 147

第一节　国际科技期刊发展概况与出版特点 ……………………………… 149

一、国际学术期刊概况 ………………………………………………………… 149

二、国际学术期刊开放获取出版模式 ………………………………………… 152

（一）出版机构开放获取出版模式 ………………………………………… 153

（二）学协会开放获取出版典型案例——SCOAP^3 ……………………… 154

（三）国家资助的开放获取出版案例——SciELO ………………………… 155

（四）开放获取出版平台——arXiv ………………………………………… 156

三、出版伦理规则 ……………………………………………………………… 156

四、国际科技期刊传播与服务模式 …………………………………………… 158

（一）期刊订购模式 ………………………………………………………… 158

（二）期刊线上服务 ………………………………………………………… 159

（三）国外期刊出版商与期刊编辑部的合作模式 ………………………… 161

第二节　典型国家科技期刊出版特点 ……………………………………… 161

一、典型非英语母语国家科技期刊出版特点 ………………………………… 162

（一）科技期刊语种特征分布 ……………………………………………… 162

（二）英文期刊与国际出版商合作特征分析 ……………………………… 163

（三）不同语种期刊影响力分析（以 SCI 收录期刊为例）……………… 164

二、金砖国家科技期刊出版特征 ……………………………………………… 165

（一）科技期刊出版特征 …………………………………………………… 166

（二）科技期刊国际影响力分析 …………………………………………… 168

三、典型案例 …………………………………………………………………… 170

（一）百年老刊——德国《应用化学》 ……………………………………… 170

　　（二）为本国学者服务——《日本物理学会会刊》 ……………………… 171

　四、对我国科技类学术期刊出版的借鉴与启示 ……………………………… 173

　　（一）出版语言多元化是科技期刊的通行做法 ……………………………… 173

　　（二）科技期刊与学术交流特征和服务用户需求紧密结合 ………………… 174

　　（三）科技期刊国际合作出版是一种常态 …………………………………… 174

　　（四）打造具有自主知识产权的数字出版平台必不可少 …………………… 175

　　（五）开放获取出版必须遵守国际规则 ……………………………………… 175

第三节　中国科技期刊发展特点及未来趋势 …………………………………… 175

　一、中国科技期刊处于重要发展机遇期 ………………………………………… 176

　　（一）中国科研实力快速提升，科技期刊具备良好发展基础 ……………… 176

　　（二）科技期刊受到国家高度重视，得到政策和经费上的大力支持 …… 177

　　（三）中英文科技期刊有序协调发展是大势所趋 …………………………… 179

　　（四）加快体制机制改革，激发科技期刊发展活力 ………………………… 180

　二、建设科研诚信和规范出版伦理是中国科技期刊发展前提 ……………… 182

　　（一）出版伦理政策体系日益完善，技术检测和社会监督成为有效
　　　　　补充 ……………………………………………………………………… 182

　　（二）严格学术出版资质，开展学术期刊认定 ……………………………… 183

　　（三）建设科研诚信，规范出版伦理 ………………………………………… 184

　三、理性、科学和指标多元化是中国科技期刊未来评价趋势 ……………… 185

　　（一）期刊评价指标多元化，定量与定性相结合 …………………………… 185

　　（二）评价重点由基于期刊的计量指标转向基于文章的科学内容 ……… 186

　　（三）期刊评价影响科研人员的研究行为 …………………………………… 188

　四、提高办刊能力是中国科技期刊未来工作重点 …………………………… 189

（一）中国科技期刊学术影响力整体提升，英文刊增速大于中文刊 ………189

（二）高效的服务创新能力是吸引本土作者回归的重要方面 …………190

（三）获取优质稿源和稳定出版体量是科技期刊影响力提升的根本 …191

（四）分类建设编辑出版人才队伍是当务之急 …………………………192

五、集群化发展是中国科技期刊出版产业做大做强的重要途径 …………193

（一）整合学科资源，实施规模化发展战略 ……………………………193

（二）建设期刊集群，实施集团化发展战略 ……………………………194

（三）专业分工协作，完善科技期刊产业链 ……………………………196

六、从"借船出海"到"造船出海"是中国科技期刊国际化之路 …………196

（一）英文刊指标发展态势良好，载文量亟需提高 ……………………197

（二）经费支持初见成效，新办英文刊发展快起点高 …………………198

（三）国际化发展需要从"借船出海"到"造船出海" …………………199

七、依托融合出版、提供知识服务是中国科技期刊未来发展方向 ………202

（一）新技术、新平台助推数字出版 ……………………………………202

（二）学术期刊数字出版需要成熟稳定的商业模式 ……………………203

（三）预印本平台：科技论文的新型呈现形式 …………………………204

（四）知识服务：大数据时代的科技期刊发展方向 ……………………205

第四节　中国科普期刊发展特点及未来趋势 ………………………………207

一、中国科普期刊发展现状 …………………………………………………207

（一）科普期刊的定义 ……………………………………………………207

（二）我国科普期刊的数量 ………………………………………………208

（三）我国科普期刊的规模和影响力 ……………………………………211

（四）我国科普期刊的经营状况 …………………………………………211

二、中国科普期刊发展特点 …………………………………………………212

（一）科普内容消费成为小众市场 ·· 212
　　（二）新媒体对传统期刊造成巨大冲击 ·· 212
　　（三）重学术、轻科普导致缺乏高水平科普作者 ··· 213
　　（四）参与市场竞争能力弱，市场配置资源能力差 ····································· 213
　　（五）对科普期刊的资金投入不足 ·· 214
三、中国科普期刊发展趋势 ··· 214
　　（一）科普期刊市场潜力巨大 ·· 214
　　（二）科技发展催生高水平科普内容 ·· 215
　　（三）科普期刊定位发生转化 ·· 215
　　（四）媒体融合助力科普传播 ·· 216
　　（五）重视品牌建设，扩大品牌影响力 ·· 216
　　（六）企业化经营，集团化发展 ·· 216

附录一　2016 年中国科技期刊发展纪事 ··· 218
附录二　名词术语 ··· 232

第一章　中国科技期刊概况[①]

内容提要

通过全面分析国家新闻出版广电总局2016年和2017年科技期刊年检数据，并检索查询2015年和2016年我国新批准或变更的科技期刊数据，统计得出，截至2016年底我国科技期刊总量为5020种。这5020种科技期刊的总体特征显示：（1）出版地为北京地区的期刊数量1586种（占31.59%）；（2）出版周期以双月刊（1953种，38.90%）和月刊（1805种，35.96%）为主；（3）出版语种以汉文占绝对多数（4631种，92.25%），英文刊相对较少（302种，6.02%）；（4）基础科学类期刊1549种（30.85%），技术科学类期刊2286种（45.53%），医药卫生类期刊1185种（23.61%）；（5）期刊定价相对比较集中，中文期刊单价为10~18元的有3683种（73.37%），英文期刊单价则以20~100元为主。

5020种科技期刊的主管、主办和出版单位分布总体上比较分散。（1）共有1375个主管单位，主管期刊数量超过10种的主管单位有72个，仅主管一种期刊的主管单位有905个，平均每个主管单位主管3.65种期刊；（2）基于第一主办单位的统计显示，5020种期刊共有3232个主办单位，每个主办单位平均拥有1.55种期刊；（3）共有4381个出版单位，平均每个出版单位出版1.15种期刊，仅出版1种期刊的出版单位有4205个，占

[①] 第一章执笔：任胜利，卓宏勇，刘静

出版单位总数的95.98%。

从期刊经费来源看，大多数期刊以自筹经费为主。有2015种期刊（40.57%）表示当年没有得到来自主管主办单位的经费，另有2510种期刊表示受到了主管主办单位的经费资助，但资助的经费额度基本都不超过30万元。

基于中国科学引文数据库（CSCD）统计显示，2011—2016年所收录1200种期刊的刊均载文量总体呈下降趋势，由2011年的252.19篇降至2016年的215.72篇，降幅为14.46%，这些期刊的总被引频次和影响因子则总体呈小幅上升态势（年均增幅约为5%）。基于《中国科技期刊引证报告（核心版）》（CSTPCD）同期收录的2000种期刊统计也显示同样的趋势。

我国英文科技期刊数量近年来呈加速增长的态势，但单刊的规模（载文量）大多发展缓慢。截至2016年底，我国出版的302种英文科技期刊中有99种为2010—2016年创办。基于SCI和Scopus数据库统计显示，我国科技期刊的学术影响力指标近年来总体上呈快速上升趋势，但刊均载文量则呈逐年下降的态势。

科技期刊是研究成果交流传播的重要载体，是培养科技创新人才的重要园地，是争夺科技创新知识产权的主要平台，在记录和传播科技成果、引导学术建设、开展学术争鸣等方面发挥着重要作用。近年来，随着我国科技事业、出版事业的快速发展，在国家相关部门的政策支持下，我国科技期刊品种数量不断增长，学术水平稳步提升，品牌特色日益鲜明，改革创新不断深化。随着我国改革开放以来近40年的发展，我国科技期刊经历了数量上从少到多的快速积累，进入了学科覆盖面齐全、出版流程规范的新时期。新中国建立之初我国仅有科技期刊约80种，1956年增至约200种，1965年达400

余种，1966 年起由于十年动乱，科技期刊出版事业几乎处于全部停顿状态，1978 年十一届三中全会以后恢复新办期刊约 400 种，10 年后的 1987 年，猛增到 2800 余种，2005 年达到 4758 种，本次综合国家新闻出版广电总局 2016 年和 2017 年的期刊年检数据，并检索查询了国家新闻出版广电总局 2015 年和 2016 年新批准的科技期刊数据、2015 年和 2016 年进行过变更的科技期刊数据等，统计得出，截至 2016 年底，我国科技期刊总量为 5020 种。

第一节　中国科技期刊现状分析

综合国家新闻出版广电总局 2016 年和 2017 年中国大陆科技期刊的年检数据，共有 4967 种科技期刊具有有效年检数据（占 5020 种期刊的 98.94%），本节有关办刊条件、经营管理的分析数据主要是基于这些有效年检数据。

一、期刊基本信息

（一）出版地统计

在本次统计的 5020 种科技期刊中，出版地为北京地区的期刊数量遥遥领先（1586 种），接下来依次为上海（357 种）、江苏（250 种）、湖北（207 种）、四川（203 种）；拥有 100 至 200 种期刊的省市自治区有 12 个（表 1-1）。

（二）出版周期统计

在 5020 种科技期刊中，双月刊最多（1953 种），其次为月刊（1805 种）、季刊（732 种）、半月刊（330 种）（表 1-2）。除北京、吉林、海南、宁夏地区外，其他各省市自治区均是双月刊最多，月刊次之，而北京地区月刊的数量（759 种）远多于双月刊（445 种），并且，北京地区的半月刊有 140 种，占我国 330 种半月刊的 42.42%，在一定程度上也反映出北京地区在我国的科技期刊出版中占有十分重要的地位。

表 1-1 我国 5020 种科技期刊的出版地统计　　（单位：种）

序号	属地	年刊	半年刊	季刊	双月刊	月刊	半月刊	双周刊	旬刊	周刊	其他	未知	总计
1	北京	18	3	166	445	759	140	1	39	13	1	1	1586
2	上海	1	3	57	162	121	7		4	1		1	357
3	江苏			48	131	55	11		4	1			250
4	湖北	2	1	25	90	65	19		3		1	1	207
5	四川			40	94	58	5		3	3			203
6	广东		1	23	72	58	20	1	4	2			181
7	辽宁			15	85	68	6		1	1			176
8	黑龙江	1		27	66	54	7		6	1			162
9	陕西		1	21	79	50	8		2	1			162
10	天津	1	1	13	62	55	6		2				140
11	总政*			14	72	40	3						129
12	湖南			27	51	40	5		4	1			128
13	山东			26	54	35	7		4	2			128
14	河南	2		16	45	30	15		3				111
15	浙江			21	46	40	1		1			1	110
16	河北			15	42	33	10		6	1			107
17	吉林			20	32	35	8		6				101
18	山西			18	34	25	9		5				91
19	安徽	1		12	40	27	4		2				86
20	重庆			6	27	25	12		6	1			77
21	广西			17	27	25	4			2	1		76
22	福建		4	19	31	18							72
23	江西			15	32	17	6						70
24	甘肃			7	37	15	5		1				65
25	新疆	1	3	18	23	8	1						54
26	内蒙古		2	5	22	15	5			2			51
27	云南			7	25	11	2		3	1			49
28	贵州			7	17	9	1				1		35
29	青海			13	4	1							18
30	海南			4	1	7	3						15
31	宁夏			3	2	5			1				11
32	西藏		1	5									6
33	新疆生产建设兵团*			2	3	1							6
	总计	27	20	732	1953	1805	330	2	110	33	3	5	5020

注：*根据国家新闻出版广电总局期刊年检报送单位统计，总政和新疆生产建设兵团单计。

表 1-2 我国 5020 种科技期刊的出版周期统计

刊期	刊数/种	刊期	刊数/种	刊期	刊数/种	刊期	刊数/种
双月刊	1953	半月刊	330	年刊	27	双周刊	2
月刊	1805	旬刊	110	半年刊	20	其他	3
季刊	732	周刊	33	未知	5	总计	5020

（三）文种分布

中文科技期刊 4672 种，英文科技期刊 302 种，中英文双语科技期刊 46 种。其中中文科技期刊中，汉文 4631 种，维吾尔文 18 种，蒙古文 9 种，哈萨克文 6 种，藏文 5 种，朝鲜文 2 种，中英阿文 1 种（少数民族语言主要集中在自然科学总论、医药卫生、农业、林业和综合性农业科学等学科）。英文科技期刊主要集中在医药卫生、天文学、地球科学、生物科学、自然科学总论、数学、物理学、农业、林业和综合性农业科学等学科。总体上看，我国英文科技期刊的数量相对较少，302 种英文期刊只占 5020 种科技期刊的 6.02%。

（四）学科分布

根据期刊 CN 号中的学科信息统计，在 5020 种各学科期刊中，基础科学类（自然科学总论，数理科学和化学，天文学、地球科学，生物科学，农业、林业和综合性农业科学等）的科技期刊有 1549 种，占总数的 30.85%；技术科学类（工业技术总论、交通运输、航空、宇宙飞船、环境科学、安全科学等）期刊为 2286 种，占总数的 45.53%；医药卫生类期刊为 1185 种，占总数的 23.61%。其中基础科学、技术科学、医药卫生类的英文期刊分别为 147 种、97 种、58 种，分别占英文科技期刊总数（302 种）的 48.67%、32.12%和 19.21%（表 1-3）。

有关我国科技期刊的二级学科及文种分布情况详见附表 1-1。

（五）定价分布

5020 种期刊定价分布于 0~1000 元/期（共 147 个定价），其中定价低于 30 元/

表 1-3　我国 5020 种科技期刊的学科分布　　（单位：种）

学科		汉文	英文	中英文	中英阿文	少数民族语言*	总计
基础科学(1549)	N 自然科学总论	430	21	3	1	10	465
	O 数理科学和化学	146	52	5			203
	P 天文学、地球科学	209	35	4			248
	Q 生物科学	75	25	2			102
	S 农业、林业，综合性农业科学	501	14	2		14	531
技术科学(2286)	T 工业技术总论	1795	84	8		1	1888
	U 交通运输	219	4	2			225
	V 航空、宇宙飞船	77	3	2			82
	X 环境科学、安全科学	82	6	1		2	91
医药卫生(1185)	R 医药、卫生，综合性医药卫生	1097	58	17		13	1185
总计		4631	302	46	1	40	5020

注：* "少数民族语言"主要指藏文、哈萨克文、蒙古文、维吾尔文等少数民族文字的期刊。

期（含）的期刊共有 4403 种，占总数的 87.71%；定价低于 50 元/期（含）的期刊共有 4687 种，占总数的 93.37%；定价最高的一种期刊为 1000 元/期（《中国化学工业年鉴》，年刊）；另有 70 种期刊的年检报告中显示定价为 0，15 种期刊定价未知（表 1-4）。可见，我国科技期刊定价总体上还是比较低的。

统计结果表明，我国科技期刊的定价相对比较集中，有 3683 种（占中文期刊总数 78.83%）中文期刊单期定价分布在 5～30 元之间，按期刊数量依次为：949 种（10 元）、696 种（15 元）、516 种（20 元）、356 种（8 元）、341 种（12 元）、191 种（30 元）、172 种（6 元）、161 种（25 元）、157 种（5 元）、138 种（18 元）；有 138 种（占英文期刊总数 45.70%）英文期刊单期定价分布在 20～100 元之间，按期刊数量依次为：36 种（50 元）、28 种（100 元）、20 种（30 元）、20 种（80 元）、18 种（20 元）、16 种（60 元）。可见，英文期刊定价相对中文期刊较高。

表 1-4　我国 5020 种科技期刊的定价分布

定价/元	刊数/种	定价/元	刊数/种	定价/元	刊数/种
0	70	50<定价≤60	71	150<定价≤200	20
0<定价≤10	1917	60<定价≤70	20	200<定价≤300	16
10<定价≤20	1934	70<定价≤80	43	300<定价≤500	19
20<定价≤30	482	80<定价≤90	12	500<定价≤1000	6
30<定价≤40	156	90<定价≤100	48	未知	15
40<定价≤50	128	100<定价≤150	63	合计	5020

（六）主管、主办和出版单位分布

5020 种科技期刊共有 1375 个主管单位，主管期刊数量超过 10 种的主管单位有 72 个，仅主管一种期刊的主管单位有 905 个，平均每个主管单位主管 3.65 种期刊，总体上显示出比较分散、独立的特点。拥有期刊数量居前 10 位的主管单位为：中国科学技术协会（459 种）、教育部（414 种）、中国科学院（277 种）、国家卫生和计划生育委员会（210 种）、农业部（94 种）、工业和信息化部（65 种）、中国机械工业联合会（63 种）、住房和城乡建设部（52 种）、江苏省教育厅（48 种）、中国轻工业联合会（45 种）。

为方便统计，本次只基于第一主办单位统计期刊的主办单位信息，基于 5020 种期刊的统计结果表明，共有 3232 个主办单位，每个主办单位平均拥有 1.55 种期刊。主办 1~5 种期刊的主办单位分别为 2529、396、137、66、31 个；主办期刊数量排名前 10 位的单位（13 家）分别是：中华医学会（138 种）、中华预防医学会（35 种）、中国医师协会（24 种）、北京卓众出版有限公司（19 种）、中国科学院（19 种，不含中国科学院下属机构主办期刊数量）、高等教育出版社有限公司（17 种）、西安交通大学（17 种）、中国医学科学院（17 种）、中华中医药学会（17 种）、机械工业信息研究院（16 种）、清华大学（16 种）、四川大学（16 种）和中南大学（16 种）。

出版期刊数量大于 10 种的出版单位只有 8 家，分别是：中国科技出版传媒股份有限公司（143 种）、《中华医学杂志》社有限责任公司（117 种）、北京卓众出版有限公司（19 种）、高等教育出版社有限公司（19 种）、《中国科学》杂志社有限责任公司（17 种）、清华大学出版社有限公司（15 种）、《中国铁路》杂志社有限责任公司（12 种）和北京钢研柏苑出版有限公司（12 种）。仅出版 1 种期刊的出版单位有 4205 家，占期刊出版单位总数的 95.98%；出版 2~5 种期刊的出版单位分别为 106 家、32 家、11 家、9 家。4381 个出版单位出版 5020 种期刊，平均一个出版单位出版 1.15 种期刊。根据 5020 种期刊出版单位信息的数据统计，有 2873 种期刊的出版单位为编辑部，636 种期刊的出版单位为非独立法人期刊社或杂志社，942 种期刊的出版单位为已经转企的出版社或杂志社，569 种期刊挂靠在企业（虽然出版单位为编辑部，但单位性质为企业法人）。

二、办刊条件及人力资源

（一）办刊条件

有关期刊非法人出版单位的启动资金、出版单位自有办公场所及办公面积等办刊条件方面的数据在年检表中差异很大（可能归因不同期刊的填表人理解稍有不同），并且填报此类数据的期刊数量有限，因此，本次统计不作为重点。

共计有 1923 种期刊填报了期刊"非法人出版单位启动资金"栏目（占 4967 种有年检数据期刊的 38.72%），其中有 381 种期刊没有启动资金，350 种期刊启动资金为 5 万元（含）以下，364 种期刊启动资金为 5 万~10 万元（含），132 种期刊启动资金为 10 万~15 万元（含），184 种期刊启动资金为 15 万~20 万元（含），248 种期刊启动资金为 20 万~30 万元（含），65 种期刊启动资金为 30 万~40 万元（含），97 种期刊启动资金为 40 万~50 万元（含），102 种期刊启动资金为 50 万元以上。

有关出版单位自有办公场所面积，有 651 种期刊填报，其中 630 种期刊填写为 1000 m^2 以下。另有 3360 种期刊提供的数据中表示上级单位提供办公场所，提供 50 m^2（含）办公面积以下的期刊为 1360 种，提供 50~100 m^2（含）办公面积的期刊为 1188 种，提供大于 100 m² 办公面积的期刊为 812 种。另有 281 种期刊表示租赁办公室，123 种期刊租赁面积不超过 100 m²，158 种期刊租赁面积大于 100 m²。

有 4871 种期刊提供了在职人均办公面积的数据，大致情况为：在职人员人均办公面积大于 50 m²（含）的期刊为 64 种，40（含）～50 m² 的期刊为 44 种，30（含）～40 m² 的期刊为 157 种，20（含）～30 m² 的期刊为 641 种，10（含）～20 m² 的期刊为 2248 种，不足 10 m² 的期刊为 1717 种。

（二）人力资源

参与年检的科技期刊共 4967 种，其中 125 种期刊的人力资源数据存在错误或无效数据，因此，编辑出版人力分析项中，年检有效数据为 4842 条。

1. 编辑部总人数分析

随着期刊出版周期的缩短，编辑部总人数相应增加。调查显示，编辑部总人数主要集中在 4～6 人（2033 种期刊）和 7～10 人（1436 种期刊），分别占有效数据 4842 种期刊的 41.99%和 29.66%。按照期刊出版频率统计，半年刊编辑部总人数主要集中在 1～3 人，季刊 1～6 人，双月刊 4～10 人，月刊 4～15 人，半月刊 7～15 人，旬刊 7～30 人，双周刊 11～20 人（表 1-5）。

2. 编辑部在编人员与聘用人员数量分析

科技期刊编辑部以在编人员为主。调查显示，有 2006 种期刊的编辑部人员全部为在编人员，235 种期刊的编辑部人员全部为聘用人员；在编人员占比主要集中在 70%～100%的范围，可见在编人员在编辑部人员组成中占比更高（表 1-6）。

3. 编辑部人员组成分析

采编人员通常负责选题组稿和稿件处理工作，在编辑部人员组成中占比最高；行政后勤人员和发行人员主要负责市场推广工作，在编辑部人员组成中占比较低；广告人员主要负责广告经营工作，新媒体人员主要负责学术推广工作，这两类人员在编辑部人员组成中占比更低（表 1-7）。

表 1-5　期刊编辑部总人数分析　　　　　　　　　　（单位：种）

出版周期	人数									
	1～3	4～6	7～10	11～15	16～20	21～30	31～40	41～50	51～70	70以上
年刊	5	10	10	1	1	0	0	0	0	0
半年刊	10	5	4	0	1	0	0	0	0	0
季刊	169	369	107	27	5	2	2	0	1	1
双月刊	249	1071	475	83	8	8	3	2	6	1
月刊	77	535	714	263	80	50	14	3	7	4
半月刊	1	32	100	92	42	38	8	3	2	0
旬刊	1	8	21	26	19	18	6	2	1	3
双周刊	0	0	0	1	1	0	0	0	0	0
周刊	0	1	5	5	6	7	6	0	1	0
其他		2		1						
合计	512	2033	1436	499	163	123	39	10	18	9

注：年检数据为4967条，错误及无效数据为125条，有效数据为4842条。

表 1-6　期刊编辑部在编人员情况

在编人数占比 R/%	期刊编辑部数	占期刊总数的百分比/%
0	235	4.85
$0<R\leqslant10$	57	1.18
$10<R\leqslant20$	151	3.12
$20<R\leqslant30$	147	3.04
$30<R\leqslant40$	222	4.58
$40<R\leqslant50$	304	6.28
$50<R\leqslant60$	270	5.58
$60<R\leqslant70$	346	7.15
$70<R\leqslant80$	616	12.72
$80<R\leqslant90$	443	9.15
$90<R<100$	45	0.93
$R=100$	2006	41.43
合计	4842	100.00

注：年检数据为4967条，错误及无效数据为125条，有效数据为4842条。

表 1-7　期刊编辑部人员组成分析

占比 R/%	刊数/种				
	采编人员	行政后勤人员	发行人员	广告人员	新媒体人员
0	226	1921	2172	2844	3880
0<R≤10	8	442	695	464	354
10<R≤20	76	1606	1594	1175	498
20<R≤30	145	549	253	243	68
30<R≤40	441	247	100	98	27
40<R≤50	640	59	22	9	4
50<R≤60	610	7	1	4	2
60<R≤70	620	6	1	2	2
70<R≤80	806	3	1	1	4
80<R≤90	345	1	0	0	0
90<R<100	19	0	0	0	0
100	906	1	3	2	3

注：年检数据为 4967 条，错误及无效数据为 125 条，有效数据为 4842 条。

全部为采编人员的期刊有 906 种，占有效数据期刊总数的 18.71%；有 806 种期刊采编人数占 70%~80%；有 640 种期刊采编人数占 40%~50%；有 620 种期刊采编人数占 60%~70%；有 610 种期刊采编人数占 50%~60%，可见，采编人员数量在编辑部人员组成中占比较高。

没有行政后勤人员的期刊有 1921 种，占有效数据期刊总数的 39.67%；行政后勤人数百分比介于 10%~20% 的期刊有 1606 种，行政后勤人数百分比介于 20%~30% 的期刊有 549 种，行政后勤人数百分比介于 0 到 10% 的期刊有 442 种，可见，行政后勤人员在编辑部人员组成的占比较低。

没有发行工作人员的期刊有 2172 种，占有效数据总数 44.86%；2670 种期刊有发行工作人员，其中 2289 种期刊发行工作人员占比介于 0~20%。大多数期刊编辑部没有广告工作人员。调查显示，有 2844 个编辑部没有广告工作人员，占有效数据总数的 58.74%；有广告工作人员的期刊有 1998 种，其中 1175 种期刊广告工作人员占比在 10%~20%。

仅 962 种期刊拥有新媒体工作人员，占有效数据总数 19.87%，且 852 种期刊新媒体工作人员占比介于 0 到 20%。

4. 编辑部人员学历情况分析

我国科技期刊编辑部中本科及以上学历人员是中坚力量。调查显示，编辑部人员学历全部在本科及以上的期刊有 1635 种（占有效统计数据 4734 条的 34.54%），全部为大专学历的期刊有 686 种，全部在中专及以下的期刊有 3 种（表 1-8）。

表 1-8 期刊编辑部人员学历情况分析

占比 R/%	刊数/种		
	本科及以上	大专	中专及以下
0	1275	1829	3453
$0<R\leqslant10$	73	143	251
$10<R\leqslant20$	121	673	609
$20<R\leqslant30$	51	290	232
$30<R\leqslant40$	50	213	126
$40<R\leqslant50$	86	107	39
$50<R\leqslant60$	116	61	10
$60<R\leqslant70$	230	130	4
$70<R\leqslant80$	517	254	6
$80<R\leqslant90$	501	267	0
$90<R<100$	79	81	1
100	1635	686	3

注：年检数据为 4967 条，错误及无效数据为 233 条，有效数据为 4734 条。

5. 编辑部人员职称情况分析

调查显示，编辑部人员职称全部在中级及以上的有 1804 种期刊，各职称占比相对比较均匀，均集中在 10%~40%（表 1-9）。

表 1-9　各期刊编辑部人员职称情况分析

占比 R/%	刊数/种			
	正高职称	副高职称	中级职称	初级职称及以下
0	1255	800	832	1804
$0<R\leq10$	228	238	249	243
$10<R\leq20$	1010	1070	956	984
$20<R\leq30$	678	772	817	589
$30<R\leq40$	677	821	915	542
$40<R\leq50$	415	554	542	277
$50<R\leq60$	168	178	196	132
$60<R\leq70$	146	173	150	92
$70<R\leq80$	129	136	97	75
$80<R\leq90$	69	14	15	45
$90<R<100$	13	1	0	8
100	22	53	41	19

注：年检数据为 4967 条，错误及无效数据为 157 条，有效数据为 4810 条。

三、稿件管理与审稿制度

基于有年检数据的 4967 种科技期刊，对编辑部稿件管理制度建设情况进行了统计（表 1-10），结果显示，90% 以上的期刊制定了相对完善的稿件管理制度。

（1）采稿（约稿）管理制度。有 238 种期刊未填写或填写不规范，记为无效数据，占比约 4.79%。在有效数据中，有 4495 种期刊表示有相应的制度（95.05%），234 种期刊明确表示没有制定相应的制度。

（2）稿酬制度。有 233 种期刊未填写或填写不规范，记为无效数据，占比约 4.69%。在有效数据中，有 4409 种期刊表示有相应的制度（93.13%），325 种期刊明确表示没有制定相应的制度。

（3）发稿管理制度。有 199 种期刊未填写或填写不规范，记为无效数据，占比约 4.01%。在有效数据中，有 4753 种期刊表示有相应的制度（99.69%），15 种期刊明确表示没有制定相应的制度。

（4）奖惩制度。有 225 种期刊未填写或填写不规范，记为无效数据，占比约 4.51%。在有效数据中，有 4497 种期刊表示有相应的制度（94.83%），245 种期刊明确表示没有制定相应的制度。

（5）审稿管理制度。有 197 种期刊未填写或填写不规范，记为无效数据，占比约 3.97%。在有效数据中，有 4758 种期刊表示有相应的制度（99.75%），12 种期刊明确表示没有制定相应的制度。

（6）业务考核制度。有 222 种期刊未填写或填写不规范，占比约 4.47%。在有效数据中，有 4575 种期刊表示有相应的制度（96.42%），170 种期刊明确表示没有制定相应的制度。

表 1-10 期刊体制机制建设情况分析

管理制度	有（占比/%）	没有	未填写
采稿（约稿）管理制度	4495（95.05）	234	238
薪酬制度	4409（93.13）	325	233
发稿管理制度	4753（99.69）	15	199
奖惩制度	4497（94.83）	245	225
审稿管理制度	4758（99.75）	12	197
业务考核制度	4575（96.42）	170	222

注：年检数据为 4967 条。

四、期刊获上级单位的经费资助情况

（一）来自主管主办单位经费

对年检当年期刊获主管主办单位资助经费的统计数据显示，有 413 种期刊没有填写此项；有 29 种期刊表示当年得到了主管主办单位的经费，但没有填写具体的经费金额；有 2015 种期刊表示当年没有得到来自主管主办单位的经费，占期刊总数的 40.57%；剩余的 2510 种期刊当年均得到了主管主办单位的资助并填写了经费额度。对经费额度进行统计显示得到上级单位资助或补贴的金额多在 10 万～30 万元（表 1-11）。

表 1-11 当年来自上级（主管主办）单位的经费

支持经费/万元	刊数/种	占比/%	支持经费/万元	刊数/种	占比/%
0	2015	40.57	45＜经费≤50	135	2.72
0＜经费≤5	29	0.58	50＜经费≤60	79	1.59
5＜经费≤10	107	2.15	60＜经费≤80	67	1.35
10＜经费≤15	373	7.51	80＜经费≤100	57	1.15
15＜经费≤20	549	11.05	100＜经费≤200	51	1.03
20＜经费≤25	324	6.52	200＜经费≤1000	17	0.34
25＜经费≤30	319	6.42	1000＜经费	4	0.08
30＜经费≤35	116	2.34	有经费但无数额	29	0.58
35＜经费≤40	216	4.35	未填写	413	8.31
40＜经费≤45	67	1.35	合计	4967	100.00

注：年检数据为 4967 条。

（二）国家级专项经费

对国家级专项经费的统计数据显示，有 963 种期刊未填写本项数据。有 3795 种期刊明确表示没有国家级专项经费，占期刊总数的 76.40%。剩余的 209 种期刊受到了国家级专项经费的资助并填写了经费额度。对经费额度进行统计显示，得到国家级专项经费资助的金额多在 10 万～50 万元（表 1-12）。

（三）行业专业级专项经费

对行业专业级专项经费的统计数据显示，有 970 种期刊未填写本项数据。有 3921 种期刊明确表示没有行业专业级专项经费，占期刊总数的 78.94%。剩余的 76 种期刊受到了行业专业级专项经费的资助并填写了经费额度，并且受资助的经费大多不超过 15 万元（表 1-13）。

表 1-12　来自国家级专项经费的支持

专项经费/万元	刊数/种	占比/%	专项经费/万元	刊数/种	占比/%
0	3795	76.40	100＜经费≤200	12	0.24
0＜经费≤10	24	0.49	200＜经费≤1000	5	0.10
10＜经费≤15	63	1.27	1000＜经费	3	0.06
15＜经费≤30	26	0.52	未填写	963	19.39
30＜经费≤50	50	1.01	合计	4967	100.00
50＜经费≤100	26	0.52			

注：年检数据为4967条。

表 1-13　来自行业专业级专项经费的支持

专项经费/万元	刊数/种	占比/%	专项经费/万元	刊数/种	占比/%
0	3921	78.94	30＜经费≤40	2	0.04
0＜经费≤5	28	0.57	40＜经费≤50	5	0.10
5＜经费≤10	7	0.14	50＜经费≤100	4	0.08
10＜经费≤15	18	0.36	未填写	970	19.53
15＜经费≤20	6	0.12	合计	4967	100.00
20＜经费≤30	6	0.12			

注：年检数据为4967条。

（四）省市区级专项经费

对省市区级专项经费的统计数据显示，有956种期刊未填写本项数据。有3915种期刊明确表示没有省市区级专项经费，占期刊总数的78.82%。剩余的96种期刊受到了省市区级专项经费的资助并填写了经费额度，并且受资助的经费大多不超过10万元（表1-14）。

（五）其他专项经费

对其他专项经费的统计数据显示，有1124种期刊未填写本项数据。有3768

种期刊明确表示没有其他专项经费，占期刊总数的 75.86%。剩余的 75 种期刊受到了其他专项经费的资助并填写了经费额度，并且受资助的经费大多不超过 15 万元（表 1-15）。

表 1-14 来自省市区级专项经费的支持

专项经费/万元	刊数/种	占比/%	专项经费/万元	刊数/种	占比/%
0	3915	78.82	40＜经费≤50	4	0.08
0＜经费≤5	36	0.73	50＜经费≤70	3	0.06
5＜经费≤10	26	0.52	100＜经费≤150	1	0.02
10＜经费≤15	5	0.10	300＜经费	1	0.02
15＜经费≤20	13	0.26	未填写	956	19.25
20＜经费≤30	2	0.04	合计	4967	100.00
30＜经费≤40	5	0.10			

注：年检数据为 4967 条。

表 1-15 来自其他专项经费的支持

专项经费/万元	刊数/种	占比/%	专项经费/万元	刊数/种	占比/%
0	3768	75.86	30＜经费≤60	5	0.10
0＜经费≤5	27	0.55	60＜经费≤100	1	0.02
5＜经费≤10	14	0.28	100＜经费≤150	1	0.02
10＜经费≤15	12	0.24	300＜经费	1	0.02
15＜经费≤20	6	0.12	未填写	1124	22.63
20＜经费≤30	8	0.16	合计	4967	100.00

注：年检数据为 4967 条。

五、期刊经营状况

（一）平均期印数

对 4895 种期刊平均期印数的统计数据显示，有 35 种期刊填写了数值 0，有 5

种期刊未填写印数，剩余的 4855 种期刊填写了各刊每期的平均印数。对 4895 种期刊的平均期印数进行统计，共划分了 10 个区间，各个区间中期刊数量及占比见表 1-16。

表 1-16 期刊平均期印数（N）

N/册	刊数/种	占比/%	N/册	刊数/种	占比/%
0	35	0.72	2000<N≤3000	690	14.10
0<N≤500	285	5.82	3000<N≤5000	651	13.30
500<N≤900	396	8.09	5000<N≤1000	418	8.54
900<N≤1000	740	15.12	1000<N≤2000	407	8.31
1000<N≤1400	406	8.29	未填写	5	0.10
1400<N≤1500	271	5.54	合计	4895	100.00
1500<N≤2000	591	12.07			

注：年检数据为 4967 条，72 条数据有误，有效数据为 4895 条。

（二）平均期发行量

对 4895 种期刊平均期发行量的统计数据显示，有 57 种期刊填写了数值 0，有 7 种期刊未填写发行量，剩余的 4831 种期刊填写了各刊每期的平均发行量。对 4895 种期刊的平均期发行量进行统计，共划分了 9 个区间，各个区间中期刊数量及占比见表 1-17。

表 1-17 期刊平均期发行量（P）

P/册	刊数/种	占比/%	P/册	刊数/种	占比/%
0	57	1.16	2000<P≤3000	596	12.18
0<P≤500	533	10.89	3000<P≤5000	602	12.30
500<P≤900	665	13.59	5000<P≤10000	381	7.78
900<P≤1000	541	11.05	10000<P≤68000	378	7.72
100<P≤1500	578	11.81	未填写	7	0.14
1500<P≤2000	557	11.38	合计	4895	100.00

注：年检数据为 4967 条，72 条数据有误，有效数据为 4895 条。

（三）年度数字出版收入

统计数据显示，有150种期刊未填写数据，有3749种期刊填写了数值0，表示年度无数字出版收入，剩余的1068种期刊填写了各刊年度数字出版收入。对年度数字出版收入的统计，共划分了12个区间，各个区间中期刊数量及占比见表1-18。值得提及的是，绝大多数科技期刊均可从清华同方（CNKI）或万方数据等数字化资源营销公司获取数千元至数万元的数字出版收入，因此，年检中的此项数据仅供参考。

表1-18 期刊年度数字出版收入（D）

D/万元	刊数/种	占比/%	D/万元	刊数/种	占比/%
0	3749	75.48	$20<D\leqslant 50$	19	0.38
$0<D\leqslant 0.5$	362	7.29	$50<D\leqslant 100$	9	0.18
$0.5<D\leqslant 1.0$	174	3.50	$100<D\leqslant 200$	4	0.08
$1.0<D\leqslant 2.0$	158	3.18	$200<D\leqslant 500$	4	0.08
$2.0<D\leqslant 3.0$	120	2.42	$500<D$	2	0.04
$3.0<D\leqslant 5.0$	112	2.25	未填写	150	3.02
$5.0<D\leqslant 10$	71	1.43	合计	4967	100.00
$10<D\leqslant 20$	33	0.67			

注：年检数据为4967条。

（四）海外出版收入

对4967种期刊海外出版收入的统计数据显示，有901种期刊未填写数据，有3970种期刊填写了数值0，表示无海外出版收入，有14种期刊表示有海外出版收入但没填写具体金额，剩余的82种期刊填写了海外出版收入。需要说明的是，有不少期刊通过中国国际图书贸易集团公司对外发行，由于海外发行收入较少且收入额度不够透明，因而可能有不少期刊在年检中没有填报此项数据；此外，有些英文期刊与海外出版商合作营销中也应有些收入，也有可能直接转入支出的项目而没有回到期刊编辑部。因此，年检中的此项数据仅供参考。

82 种有海外出版收入的期刊情况为：小于等于 1 万元为 41 种，1 万～2 万元（含）为 7 种，2 万～3 万元（含）为 6 种，3 万～7 万元（含）为 14 种，7 万～10 万元（含）为 10 种，大于 10 万元为 4 种。

（五）广告经营方式及收入

有 4580 种期刊填报了广告经营方式，具体情况如下：自主经营 2504 种，自主经营+委托代理 625 种，委托代理 293 种，其他（无广告经营）1158 种。期刊广告收入情况如表 1-19 所示，共有 4439 种期刊年检时填报了"广告收入"项，1764 种期刊广告收入为 0，占填报该项期刊数量的 39.74%；2675 种期刊有广告收入。广告收入主要集中在 0～20 万元（含）；广告收入超 100 万元的仅有 317 种期刊，占填报该项期刊数量的 7.14%。

表 1-19　期刊年度广告收入（A）

A/万元	刊数/种	A/万元	刊数/种	A/万元	刊数/种
0	1764	$50<A\leq60$	84	$100<A\leq200$	61
$0<A\leq10$	1051	$60<A\leq70$	74	$200<A\leq300$	57
$10<A\leq20$	429	$70<A\leq80$	57	300 以上	84
$20<A\leq30$	264	$80<A\leq90$	45	未填写	528
$30<A\leq40$	175	$90<A\leq100$	29	合计	4967
$40<A\leq50$	150	$100<A\leq150$	115		

注：年检数据为 4967 条。

（六）发行收入

共 4936 种期刊年检时填报了"发行方式"项，其中，1359 种期刊仅采用自办发行方式，1061 种期刊仅采用邮局发行的方式，2451 种期刊采用邮发+自办发行的方式，2 种期刊选用邮发+委托代理的方式，63 种期刊无销售，采用赠阅等方式。共有 4573 种期刊年检时填报了"发行收入"项，没有发行收入或发行收入不超过

10 万元的期刊分别有 1243 种和 1732 种，分别占填表总数 4573 种的 27.18%和 37.87%（表 1-20）。

表 1-20 期刊年度发行收入（D）

D/万元	刊数/种	D/万元	刊数/种	D/万元	刊数/种
0	1243	$50<D\leq60$	91	$100<D\leq200$	66
$0<D\leq10$	1732	$60<D\leq70$	57	$200<D\leq300$	82
$10<D\leq20$	433	$70<D\leq80$	44	300 以上	108
$20<D\leq30$	236	$80<D\leq90$	54	未填写	394
$30<D\leq40$	161	$90<D\leq100$	42	合计	4967
$40<D\leq50$	104	$100<D\leq150$	120		

注：年检数据为 4967 条。

（七）总收入

根据年检资料有 4636 种期刊填报了总收入情况见表 1-21，年度总收入主要集中在 100 万元以内，共有 3359 种期刊，占填报该项数据期刊总数的 72.45%。

表 1-21 期刊年度总收入（G）

G/万元	刊数/种	G/万元	刊数/种	G/万元	刊数/种
0	534	$70<G\leq80$	162	$200<G\leq250$	121
$0<G\leq10$	492	$80<G\leq90$	163	$250<G\leq300$	104
$10<G\leq20$	420	$90<G\leq100$	105	$300<G\leq400$	114
$20<G\leq30$	408	$100<G\leq120$	182	$400<G\leq500$	81
$30<G\leq40$	335	$120<G\leq140$	157	500 以上	218
$40<G\leq50$	304	$140<G\leq160$	123	未填写	331
$50<G\leq60$	258	$160<G\leq180$	101	合计	4967
$60<G\leq70$	178	$180<G\leq200$	76		

注：年检数据为 4967 条。

（八）总支出

根据年检资料有 4646 种期刊填报了总支出情况见表 1-22，期刊年度总支出主要集中在 10 万~80 万元。由于填表人理解的差异，总支出所涵盖的项目有些可能只包括期刊的印制费用，也有的可能包括人员薪金、固定资产等各项支出，因此，本项统计可资参考的价值不大。

表 1-22 期刊年度总支出（D）

D/万元	刊数/种	D/万元	刊数/种	D/万元	刊数/种
0	376	$50<D\leqslant 60$	318	$100<D\leqslant 200$	236
$0<D\leqslant 10$	222	$60<D\leqslant 70$	253	$200<D\leqslant 300$	236
$10<D\leqslant 20$	447	$70<D\leqslant 80$	203	300 以上	367
$20<D\leqslant 30$	493	$80<D\leqslant 90$	156	未填写	321
$30<D\leqslant 40$	399	$90<D\leqslant 100$	112	合计	4646
$40<D\leqslant 50$	397	$100<D\leqslant 150$	431		

注：年检数据为 4967 条。

第二节 我国中文科技期刊学科分布及整体表现

尽管我国科技期刊在数量上已经形成一定规模，进入世界科技期刊大国行列，但我国科技期刊的整体质量和影响力与美、英、德、荷等科技期刊强国相比还有很大差距，我国科技期刊的学术竞争力和国际影响力显著滞后于我国科研能力的提升，尤其是近年来在信息全球化的冲击下，我国科技期刊的学术质量、数字出版、传播能力等诸方面面临国际同行的竞争日益激烈，发展形势更加严峻。为全面分析中文科技期刊的学科分布及学术影响力等情况，研究中基于我国目前代表性的中文科技期刊检索系统《中国科学引文数据库》（CSCD）[1]和《中国科技期刊引证报告》（CSTPCD）[2]所收录期刊，分析当前我国中文科技期刊的整体表现。

---

[1] 中国科学院文献情报中心. 中国科学引文数据库（Chinese Science Citation Database）. http://www.sciencechina.cn/index_more1.jsp.

[2] 中国科技信息研究所. 2011—2017 年中国科技期刊引证报告. （每年 10 月份发布）

一、《中国科学引文数据库》收录期刊分析

中国科学引文数据库（Chinese Science Citation Database，简称 CSCD）创建于 1989 年，旨在通过中国核心期刊引文网络，揭示科学研究的进程、发展与内在联系，辅助科研绩效评价，促进科研创新。CSCD 目前收录我国数学、物理、化学、天文学、地学、生物学、农林科学、医药卫生、工程技术、环境科学和管理科学等领域出版的中英文科技核心期刊和优秀期刊千余种，已积累从 1989 年以来的论文记录 480 万余篇，引文记录 6000 万余条。CSCD 自 2007 年以来与 Web of Science（WoS）开展合作，实现了 CSCD 在 WoS 平台上的跨库检索，为中文期刊走出国门，走向世界提供了有利的途径。

截至 2017 年 10 月，CSCD 共收录中国学术期刊 1229 种，涉及 67 个学科领域，其中收录中文期刊 1028 种，英文期刊 201 种（具体收录的期刊信息可查询中国科学引文数据库官方网站：www.sciencechina.cn）。

（一）学科分析

通过最新的 CSCD-JCR 的统计数据显示，2016 年 CSCD 来源中国期刊的学科分布如表 1-23 所示。综合性期刊、地质学以及电子技术、通信技术类是收录量排名前 3 的学科。

（二）期刊载文量和学术影响力指标演变

期刊的载文量（年刊发论文数量）和主要学术影响力指标（总被引频次、影响因子、即年指标以及期刊自引率）能够较为客观地反映期刊的规模和学术影响，本次重点分析 CSCD 来源期刊在 2011—2016 年期间学术交流状态和影响力发展变化趋势。

1. 载文量

CSCD 来源期刊的载文量（统计对象为期刊上刊登的论文、综述、简报等文献

表 1-23　CSCD 来源期刊学科分布

序号	学科	刊数/种	序号	学科	刊数/种
1	综合性期刊	64	35	自然地理学	16
2	地质学	52	36	林业	15
3	电子技术、通信技术	44	37	大气科学（气象学）	14
4	自动化技术、计算机技术	42	38	预防医学、卫生学	14
5	化学工业	40	39	工业技术	13
6	化学	38	40	畜牧、动物医学、狩猎、蚕、蜂	12
7	环境科学、安全科学	37	41	水利工程	12
8	物理学	37	42	肿瘤学	12
9	农业科学	36	43	能源与动力工程	11
10	基础医学	34	44	农学（农艺学）/农作物	11
11	生物科学	33	45	武器工业	11
12	数学	33	46	自然科学总论	11
13	外科学	31	47	测绘学	10
14	药学	31	48	动物学/人类学	10
15	医药、卫生	29	49	矿业工程	10
16	一般工业技术	28	50	生物学原理与理论	10
17	石油、天然气工业	26	51	神经病学与精神病学	9
18	建筑科学	24	52	水产、渔业	9
19	航空、航天	23	53	儿科学	8
20	地球物理学	22	54	妇产科学	8
21	机械、仪表工业	22	55	原子能技术	8
22	临床医学	21	56	口腔科学	7
23	内科学	19	57	微生物学	6
24	农业基础科学	18	58	植物保护	6
25	轻工业、手工业、生活服务业	18	59	耳鼻咽喉科学	5
26	特种医学	18	60	天文学	5
27	电工技术	17	61	眼科学	5
28	海洋学	17	62	昆虫学	4
29	交通运输	17	63	农业工程	4
30	金属学与金属工艺	17	64	园艺	4
31	中国医学	17	65	古生物学	3
32	力学	16	66	皮肤病学与性病学	3
33	冶金工业	16	67	社会科学总论	3
34	植物学	16			

类型），从年度论文总量看，基本稳定在 25 万篇以上。但从 2011 年开始年度论文总量呈下降的趋势，从 2011 年的 28.37 万余篇，下降到 2016 年的 25.88 万余篇，下降了 8.76%。而同期的期刊品种数量有所增长，以刊均载文量看，2011 年的 252.19 篇，下降到 2016 年的 215.72 篇（表 1-24），下降了 14.46%。核心期刊刊均载文量呈下降趋势，在一定程度上反映了核心期刊对论文质量的控制。

表 1-24　CSCD 期刊年度载文量分布（2011—2016 年）

出版年	论文量/篇	刊数/种	刊均载文量/篇
2011	283718	1125	252.19
2012	284116	1122	253.22
2013	277461	1141	243.17
2014	276553	1141	242.38
2015	265625	1200	221.35
2016	258862	1200	215.72

2. 总被引频次

总被引频次是指期刊在统计年内该刊历年发表论文的被引频次，反映了期刊的影响力和在学术交流中的地位。2011—2016 年各类期刊的平均总被引频次变化趋势表明（表 1-25），CSCD 来源期刊的平均总被引频次总体处于上升态势（2015 年稍有下降与 CSCD 来源期刊收录数量调整有关）。从总被引频次增长速度上来看，虽然偶有波动，但是总被引频次的整体增长速度呈现出了一种逐渐减缓的趋势，年平均增长率维持在 3.23%。

3. 影响因子

CSCD 收录期刊影响因子指标反映的是期刊在近 2 年所发表论文的篇均被引次数，可以较为公平地反映期刊的影响力表现。从影响因子的平均值来看，2011—2016 年基本处在 0.46 左右的水平，但总体上呈现出波浪状增长的形态，年平均增长率维持在 5.43%的水平，反映出我国被 CSCD 来源期刊所发表论文的平均影响力也保持着相对上升的态势。

4. 即年指标

即年指标是指期刊当年发表论文的被引用次数除以其当年发表的论文数，表征了期刊中的论文在学术界所引起的反应速度，即年指标愈高，表明期刊所获得的反响速率愈快。从期刊即年指标的平均值来看（表 1-25），2011—2016 年，CSCD 来源期刊的即年指标在不断提升，年平均取值为 0.0693。从增长速度来看，2011—2016 年期间即年指标的增长幅度波动较大，年平均增长率在 6.92%，总体反映出 CSCD 来源期刊所发表论文引起同行关注并被引用的状况呈现出稳定上升的趋势。

表 1-25　2011—2016 年 CSCD 来源期刊主要引证指标的变化情况

年份	总被引频次 平均值	总被引频次 增长率/%	影响因子 平均值	影响因子 增长率/%	即年指标 平均值	即年指标 增长率/%
2011	901.4	/	0.4052	/	0.0569	/
2012	970.8	7.70	0.4731	16.76	0.0663	16.52
2013	992.1	2.19	0.4459	−5.75	0.0676	1.96
2014	1062.6	7.11	0.4939	10.76	0.0684	1.18
2015	1026.4	−3.41	0.4497	−8.95	0.0780	14.04
2016	1052.6	2.55	0.5142	14.34	0.0787	0.90
平均	1000.98	3.23	0.4637	5.43	0.0693	6.92

注："增长率"为环比增长率。

5. 期刊自引率

CSCD 来源期刊在 2011—2016 年期间的期刊自引率分布区间表明（表 1-26），横向来看，CSCD 来源期刊 80%以上自引率都在 10%以下，自引率在 20%以上的相对较少。从纵向来看，2011—2016 年期间，期刊自引率在各个区间的变化趋势不明显，处于一种相对平稳的状态，也就是说 CSCD 来源期刊的自引率表现处在一个相对合理的范围内，且表现稳定。

表 1-26　CSCD 来源期刊自引率的分布情况　　　（单位：%）

年份	自引率（R）分布区间/%					
	0≤R<10	10≤R<20	20≤R<30	30≤R<40	40≤R<50	50≤R
2011	86.26	11.81	1.52	0.40	0.01	0
2012	84.99	12.79	1.98	0.23	0.01	0
2013	85.38	12.44	1.95	0.23	0	0
2014	84.43	13.97	1.51	0.09	0	0
2015	85.62	12.73	1.57	0.08	0	0
2016	86.63	12.34	0.95	0.08	0	0

从总被引频次、影响因子、即年指标以及期刊自引率这 4 个学术影响力指标的表现来看，CSCD 来源期刊在 2011—2016 年间不论是在期刊的学术影响力还是在期刊的受关注程度方面都呈现出了一种波动变化中稳定上升的态势，揭示出中国优秀科技期刊稳步发展，不断进步的良好态势。

二、《中国科技期刊引证报告》（CSTPCD）收录期刊分析

中国科学技术信息研究所建立的中国科技论文与引文数据库，是以中国科技论文统计源期刊为基础，并形成每年度的《中国科技期刊引证报告》。中国科技论文统计源期刊的确定过程经过了较为严格的同行评议和定量评价（每年进行调整），入选中国科技论文统计源的期刊大多是中国各学科领域中较重要的、能反映本学科发展水平的科技期刊，也被称为"中国科技核心期刊"。研究中国科技核心期刊的各项科学文献计量学指标变化情况，可以在一定程度上反映中国科技期刊的发展状况。

本节内容基于中国科学技术信息研究所发布的 2012—2017 年版《中国科技期刊引证报告（核心版）》（Chinese Scientific and Technical Papers and Citation

Database，CSTPCD），统计分析 2011—2016 年度中国科技核心期刊的载文量及主要学术影响力指标演变情况。

（一）期刊学科分布

2016 年度 CSTPCD 收录的 2208 种期刊共划归为 6 个领域 112 个学科（表 1-27），6 个领域涵盖的学科种类及收录的期刊数量分别为：自然科学综合：3 个学科 96 种期刊（占总数的 4.34%），理学：18 个学科 345 种期刊（占总数的 15.63%），农学：10 个学科 175 种期刊（占总数的 7.92%），医学：40 个学科 718 种期刊（占总数的 32.52%），工程技术：40 个学科 845 种期刊（占总数的 38.27%），管理学：1 个学科 29 种期刊（占总数的 1.31%）。基本是呈科学（S）、技术（T）、医学（M）大致三分的态势。从收录期刊的学科分布来看，工程技术大学学报（99 种）、自然科学综合大学学报（59 种）、医药大学学报（56 种）、药学（47 种）、医学综合（42 种）是收录期刊数量排名前 5 位的学科。

表 1-27　2016 年度 CSTPCD 收录期刊学科分布

序号	学科分类	刊数/种	序号	学科分类	刊数/种
自然科学综合（96）			10	地理学	24
1	自然科学综合	12	11	地质学	36
2	自然科学综合大学学报	59	12	海洋科学、水文学	26
3	自然科学师范大学学报	25	13	生物学基础学科	27
理学（345）			14	生态学	7
1	数学	26	15	植物学	12
2	信息科学与系统科学	10	16	昆虫学、动物学	13
3	力学	18	17	微生物学、病毒学	11
4	物理学	37	18	心理学	7
5	化学	38	**农学（175）**		
6	天文学	5	1	农业综合	35
7	地球科学综合	14	2	农业大学学报	33
8	大气科学	18	3	农艺学	21
9	地球物理学	16	4	园艺学	11

续表

序号	学科分类	刊数/种
5	土壤学	8
6	植物保护学	11
7	林学	23
8	畜牧、兽医科学	16
9	草原学	5
10	水产学	12
医学（718）		
1	医学综合	42
2	医药大学学报	56
3	基础医学	30
4	临床医学综合	35
5	临床诊断学	14
6	保健医学	13
7	内科学综合	5
8	心血管病学	21
9	呼吸病学、结核病学	6
10	消化病学	16
11	血液病学、肾脏病学	11
12	内分泌病学与代谢病学、风湿病学	8
13	感染性疾病学、传染病学	8
14	外科学综合	20
15	普通外科学、胸外科学、心血管外科学	24
16	泌尿外科学	7
17	骨外科学	16
18	烧伤外科学、整形外科学	9
19	妇产科学	9
20	儿科学	16
21	眼科学	10
22	耳鼻咽喉科学	11

序号	学科分类	刊数/种
23	口腔医学	20
24	皮肤病学	8
25	性医学	4
26	神经病学、精神病学	31
27	核医学、医学影像学	21
28	肿瘤学	29
29	护理学	10
30	预防医学与公共卫生学综合	18
31	流行病学、环境医学	24
32	优生学、计划生育学	8
33	卫生管理学、健康教育学	26
34	军事医学与特种医学	7
35	药学	47
36	中医学	24
37	中医药大学学报	13
38	中西医结合医学	12
39	中药学	24
40	针灸、中医骨伤	5
工程技术（845）		
1	工程与技术科学基础学科	20
2	工程技术大学学报	99
3	信息与系统科学相关工程与技术	19
4	生物工程	8
5	农业工程	21
6	生物医学工程学	12
7	测绘科学技术	15
8	材料科学综合	26
9	金属材料	23
10	矿山工程技术	22

续表

序号	学科分类	刊数/种	序号	学科分类	刊数/种
11	冶金工程技术	12	27	仪器仪表技术	13
12	机械工程设计	24	28	兵器科学与技术	20
13	机械制造工艺与设备	26	29	纺织科学技术	8
14	动力工程	14	30	食品科学技术	25
15	电气工程	32	31	建筑科学与技术	29
16	能源科学综合	14	32	土木工程	10
17	石油天然气工程	38	33	水利工程	23
18	核科学技术	8	34	交通运输工程	9
19	电子技术	27	35	公路运输	11
20	光电子学与激光技术	17	36	铁路运输	9
21	通信技术	17	37	水路运输	14
22	计算机科学技术	30	38	航空、航天科学技术	36
23	化学工程综合	34	39	环境科学技术及资源科学技术	35
24	高聚物工程	12	40	安全科学技术	9
25	精细化学工程	11	**管理学（29）**		
26	应用化学工程	13	1	管理学	29

（二）期刊数量和载文量

2011—2016年各CSTPCD收录的期刊数量变化显示（表1-28），CSTPCD收录的期刊数量在2011—2014年稍有下降，2015和2016年则有所上升，尤其是2016年收录的期刊数量相对2015年增加了23种（增幅为1.16%）。

CSTPCD收录期刊的年平均载文量在2011—2016年呈持续下降的态势，6年间的平均降幅为2.20%。2016年度虽然收录的期刊数量有明显增加，但刊均载文量也下降较大，由2015年的251.2篇下降至2016年的239.5篇（降幅为4.66%）。有关载文量下降的原因需要结合期刊的稿源、录用率、学术影响力等各方面指标进一步分析。

表 1-28　2011—2016 年 CSTPCD 收录的科技期刊数量及刊均载文量变化

年份	刊数/种	增幅/%	载文量/篇	增幅/%
2011	1998	/	267.9	/
2012	1994	−0.20	255.7	−4.55
2013	1989	−0.25	254.8	−0.35
2014	1976	−0.65	252.9	−0.75
2015	1985	0.46	251.2	−0.67
2016	2008	1.16	239.5	−4.66
平均	1992	0.10	253.7	−2.20

（三）期刊主要引证指标

2011—2016 年 CSTPCD 收录期刊的平均总被引频次变化总体上呈现上升态势（表 1-29），6 年间的平均增幅为 5.92%，反映出中国科技期刊在学术交流中的实际地位总体上处于明显上升的态势。

与总被引频次类似，2011—2016 年间 CSTPCD 收录期刊的年平均影响因子呈稳定增长态势，增幅为 5.72%～8.59%。

2011—2016 年 CSTPCD 收录期刊的平均即年指标变化较大（表 1-29），但总体上仍呈上升趋势，年均增幅为 2.31%，尤其是 2016 年度的即年指标在 2015 年较高基础上仍有上升，表明越来越多的我国期刊所发表论文很快引起同行关注并被引用。

（四）期刊自引

期刊自引问题在近年来日益受到关注。通常认为期刊的自引率如果大于 20% 就可称之为高自引期刊[①]。2011—2016 年 CSTPCD 收录期刊平均自引率在 18.0% 左右（表 1-30），并且自引率低于 20% 期刊总体高于 65%，自引率高于 40% 期刊总

---

① McVeigh M E. Journal self-citation in the Journal Citation Reports：Science Edition 2002：A Citation Study from The Thomson Corporation [EB/OL]. http：// www. thomsonisi.com/media/presentrep/es2sayspdf/selfcitationsinjcr.pdf.

体比例持续下降,表明近年来我国少量高自引的科技期刊在引用方面更加规范。

表1-29 2011–2016年CSTPCD收录期刊主要引证指标的变化情况

年份	总被引频次 平均值	增幅	影响因子 平均值	增幅	即年指标 平均值	增幅
2011	1022.2	/	0.454	/	0.080	/
2012	1123.1	9.87	0.493	8.59	0.068	−15.00
2013	1180.2	5.08	0.523	6.09	0.072	5.88
2014	1267.5	7.40	0.558	6.69	0.071	−1.39
2015	1332.3	5.11	0.594	6.45	0.085	19.72
2016	1361.1	2.16	0.628	5.72	0.087	2.35
平均	1214.4	5.92	0.542	6.71	0.077	2.31

表1-30 2011—2016年CSTPCD的期刊自引率(D)分布情况(单位:%)

年份	$0<D\leqslant10$	$10<D\leqslant20$	$20<D\leqslant30$	$30<D\leqslant40$	$40<D\leqslant50$	$50<D$
2011	33.23	34.68	17.07	8.66	3.75	2.60
2012	30.84	35.51	18.51	8.38	4.16	2.61
2013	28.94	35.98	19.65	8.59	4.37	2.46
2014	31.98	33.60	19.28	9.41	4.55	1.16
2015	30.68	33.75	20.45	9.57	3.88	1.66
2016	29.73	34.86	20.42	10.01	3.78	1.20

第三节 我国科技期刊国际影响力分析

作为发表学术成果的主要媒介,学术期刊在繁荣学术文化、推动创新驱动发展等方面发挥着不可替代的作用。在学术思想交流与传播方面,学术期刊是一个国家或地区在国际科学界争取话语权的重要阵地与平台,学术期刊的发展水平和国际影响力及地位在一定程度上是衡量一个国家创新能力、国际竞争力和文化软实力的综合指标。

一、2016 年我国英文科技期刊发展现状

英文科技期刊对于提升我国科研成果的国际显示度和影响力、加强我国科学界话语权等方面发挥着重要的作用。在期刊管理部门的持续关注和科学界的大力支持下，近年来我国英文科技期刊呈持续快速发展的态势，我国英文科技期刊在数量变化、学术影响力、出版运营等诸方面均呈现出良好的发展趋势[1][2][3]。

基于相关资料统计表明[4][5][6]，截至 2016 年底，由中国大陆相关机构主办并已经取得国内统一连续出版物号（CN）的英文科技期刊共计 302 种。从创刊时段上看，目前我国英文科技期刊大多为 1980 年以后创办（286 种，占总数 302 的 94.70%），并且自 2010 年以来呈加快发展的态势。我国英文科技期刊创办的时段分布：1949 年以前为 3 种，1950—1979 年为 13 种，1980—1989 年为 63 种，1990—1999 年为 61 种，2000—2009 年为 63 种，2010—2016 年为 99 种。

在国家新闻出版广电总局的重视及中国科协等六部委组织实施的"中国科技期刊国际影响力提升计划"的大力促进下，2016 年我国英文期刊数量的增加幅度依然维持在相对高位，共创办了 19 种英文科技期刊（其中有 4 种为中英文双语种期刊，详见表 1-31）。此外，在 2016 年度实施的"中国科技期刊国际影响力提升计划"中，将 D 类项目（新创办英文科技期刊）由以前的 10 种增加至 20 种（表 1-32）[7][8]，

---

[1] 任胜利. 2014 年我国英文版科技期刊发展回顾. 科技与出版，2015，(2)：9-12.
[2] 杜耀文，宁笔. 成绩·挑战 ——2015 年度我国英文版科技期刊发展回顾. 科技与出版，2016，(2)：28-34.
[3] 任胜利，程维红. 2008–2013 年中外科技期刊载文与引证指标分析. 编辑学报，2015，27（5）：500-503.
[4] 中国科学技术信息研究所. 中国英文版科技期刊发展报告. 2016 年 7 月（内部报告）.
[5] 任胜利. 2016 年我国英文版科技期刊发展回顾. 科技与出版，2017，(2)：30-33.
[6] 宁笔. 2016 年 SCI 新收录中国大陆期刊汇总及简析 http://blog.sciencenet.cn/home.php?mod=space&uid=408109&do=blog&id=1024321.
[7] 中国科技期刊国际影响力提升计划办公室. 关于公示中国科技期刊国际影响力提升计划评审结果的通知. http://www.cast.org.cn/n35081/n35488/15134546.html.
[8] 中国科技期刊国际影响力提升计划办公室. 关于公布中国科技期刊国际影响力提升计划第二期入选项目的通知. http://www.cast.org.cn/n17040442/n17041423/n17052289/17332641.html.

这也为后续英文科技期刊的创办作了很好的准备。

表 1-31   2016 年创办的英文科技期刊

序号	英文刊名	中文刊名	主办单位
1	Asian Journal of Urology	亚洲泌尿外科杂志	上海市科学技术协会 中国人民解放军第二军医大学
2	Built Heritage	建成遗产	同济大学
3	CES Transaction on Electrical Machines and Systems	中国电工技术学会电机与系统学报	中国电工技术学会 中国科学院电工研究所
4	China Detergent & Cosmetics**	空间碎片研究	中国航天系统科学与工程研究院
5	Chinese Annals of History of Science and Technology	中国科学技术史	中国科学院自然科学史研究所 中国科技出版传媒股份有限公司
6	Chinese Journal of Heart Failure and Cardiomypathy**	中华心力衰竭和心肌病杂志	中华医学会
7	Global Health Journal*	全球健康杂志	人民卫生出版社有限公司
8	Green Energy & Environment	绿色能源与环境	中国科学院过程工程研究所 中国科技出版传媒股份有限公司
9	International Journal of Innovation Studies	国际创新研究学报	中国科技出版传媒股份有限公司
10	International Journal of Nursing Sciences	国际护理科学	中华护理学会
11	Journal of Epilepsy*	癫痫学报	四川大学
12	Journal of Global Change Research Data*,**	全球变化数据学报	中国科学院地理科学与资源研究所 中国地理学会
13	Journal of Inflammatory Bowel Disease*,**	中华炎性肠病杂志	中华医学会
14	Journal of Nutritional Oncology	肿瘤营养学杂志	人民卫生出版社有限公司
15	Pediatric Investigation	儿科学	中华医学会
16	Liver Research	肝脏研究	中山大学
17	Petroleum Research	石油研究	中国石油学会 石油工业出版社有限公司
18	Photonics Research	光子学研究	中国科学院上海光学精密机械研究所
19	Underground Space	地下空间	同济大学

注：* 英文刊名为本文作者根据中文刊名编译；** 中英文双语种期刊。

表 1-32 2016 年度中国科技期刊国际影响力提升计划 D 类（新创办英文科技期刊）项目

序号	英文刊名	中文刊名	主要主办单位
1	Computational Materials	计算材料学	中国科学院上海硅酸盐研究所
2	Journal of Safety Science and Management	安全科学与管理（英文版）	中国科技出版传媒股份有限公司
3	Innovation and Development Policy	创新与发展政策	中国科学院科技政策与管理科学研究所
4	Journal of Big Data Mining and Analytics	大数据挖掘与分析（英文）	清华大学
5	Journal of Geophysics and Planetary Physics	地球与行星物理	中国地球物理学会
6	Pediatric Investigation	儿科学	中华医学会
7	High Voltage	高电压	中国电力科学研究院
8	Precision Clinical Medicine	精准临床医学	四川大学
9	Science Culture Review	科学文化评论（英文版）	中国科协创新战略研究院
10	Automotive Innovation	汽车创新工程	中国汽车工程学会
11	Biosurface and Biotribology	生物表面和生物摩擦学	西南交通大学
12	Petroleum Exploration and Development	石油勘探与开发	中国石油集团科学技术研究院
13	Food Quality and Safety	食品品质与安全	浙江大学
14	World Journal of Emergency Medicine	世界急诊医学杂志	浙江大学医学院附属第二医院
15	Digital Chinese Medicine	数字中医药	湖南中医药大学
16	Cybersecurity	网络空间安全科学与技术	中国科学院信息工程研究所
17	Asian Journal of Pharmaceutical Sciences	亚洲药物制剂科学	沈阳药科大学
18	CES Transaction on Electrical Machines and Systems	中国电工技术学会电机与系统学报	中国电工技术学会
19	Acta Laboratorium Animalis Scientia Sinica	中国实验动物学报	中国实验动物学会
20	Stroke & Vascular Neurology	卒中与血管神经病学	中国卒中学会

与往年一样，2016 年也有少量中文科技期刊变更为英文版出版，如《植物分类与资源学报》更名为《植物多样性（英文）》[①]，《中国水土保持科学》由中文版

[①] 《植物分类与资源学报》从 2016 年起期刊更名为《植物多样性（英文）Plant Diversity》。http://eshukan.com/bd_show.aspx?id=373&cid=1.

变更为中英文双语出版，等等①。此外，也有少量英文期刊根据学科发展的需要变更刊名，以调整刊载内容的学科范围，如《硅酸盐学报（英文版）》更名为《无机材料学学报（英文）》，《国际数字地球学报（英文）》更名为《地球大数据（英文）》，等等。

二、基于 SCI 的我国科技期刊国际影响力分析

（一）2016 年度 SCI 收录的我国科技期刊影响力指标简析

根据基于 SCI 数据库统计的《期刊引证报告》（JCR）统计②，2016 年度 JCR 共收录期刊 8856 种，相比 2015 年度的 8757 种增加 99 种，增幅为 1.13%。其中有 179 种为中国大陆（China Mainland）出版的期刊（基于 JCR 中"China Mainland"的检索，见附表 1-2），相比 2015 年度的 175 种增加了 4 种（增幅为 2.28%，2015 年度 JCR 中划归 China Mainland 的期刊实为 185 种，其中有 10 种期刊为香港地区的机构主办）。

从影响因子的学科分区（Average Journal Impact Factor Percentile）看，2016 年度中国大陆地区位列 Q1 区（Percentile 的分值≤25%，见附表 1-2）的期刊数量相对 2015 年度的 23 种大幅上升至 34 种。

（二）我国非 SCI 收录期刊的国际影响力分析

根据 CNKI 发布的《中国学术期刊国际引证年报》（2017 年版）统计③，2016 年度 JCR 中收录的我国科技期刊的他引总被引频次共计 25.7 万次（较 2015 年增长 4.1 万次，增幅为 18.98%），占中国期刊年度国际总被引频次的 36.4%；同年我国的非 JCR 收录期刊的他引总被引频次为 44.8 万次（较 2015 年增长约 10 万次，

---

① 《中国水土保持科学》明年起发双语论文.（http://news.bjfu.edu.cn/lsyw/226384.htm）Thomson Reuters. Journal Citation Report[OL]. http://admin-apps.webofknowledge.com/JCR/JCR[发布日期：2016-06-14；获取日期：2017-02-06].

② Journal Citation Reports. https://jcr.incites.thomsonreuters.com.

③ 中国知网. 中国学术期刊国际国内影响力统计分析数据库. http://cjcr.cnki.net.

增幅28.53%），显示我国未被WoS收录的学术期刊国际影响力也有较大增长。从刊均他引总被引频次来看，JCR收录期刊的刊均他引总被引频次为1614，非JCR期刊的刊均他引总被引频次为74，表明JCR收录的中国期刊是国际影响力的优秀代表。

从语种上看，中文刊2016年他引总被引频次为44.4万次（较2015年增长9.2万次，增幅达到26.13%），占中国期刊年度国际总被引频次的63%；英文刊2016年他引总被引频次为26.1万次（较2015年增长4.9万次，增幅为23.11%）。

《中国学术期刊国际引证年报》（2017年版）根据期刊国际他引总被引频次和国际他引影响因子这二项重要指标的综合计分，遴选出350种在我国科技期刊中综合排名前10%（TOP10）的"2017年最具国际影响力学术期刊"。入选期刊的中、英文期刊各175种，其中英文刊的他引总被引频次贡献较大，达到24.7万次，占科技类TOP刊的59.51%，并且英文刊的他引影响因子为1.765，显著高于中文刊的0.244（表1-33）。这说明，英文刊由于采用了国际通用语言，具有中文刊无法比拟的优势，在向国际社会传播中国优秀文化、交流最新学术成果方面发挥了主力军的作用。

表1-33 2015—2016年度基于WoS数据库的TOP期刊主要影响力指标对比

语种	刊数/种		他引总被引频次			刊均他引频次		刊均影响因子	
	2015	2016	2015	2016	增幅/%	2015	2016	2015	2016
英文	169	175	202014	247465	22.50	1195	1414	1.456	1.765
中文	181	175	140829	168452	19.61	778	962	0.215	0.244

入选"2017最具国际影响力学术期刊"TOP10的175种英文科技期刊和175种中文科技期刊清单分别见附表1-3和附表1-4。

（三）"中国科技期刊国际影响力提升计划"资助效果分析

为贯彻落实中央书记处关于"打造具有国际专业水平的学术期刊等高质量水平交流平台"的重要指示，加快促进中国科技期刊国际影响力的提升，中国科协等六部委于2013年实施了"中国科技期刊国际影响力提升计划"（简称"期刊影响力计划"），"期刊影响力计划"一方面旨在引导一批学术质量高、重要学科的中国英文科技期刊SCI影响因子进入同学科Q1或Q2区，另一方面是创办一批高水平英文科技期刊，力争到2020年，建成具有我国自主知识产权的世界顶级科技期刊群，使我国一批英文科技期刊学术质量和国际影响力达到世界先进水平。

2013年公布的"期刊影响力计划"第一期（2013—2015年）获资助期刊中共有105种正式出版的英文期刊分别获得A类（15种，每种期刊每年获200万元资助）、B类（40种，每种期刊每年获100万元资助）、C类（50种，每种期刊每年获50万元资助）项目支持；另有30种拟创办英文期刊获"期刊影响力计划"的D类支持项目（每年评选出10种，在其取得刊号后再拨付一次性资助经费50万元，自2016年始D类计划每年增加至20种）。"期刊影响力计划"是国内迄今为止对英文科技期刊资助力度最大、目标国际化程度最高、影响力最深远的专项支持项目。"期刊影响力计划"第一期（2013—2015年）业已实施完毕，其实施效果备受国内科技期刊界和相关管理部门关注。本研究以2013—2016年的JCR数据（其发布时间相应为2014—2017年）为基础，比较"期刊影响力计划"资助期刊和非资助期刊的发展情况。

与SCI收录的全部期刊相比较，2013—2016年间我国的SCI收录期刊的数量及学术影响力指标进步更为快速（表1-34）：SCI收录期刊总数增幅为4.51%，总被引频次和影响因子的增幅分别为20.50%和11.50%，同期中国大陆（含香港地区）SCI收录期刊的数量增加了16.67%，总被引频次和影响因子增幅分别为42.63%和64.88%。不过，值得注意的是中国SCI期刊的平均年载文量近年来呈现持续下降的态势（4年间下降了13.77%），与JCR收录全部期刊的平均年载文量相对稳定且略有上升（4年间的增幅为6.62%）的态势正好相反（表1-34）。这表明了我国科技期刊的稿源竞争力近年来可能有所下降，从而表现出在科技期刊国际化发展的政策和经费的鼓励和支持下，虽然有越来越多的期刊被国际主流检索系统收录，影响因子等主要影响力指标也有所上升，但期刊发表论文的数量规模却持续减少。

表 1-34 2013—2016 年度 SCI 收录期刊及中国大陆 SCI 期刊的主要计量指标变化

年份	SCI 收录期刊（平均值）				中国大陆 SCI 期刊（平均值）			
	刊数/种	总被引	影响因子	载文量/篇	刊数/种*	总被引	影响因子	载文量/篇
2013	8474	5089	2.174	151	162	1187	1.193	167
2014	8618	5358	2.206	154	173	1330	1.448	158
2015	8802	5565	2.238	157	185	1416	1.599	146
2016	8856	6132	2.424	161	179	1693	1.967	144
增幅/%	4.51	20.50	11.50	6.62	16.67	42.63	64.88	−13.77

注：* 2016 年度香港地区的 10 种期刊首次在 JCR 中从中国大陆（China Mainland）单独划出，因此期刊数稍有减少，为保持可比性，增幅计算中我国大陆 SCI 期刊数量取值为 189 种（增幅为 2016 年相对 2013 年的增幅百分值）。

就我国 SCI 期刊的影响因子在同类学科所处的四分区位置看，位于 Q1 区间的期刊数量由 2013 年的 11 种增加至 2016 年的 34 种，位于 Q4 区间（Percentile 的分值≥75%）的期刊数量则由 70 种下降至 65 种）。

进一步分析的结果表明，受到"期刊影响力计划"一期（2013—2016 年）资助的英文期刊在影响力指标方面提升更为显著。在 2013—2016 年连续 4 年有引证指标的 145 种期刊中，有 68 种得到资助，这 68 种期刊影响因子的提升明显高于没有受到资助的 77 种期刊；相比 2013 年，2016 年受资助期刊的平均总被引频次和影响因子分别上升了 946 和 0.593，而非资助期刊则只分别上升 352 和 0.432（表 1-35）；受资助期刊 Q1 区间的期刊数量由 2013 年的 8 种增加至 2016 年的 18 种，Q4 区间由 13 种下降至 10 种；而非资助期刊的 Q 区间期刊数量分布则总体变化不大（表 1-36，图 1-1）。

值得注意的是，受资助期刊和非资助期刊的刊均载文量在 2013—2016 年间均呈持续下降的态势，4 年间受资助期刊的刊均载文量由 2013 年的 196 篇下降至 2016 年的 166 篇，降幅为 15.31%；非资助期刊由 166 篇下降至 151 篇，降幅为 9.04%（表 1-35）。

表 1-35　2013—2016 年度受资助期刊及非资助期刊的主要 SCI 计量指标变化

年份	资助期刊（68 种，平均值）			非资助期刊（77 种，平均值）		
	总被引	影响因子	载文量	总被引	影响因子	载文量
2013	1768	1.691	196	858	0.876	166
2014	2094	1.883	195	963	0.958	157
2015	2366	2.050	182	1067	1.080	155
2016	2714	2.284	166	1210	1.308	151
变化量	946	0.593	−30	352	0.432	−15
增幅/%	53.51	35.07	−15.31	41.03	49.32	−9.04

表 1-36　2013—2016 年度受资助期刊及非资助期刊的影响因子分区变化

年份	资助期刊（68 种）				非资助期刊（77 种）			
	Q1	Q2	Q3	Q4	Q1	Q2	Q3	Q4
2013	8	21	26	13	3	7	21	46
2014	11	22	28	7	3	10	23	41
2015	14	20	25	9	3	10	22	42
2016	18	18	22	10	6	7	18	46

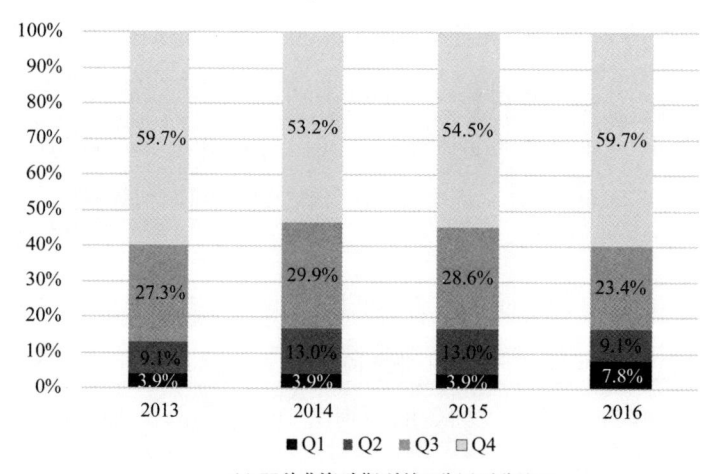

(a) 77种非资助期刊的Q分区百分比/%

(b) 68种受资助期刊的Q分区百分比/%

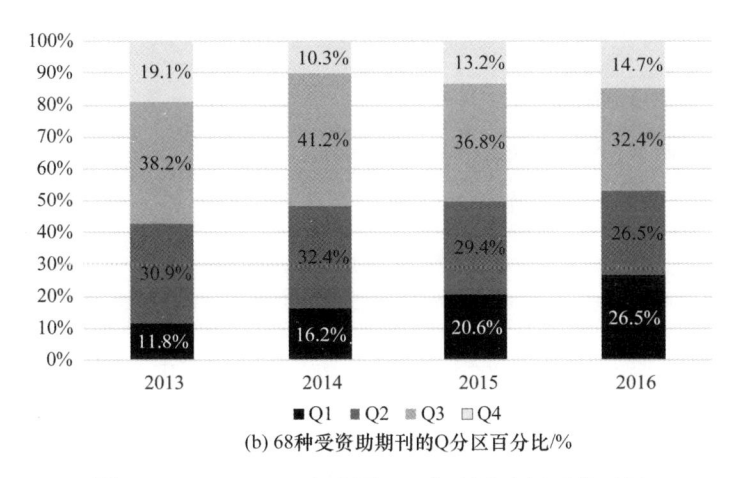

图 1-1　2013—2016 年中国 SCI 期刊影响因子分区图

三、基于 Scopus 的我国科技期刊国际影响力分析

Scopus 是目前全球最大的文摘引文数据库，截至 2017 年 10 月底共收录了来自全球 5000 多家出版商的 22748 种期刊、丛书、会议论文集等连续出版物，其中同行评议期刊 21950 种（含 3600 种完全开放获取期刊），占总数的 96.49%。由于 Scopus 收录全球超过 40 种语言的科研文献，其覆盖内容在国家分布上显得更为广泛，体现当前全球科研发展的国际化程度。

2016 年 12 月，Scopus 首次推出了其期刊评价指标体系——CiteScore（引用分），以提供多元化的分析评价视角。CiteScore 是指期刊发表的单篇文章平均被引用次数。具体而言，某期刊某年的 CiteScore 值，是它过去 3 年发表的文章在该年被引用的次数，除以该期刊在过去 3 年发表并收录于 Scopus 中的文章数量。例如，某期刊 2016 年 CiteScore 指数的计算方法是：该期刊在 2013 年、2014 年和 2015 年发表的文章在 2016 年获得的被引次数，除以该期刊 2013—2015 年发表并收录于 Scopus 中的文章数量总和。在计算方式上，CiteScore 的分母部分包含了所有类型的文章，如论文、评述、书信、注释和社论等所有文章均被纳入到计算公式的分母中，而 SCI 影响因子计算公式的分母中只保留了原创型论文、综述等可引用的内容。因此，对于某些较多刊载除原创论文和综述以外文章的期刊，其 CiteScore 值要明显低于 SCI 影响因子值。

截至 2017 年 10 月，Scopus 总计收录 655 种中国大陆期刊，其中有 647 种为科技期刊（中文刊 442 种，英文刊 205 种）。目前已经获得 CiteScore 指数的期刊为 599 种，涉及 Scopus 的 334 个学科分类中的 132 个学科，尚有 202 个学科没有我国期刊被收录。

599 种期刊在各学科的分区情况显示（表 1-37），350 种中文期刊在各学科中多位于 Q3 和 Q4 区间，位于 Q1 区的只有 13 种，仅占 406 种被收录中文期刊的 3.20%，位于 Q4 区的有 205 种，占总数的 50.49%；193 种英文期刊在各学科中位于 Q1 和 Q2 区间的则相对较多，位于 Q1 区和 Q2 区的分别占总数的 31.61%和 30.05%，位于 Q4 区的有 20 种，仅占总数的 10.36%。由表 1-37 可见，英文期刊的 Q1 区比例远高于中文期刊，这表明在国际检索系统中，英文期刊的学术影响力和交流传播力要远高于中文期刊。

表 1-37 Scopus 收录中国大陆期刊的学科分区情况

学科分区	总刊数/种	百分比/%	中文刊/种	百分比/%	英文刊/种	百分比/%
Q1	74	12.35	13	3.20	61	31.61
Q2	101	16.86	43	10.59	58	30.05
Q3	199	33.22	145	35.71	54	27.98
Q4	225	37.56	205	50.49	20	10.36
总计	599	100.00	406	100.00	193	100.00

在 132 个学科中，涉及期刊数量最多的学科是医学，总计 81 种期刊（中文刊 61 种，英文刊 20 种），其次是机械工程学科，总计 63 种期刊（中文刊 45 种，英文刊 18 种）；位居第三位的学科是电气与电子工程学科，总计 51 种期刊（中文刊 38 种，英文刊 13 种）。Scopus 收录中国期刊数量前 10 个学科见表 1-38。

表 1-38　Scopus 收录中国大陆期刊数量前 10 位的学科　　　（单位：种）

序号	学科分类	总刊数	英文刊数	中文刊数
1	General Medicine（医学综合）	81	20	61
2	Mechanical Engineering（机械工程）	63	18	45
3	Electrical and Electronic Engineering（电气与电子工程）	51	13	38
4	Energy Engineering and Power Technology（能源工程与电力技术）	32	10	22
5	General Engineering（工程科学）	30	9	21
6	General Chemical Engineering（化学工程）	28	6	22
7	Mechanics of Materials（材料力学）	27	10	17
8	Materials Chemistry（材料化学）	25	8	17
8	General Materials Science（材料科学）	25	7	18
10	Metals and Alloys（金属和合金）	24	15	9
10	Geology（地质学）	24	3	21

四、我国英文科技期刊的运营模式

（一）我国英文科技期刊国际合作出版现状

尽管我国英文科技期刊的数量持续快速增长，办刊经费也大有改善，但自主办刊能力依然没有根本性改变，这一方面表现为已有的英文期刊在海外出版（发行）与传播方面持续与国外期刊出版机构合作，另一方面，新创办的英文期刊在出版传播方面基本上也都是采取与国外知名出版机构合作的形式。

国外期刊出版机构除了与中国新创英文期刊合作出版以外，仍然一如既往地积极寻求合作伙伴，采取与中国科研机构合作（邀请中方学者担任主编、在中国的科研机构设立编辑部等）的形式独立办刊。例如，由中国科技出版传媒股份有限公司和爱思唯尔合资（中国科技出版传媒股份有限公司控股）的北京科爱森蓝文化传播有限公司（KeAi）在 2016 年不仅开始了合作出版 *Aquaculture and Fisheries*（CN：10-1397/S）、*Green Energy & Environment*（CN：10-1418/TK）、*Plant Diversity*（CN：53-1217/Q）等期刊，而且还与中国科学院兰州文献情报中心和中国石油勘探研究院廊坊分院合作创办了 *Journal of Natural Gas Geoscience*（无 CN 号）；再如，牛津大学出版社2016年不仅与中国科学院动物研究所开始合作出版我国老牌英文期刊 *Current Zoology*，同时还承担了浙江大学出版社新创办期刊 *Food Quality and Safety* 的出版与海外营销工作；又如，继 2014 年与中方机构合作创办 *Inorganic Chemistry Frontiers*（无机化学前沿）和 *Organic Chemistry Frontiers*（有机化学前沿）2 种期刊后，英国皇家化学会 2016 年又与中国化学会和中国科学院化学研究所共同联合创办了 *Materials Chemistry Frontiers*。

目前我国大陆有一定国际影响力的英文期刊几乎全部都与国外出版商合作出版。统计表明，获得中国科协等六部委发起、科技期刊领域资助额度最强的"中国科技期刊登峰行动计划"的 16 种期刊（2016—2018 年连续 3 年资助，单刊每年最多可获得 250 万元的资助），全部都与 Elsevier、Springer Nature 等国外出版商合作出版（表 1-39）。

表 1-39 "中国科技期刊登峰行动计划"入选期刊国际合作出版情况

序号	英文刊名	中文刊名	国外合作方
1	*Acta Geologica Sinica-English Edition*	地质学报（英文版）	Wiley-Blackwell
2	*Chinese Journal of Aeronautics*	中国航空学报	Elsevier
3	*Chinese Journal of Mechanical Engineering*	中国机械工程学报	Springer Nature
4	*Chinese Medical Journal*	中华医学杂志	Wolters Kluwer-Medknow Publications
5	*Chinese Physics Letters*	中国物理快报	IOP Publishing Ltd.
6	*CSEE Journal of Power and Energy Systems*	中国电机工程学会电力与能源系统学报	IEEE
7	*Engineering*	工程	Elsevier
8	*Journal of Integrative Agriculture*	农业科学学报	Elsevier
9	*Journal of Molecular Cell Biology*	分子细胞生物学报	Oxford University Press
10	*Light：Science & Applications*	光：科学与应用	Springer Nature
11	*Nano Research*	纳米研究	Springer Nature
12	*Particuology*	颗粒学报	Elsevier
13	*Science Bulletin*	科学通报	Elsevier
14	*Science China Chemistry*	中国科学：化学	Springer Nature
15	*Science China Materials*	中国科学：材料科学	Springer Nature
16	*Science China Mathematics*	中国科学：数学	Springer Nature

（二）我国英文科技期刊的数量规模及国际地位

截至 2016 年底我国已有 302 种英文科技期刊，可以认为我国英文科技期刊已经形成了一定的数量规模和群体优势。截至 2017 年 10 月，SCI 共收录中国科技期刊 195 种（其中 179 种在 JCR 中有影响力指标，另有 16 种为 2016—2017 年收录），在约 120 个国家或地区中位列第 7，Scopus 共收录中国学术期刊 655 种，在约 120 个国家或地区中位列第 5（表 1-40）。

表 1-40　JCR 和 Scopus 收录中国期刊情况

国家	JCR/种	排名	占收录百分比/%	Scopus/种	排名	占收录百分比/%
美国	2962	1	33.45	6146	1	27.02
英国	1854	2	20.93	4759	2	20.92
荷兰	700	3	7.90	2106	3	9.26
德国	600	4	6.78	1612	4	7.09
日本	237	5	2.68	426	8	1.87
瑞士	216	6	2.44	433	7	1.90
中国	179	7	2.02	655	5	2.88
法国	178	8	2.01	520	6	2.29
Top8 合计	6926		78.21	16657		73.22
总计	8856		100.00	22748		100.00

虽然我国英文科技期刊数量和国际影响力的提升速度相对较快，但仍然滞后于我国基础研究的发展速度。这不仅体现在我国科技期刊的国际影响力总体还比较低，而且在很多研究领域我国尚没有期刊能够入选国际主流检索系统，已入选 SCI 检索系统的我国期刊所发表我国论文数量占我国论文总量的百分比也呈日益下降的态势。

例如，JCR 中我国的 179 种期刊在 JCR 的 99 个学科领域中出现，只占 JCR 全部 177 个学科领域的 55.93%。再如，统计表明，2000—2016 年，中国大陆第一作者的 SCI 论文由 2.26 万篇上升至 29.06 万篇，增幅为 1185.84%，其中在中国期刊发表的论文由 0.92 万篇上升至 2.56 万篇，增幅为 178.26%，在海外期刊发表的论文由 1.34 万篇上升至 26.50 万篇，增幅为 1877.61%（尤其是 2013 年以来我国 SCI 收录期刊发表论文总数呈逐年下降的趋势：2013 年为 28245 篇，2014 年为 27512 篇，2015 年为 27040 篇，2016 年为 25638 篇）。相应地，我国本土期刊发表中国大陆 SCI 论文的比率由 2000 年的 40.73%下降至 2016 年的 8.82%（图 1-2）。

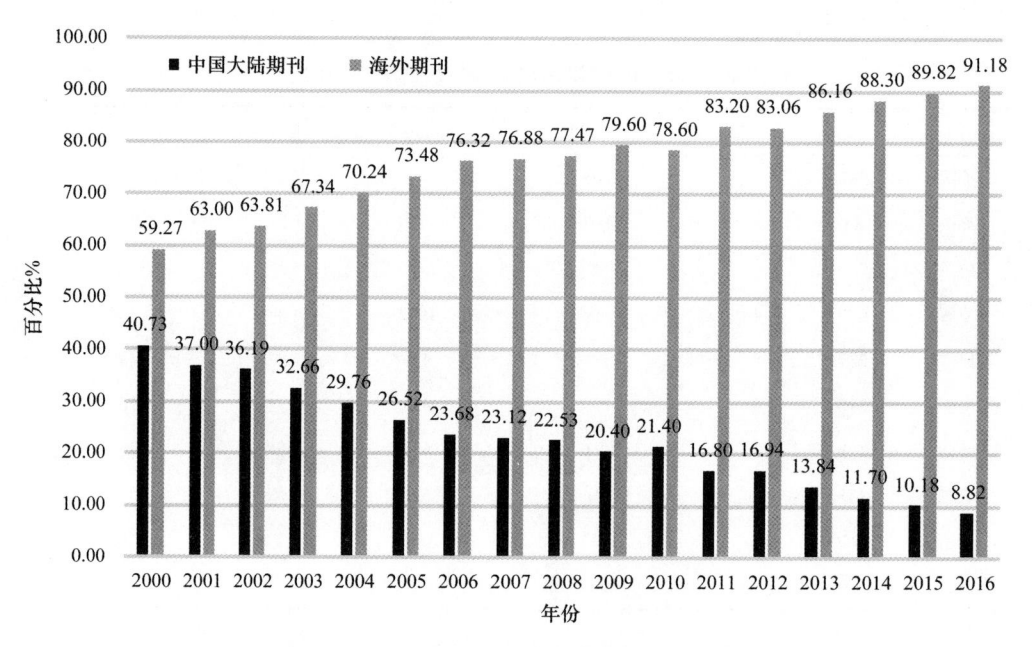

图 1-2　2000—2016 年中国大陆第一作者在中外 SCI 期刊发文分布

随着我国新闻出版方面新政策的不断推出，尤其是中国科协等六部委组织实施的中国科技期刊国际影响力提升计划，我国英文科技期刊近年来面临着前所未有的发展机遇；同时，由于国际期刊出版机构近年来对我国学术资源和市场的关注程度不断提高，我国本土科技期刊在学术影响力提升和自主发展方面也面临着极大的压力和挑战。如何建设我国自主品牌的数字出版与在线营销平台，形成具有一定市场化能力和自主良性发展的基础，应该是我国英文期刊办刊人和期刊主管部门需要尽快考虑和解决的问题。

附表1-1 中国科技期刊学科及文种分布

学科	汉文	英文	中英文	藏文	哈萨克文	蒙古文	维吾尔文	中英阿文	朝鲜文	总计
N 自然科学总论	429	21	3		2	5	2	1	1	464
O 数理科学和化学	6	3								9
O1 数学	47	20	2							69
O3 力学	22	7								29
O4 物理学	43	14	1							58
O6 化学	27	8	2							37
O7 晶体学	1									1
P 天文学、地球科学	209	35	4							248
Q 生物科学	74	25	2							102
R 医药、卫生，综合性医药卫生	1097	58	17	3	1	2	6		1	1185
S 农业、林业，综合性农业科学	501	14	2	2	3	2	7			531
T 工业技术总论	102	6	1							109
TB 一般工业技术	67	8	1							76
TD 矿业工程	66	2								68
TE 石油、天然气工业	78	3								81
TF 冶金工业	89	6								95
TG 金属学、金属工艺	53	6	1							60
TH 机械、仪表工业	135	6					1			142
TJ 武器工业	37	1								38
TK 动力工程	77	3								80
TL 原子能技术	19	2								21
TM 电工技术	100	3								103
TN 无线电电子学、电讯技术	183	11								194
TP 自动化技术、计算技术	134	11								145
TQ 化学工业	184	7								191
TS 轻工业、手工业	206	3	2							211
TU 建筑科学	180	5	3							188
TV 水利工程	85	1								86
U 交通运输	219	4	2							225
V 航空、宇宙飞船	77	3	2							82
X 环境科学、安全科学	82	6	1				2			91
Z 综合性期刊	1									1
总计	4631	302	46	5	6	9	18	1	2	5020

附表 1-2 JCR2016 收录中国大陆（China Mainland）期刊及主要引证指标

序号	英文刊名	中文刊名	总被引	影响因子	载文量	Q 区/%
1	Cell Research	细胞研究	11885	15.606	75	4.47
2	Light-Science & Applications	光：科学与应用	2856	14.098	83	2.72
3	Fungal Diversity	真菌多样性	4068	13.465	26	5.00
4	Bone Research	骨研究	592	9.326	27	7.14
5	National Science Review	国家科学评论	512	8.843	17	7.03
6	Molecular Plant	分子植物	6040	8.827	105	4.42
7	Nano Research	纳米研究	9155	7.354	351	11.29
8	Journal of Molecular Cell Biology	分子细胞生物学杂志	1655	5.988	41	19.74
9	Cellular & Molecular Immunology	细胞与分子免疫学	2691	5.897	78	16.89
10	Protein & Cell	蛋白质与细胞	1898	5.374	57	23.95
11	Chinese Physics C	中国物理 C	3556	5.084	241	11.51
12	Organic Chemistry Frontiers	有机化学前沿	2261	4.955	239	11.02
13	Nano-Micro Letters	纳微通讯	889	4.849	40	17.30
14	Photonics Research	光子学研究	769	4.679	70	9.24
15	Geoscience Frontiers	地学前缘	1079	4.256	75	6.65
16	Science China Chemistry	中国科学：化学	3417	4.132	210	22.59
17	Chinese Journal of Cancer	癌症	1737	4.111	94	29.26
18	Science Bulletin	科学通报（英文版）	1087	4.092	180	16.41
19	Journal of Genetics and Genomics	遗传学报（英文版）	1616	4.051	57	25.49
20	Journal of Integrative Plant Biology	植物学报（英文版）	3773	3.962	82	19.42
21	Science China Materials	中国科学：材料科学	415	3.956	86	18.73
22	International Journal of Oral Science	国际口腔科学杂志	827	3.930	33	5.00
23	CNS Neuroscience & Therapeutics	神经科学与治疗学	2615	3.919	100	22.46
24	Acta Pharmacologica Sinica	中国药理学报	7734	3.223	160	30.72
25	Journal of Diabetes	糖尿病杂志	1111	3.039	88	50.36
26	Chinese Journal of Cancer Research	中国癌症研究	957	3.000	58	49.54
27	Asian Journal of Andrology	亚洲男科学杂志	3118	2.996	135	18.96
28	Journal of Environmental Sciences	环境科学学报	9358	2.865	311	32.53
29	Chinese Journal of Catalysis	催化学报	3677	2.813	230	30.22
30	Science China Life Sciences	中国科学：生命科学	1621	2.781	120	21.77
31	Journal of Materials Science & Technology	材料科学与技术学报	4026	2.764	187	18.67
32	Endoscopic Ultrasound	内镜超声	313	2.728	52	53.80

续表

序号	英文刊名	中文刊名	总被引	影响因子	载文量	Q区/%
33	Neuroscience Bulletin	神经科学通报	1204	2.624	59	54.63
34	Particuology	颗粒学报	2171	2.621	112	29.99
35	Journal of Energy Chemistry	能源化学	1091	2.594	142	36.49
36	Frontiers of Physics	物理学前沿	793	2.579	87	17.09
37	Journal of Sport and Health Science	运动与健康科学	476	2.531	62	22.47
38	Transportmetrica B-Transport Dynamics	运输计量学 B-运输动力学	97	2.520	10	32.73
39	Journal of Rare Earths	稀土学报	3669	2.429	180	29.86
40	Journal of Bionic Engineering	仿生工程学报	1163	2.388	62	41.92
41	Journal of Geographical Sciences	地理学报（英文版）	1638	2.364	108	47.96
42	International Journal of Digital Earth	国际数字地球杂志	885	2.292	66	52.36
43	Science China Physics Mechanics & Astronomy	中国科学：物理学、力学与天文学	2245	2.237	126	23.42
44	Biomedical and Environmental Sciences	生物医学与环境科学	1825	2.204	63	39.68
45	Acta Biochimica et Biophysica Sinica	生物化学与生物物理学报	2826	2.200	121	63.50
46	Current Zoology	动物学报（英文版）	1040	2.181	68	16.26
47	Acta Chimica Sinica*	化学学报	2239	2.131	113	44.88
48	Integrative Zoology	整合动物学	658	2.070	41	19.33
49	Journal of Animal Science and Biotechnology	畜牧与生物技术杂志	556	2.052	68	6.03
50	Journal of Systematics and Evolution	植物分类学报	920	2.050	51	31.84
51	Progress in Natural Science-Materials International	自然科学进展-国际材料	2678	2.038	98	44.55
52	Transportmetrica A-Transport Science	运输计量学-运输学	302	2.033	48	44.72
53	Insect Science	昆虫科学	1313	2.026	86	14.52
54	Science China Earth Sciences	中国科学：地球科学	2738	1.989	202	43.88
55	Chinese Chemical Letters	中国化学快报	4457	1.932	308	49.10
56	Petroleum Exploration and Development	石油勘探与开发	1718	1.903	125	35.11
57	Chinese Optics Letters	中国光学快报	2234	1.859	264	41.85
58	Chinese Journal of Chemistry	中国化学	2952	1.852	172	50.30
59	Journal of Geriatric Cardiology	老年心脏病学杂志	558	1.806	125	70.15
60	Journal of Arid Land	干旱区科学	592	1.796	80	51.31
61	Neural Regeneration Research	中国神经再生研究	1886	1.769	271	79.49

续表

序号	英文刊名	中文刊名	总被引	影响因子	载文量	Q区/%
62	Journal of Plant Ecology	植物生态学报（英文版）	1034	1.754	77	45.95
63	Pedosphere	土壤圈	2192	1.734	78	57.35
64	Science China Technological Sciences	中国科学：技术科学	2807	1.719	206	42.81
65	Frontiers of Environmental Science & Engineering	环境科学与工程前沿	1040	1.716	110	56.85
66	Frontiers of Chemical Science and Engineering	化学科学与工程前沿	553	1.712	50	46.30
67	Acta Geologica Sinica-English Edition	地质学报（英文版）	2874	1.708	133	52.39
68	Chinese Journal of Polymer Science	高分子科学	1532	1.692	141	44.77
69	Journal of Zhejiang University-Science B	浙江大学学报B辑（生物医学与生物技术）	2132	1.676	98	70.15
70	Chinese Journal of Natural Medicines	中国天然药物	1047	1.667	101	57.26
71	Chinese Science Bulletin	科学通报	10996	1.649	0	33.59
71	Hepatobiliary & Pancreatic Diseases International	国际肝胆胰疾病杂志	1600	1.649	78	84.18
73	Frontiers of Medicine	医学前沿	615	1.634	57	75.31
74	Journal of Digestive Diseases	消化病杂志	1125	1.632	89	85.44
75	Science China-Information Sciences	中国科学：信息科学	1643	1.628	209	55.82
76	Journal of Modern Power Systems and Clean Energy	现代电力系统与清洁能源学报	246	1.532	67	55.92
77	Advances in Atmospheric Sciences	大气科学进展	2715	1.504	112	64.12
78	International Journal of Sediment Research	国际泥沙研究	662	1.494	43	61.12
79	Frontiers of Materials Science	材料科学前沿	353	1.471	34	63.09
80	Research in Astronomy and Astrophysics	天文学和天体物理学研究	1168	1.371	190	65.87
81	Transactions of Nonferrous Metals Society of China	中国有色金属学报	7044	1.342	370	33.11
82	Acta Mechanica Sinica	力学学报	1368	1.324	102	55.87
83	Petroleum Science	石油科学	597	1.323	65	43.05
84	Chinese Journal of Aeronautics	中国航空学报	1655	1.307	170	30.65
85	Acta Metallurgica Sinica-English Letters	金属学报（英文版）	901	1.292	140	34.46
86	Tsinghua Science and Technology	清华大学学报（英文版）	909	1.250	62	62.88
87	Orthopaedic Surgery	整形外科	399	1.237	70	58.55
88	Chinese Physics B	中国物理B	7491	1.223	1,072	52.53

续表

序号	英文刊名	中文刊名	总被引	影响因子	载文量	Q区/%
89	Journal of Zhejiang University-Science A	浙江大学学报A辑（应用物理与工程）	1260	1.214	75	57.45
90	Applied Mathematics and Mechanics-English Edition	应用数学和力学	1842	1.205	121	48.52
91	Asian Journal of Surgery	亚洲外科杂志	525	1.203	32	68.78
92	Journal of Advanced Ceramics	先进陶瓷	281	1.198	40	36.54
93	Rare Metals	稀有金属	1202	1.189	140	55.79
94	International Journal of Ophthalmology、	国际眼科杂志	1054	1.177	282	83.90
95	Journal of Hydrodynamics	水动力学研究与进展B辑	1403	1.174	109	66.54
95	Chinese Journal of Chemical Engineering	中国化学工程学报	2494	1.174	225	62.59
97	Building Simulation	建筑模拟	396	1.170	56	59.83
98	Engineering Applications of Computational Fluid Mechanics	计算流体力学的工程应用	441	1.167	42	58.55
98	Translational Cancer Research	转化癌症研究	375	1.167	140	91.48
100	World Journal of Pediatrics	世界儿科杂志（英文）	607	1.164	70	69.01
101	Chinese Geographical Science	中国地理科学	777	1.154	68	75.76
102	Thoracic Cancer	胸部肿瘤	372	1.116	104	93.46
102	Chinese Journal of Integrative Medicine	中国结合医学杂志	1219	1.116	121	75.00
104	Acta Petrologica Sinica**	岩石学报	5775	1.097	263	47.87
105	Chinese Medical Journal	中华医学杂志（英文版）	7140	1.064	411	61.61
106	Frontiers of Earth Science	地球科学前沿	317	1.051	64	76.33
107	Journal of Integrative Agriculture	农业科学学报	1193	1.042	295	34.82
108	Frontiers of Computer Science	计算机科学前沿	405	1.039	78	69.48
109	Chemical Research in Chinese Universities	中国高校化学研究	1141	1.024	176	73.80
110	New Carbon Materials*	新型炭材料	691	1.020	79	75.82
111	Journal of Mountain Science	山地科学学报	955	1.016	187	80.57
112	Chinese Journal of Organic Chemistry*	有机化学学报	1912	1.010	329	70.34
113	Journal of Traditional Chinese Medicine	中医杂志	1046	0.991	109	78.85
114	Communications in Theoretical Physics	理论物理通讯	2108	0.989	217	58.86
115	Journal of Earth Science	地球科学学刊	682	0.975	95	78.99

续表

序号	英文刊名	中文刊名	总被引	影响因子	载文量	Q区/%
116	Journal of Huazhong University of Science and Technology-Medical Sciences	华中科技大学学报（医学英德文版）	1209	0.964	152	89.48
117	Journal of Computer Science and Technology	计算机科学与技术学报	911	0.956	83	75.52
117	Science China Mathematics	中国科学：数学	1002	0.956	148	34.05
119	Progress in Chemistry*	化学进展	1211	0.953	145	75.60
120	Journal of Meteorological Research	气象学报（英文版）	138	0.950	70	85.29
121	International Journal of Minerals Metallurgy and Materials	矿物冶金与材料学报	1106	0.943	168	59.01
122	Asian Pacific Journal of Tropical Medicine	亚太热带医药杂志	1566	0.925	212	77.15
123	China Communications	中国通信	735	0.903	283	87.08
124	Avian Research	鸟类学研究	31	0.853	22	56.25
125	Advanced Steel Construction	先进钢结构	175	0.847	25	62.74
126	Journal of Iron and Steel Research International	钢铁研究学报（英文版）	1722	0.836	187	54.73
127	International Journal of Agricultural and Biological Engineering	国际农业与生物工程杂志	503	0.835	133	60.71
128	Plasma Science & Technology	等离子体科学和技术	1077	0.830	202	85.48
129	Journal of Orthopaedic Surgery	矫形外科杂志	980	0.816	77	80.90
130	Chinese Journal of Mechanical Engineering	中国机械工程学报	883	0.814	135	79.62
131	Chinese Physics Letters	中国物理快报	5385	0.800	447	68.99
132	Applied Geophysics	应用地球物理	509	0.796	68	76.79
133	Chinese Journal of Analytical Chemistry*	分析化学	1830	0.795	280	82.24
133	Chinese Journal of Geophysics-Chinese Edition**	地球物理学报	3373	0.795	417	77.98
135	Nuclear Science and Techniques	核科学与技术	430	0.779	150	75.34
136	Journal of Forestry Research	林业研究	777	0.774	150	64.84
137	Journal of Zhejiang University-Science C-Computers & Electronics	浙江大学学报：科学C辑（计算机与电子）	323	0.770	0	80.84
138	Acta Physico-Chimica Sinica*	物理化学学报	2215	0.767	314	87.33
139	Advances in Applied Mathematics and Mechanics	应用数学与力学进展	280	0.763	61	75.12
140	Interdisciplinary Sciences-Computational Life Sciences	交叉科学-计算生命科学	203	0.753	48	83.33

续表

序号	英文刊名	中文刊名	总被引	影响因子	载文量	Q区/%
141	Acta Mechanica Solida Sinica	固体力学学报	747	0.736	56	85.34
142	Acta Oceanologica Sinica	海洋学报（英文版）	1452	0.730	182	78.57
143	Mycosphere	真菌生物学报	375	0.721	120	95.00
144	Earthquake Engineering and Engineering Vibration	地震工程与工程振动	785	0.706	62	76.51
145	Chinese Journal of Oceanology and Limnology	中国海洋湖沼学报	1227	0.688	135	89.62
146	Journal of Thermal Science	热科学学报	604	0.678	73	86.99
147	Chemical Journal of Chinese Universities-Chinese*	高等学校化学学报	1899	0.677	329	81.63
148	Journal of Computational Mathematics	计算数学（英文版）	683	0.641	6	63.85
149	Acta Physica Sinica**	物理学报	5663	0.624	954	76.58
150	Frontiers of Information Technology & Electronic Engineering	信息技术与电子工程前沿	88	0.622	110	89.40
151	China Ocean Engineering	中国海洋工程	421	0.621	74	80.76
152	Journal of Ocean University of China	中国海洋大学学报	696	0.601	137	84.92
152	Journal of Central South University	中南大学学报（英文版）	2292	0.601	360	69.60
154	Journal of Tropical Meteorology	热带气象学报（英文版）	469	0.600	63	92.35
155	Acta Metallurgica Sinica**	金属学报	1651	0.584	185	72.30
156	Chinese Journal of Structural Chemistry	结构化学	863	0.583	248	85.37
157	Journal of Exercise Science & Fitness	运动科学与健身学	126	0.576	12	87.04
158	Journal of Systems Science & Complexity	系统科学与复杂性学报	559	0.556	106	84.50
159	China Petroleum Processing & Petrochemical Technology	中国炼油与石油化工	156	0.533	45	82.55
160	Journal of Systems Engineering and Electronics	系统工程与电子技术	825	0.529	138	90.88
161	Chinese Journal of Chemical Physics	化学物理学报	591	0.498	113	95.83
162	Chinese Journal of Inorganic Chemistry*	无机化学学报	1266	0.489	287	94.57
163	Acta Mathematica Scientia	数学物理学报	808	0.483	125	69.94
164	Journal of Wuhan University of Technology-Materials Science Edition	武汉理工大学学报（材料科学版）	1579	0.447	228	93.27
165	Acta Mathematica Sinica-English Series	数学学报（英文版）	1443	0.446	116	83.90
166	Journal of Inorganic Materials*	无机材料学报	903	0.444	214	86.54

续表

序号	英文刊名	中文刊名	总被引	影响因子	载文量	Q区/%
167	Acta Polymerica Sinica**	高分子学报	744	0.433	176	88.95
168	East Asian Journal on Applied Mathematics	东亚应用数学杂志	60	0.426	26	92.35
169	Asian Herpetological Research	亚洲两栖爬行动物研究	120	0.385	36	90.49
170	China Foundry	中国铸造	234	0.371	58	80.41
171	Chinese Annals of Mathematics Series B	数学年刊B辑	582	0.362	73	88.26
172	Spectroscopy and Spectral Analysis**	光谱学与光谱分析	1693	0.344	746	98.81
173	Algebra Colloquium	代数集刊	375	0.343	58	92.36
174	Progress in Biochemistry and Biophysics*	生物化学与生物物理学进展	375	0.341	124	98.88
175	Frontiers of Mathematics in China	数学前沿	368	0.333	87	89.87
176	Journal of Infrared and Millimeter Waves*	红外与毫米波学报	368	0.267	121	95.11
177	Rare Metal Materials and Engineering*	稀有金属材料与工程	2166	0.258	738	95.41
178	Applied Mathematics-A Journal of Chinese Universities Series B	高校应用数学学报B辑	174	0.247	38	98.63
179	Acta Mathematicae Applicatae Sinica-English Series	应用数学学报（英文版）	538	0.242	92	99.02

注：按照影响因子排序。*表示期刊为中英混合出版，共12种，**表示为中文出版，共6种。

（1）Q区表示期刊的影响因子在同学科期刊中的相对排名百分位：0~25%表示期刊位于Q1区间，25%~50%为Q2区间，50%~75%为Q3区间，75%~100%为Q4区间。

（2）*Mycosphere*，*Organic Chemistry Frontiers*，*Orthopaedic Surgery* 三种期刊为没有国内统一刊号（CN）的中国大陆机构主办或大陆机构与国外出版公司共同主办的期刊，*Mycosphere* 由贵州省农业生物技术重点实验室主办，*Organic Chemistry Frontiers* 由英国皇家化学会与中国化学会等机构联合主办，*Orthopaedic Surgery* 由天津医院主办、Wiley-Blackwell 出版公司发行。

（3）*Journal of Zhejiang University-SCIENCE C*（Computers & Electronics）和 *Chinese Science Bulletin* 于2015年分别更名为 *Frontiers of Information Technology & Electronic Engineering* 和 *Science Bulletin*，因此，这两种期刊2016年的载文量均为0。

（4）2016年及以后被SCI收录但没有引证指标的中国大陆期刊：①*Virologica Sinica*，②*Advances in Manufacturing*，③*Cancer Biology Medicine*，④*Friction*，⑤*Frontiers of Structural and Civil Engineering*，⑥*Genomics Proteomics & Bioinformatics*，⑦*High Power Laser Science and Engineering*，⑧*International Journal of Disaster Risk Science*，⑨*Numerical Mathematics-Theory Methods and Applications*。

附表1-3 2017中国最具国际影响力的英文期刊

序号	英文刊名	影响力指数CI	他引总被引	他引影响因子	第一主办单位
1	Cell Research*	1402.980	11796	15.394	中国科学院上海生命科学研究院生物化学与细胞生物学研究所
2	Nano Research*	788.175	8632	6.748	清华大学
3	Molecular Plant*	733.327	5862	8.427	中国科学院上海生命科学研究院
4	Light: Science & Applications*	642.223	2803	13.811	中国科学院长春光学精密机械与物理研究所
5	Science Bulletin*	551.094	11930	2.108	中国科学院
6	Journal of Environmental Sciences*	548.019	8966	2.621	中国科学院生态环境研究中心
7	Acta Pharmacologica Sinica*	534.817	7587	3.072	中国药理学会
8	Chinese Physics C*	420.848	3323	4.884	中国物理学会
9	Cellular & Molecular Immunology*	404.612	2605	5.559	中国免疫学会
10	Chinese Medical Journal*	386.181	6886	0.970	中华医学会
11	Bone Research*	378.560	574	9.116	四川大学
12	National Science Review*	365.516	510	8.804	中国科技出版传媒股份有限公司
13	Science China Chemistry*	361.103	3181	3.761	中国科学院
14	Transactions of Nonferrous Metals Society of China*	356.486	6092	0.960	中国有色金属学会
15	Journal of Molecular Cell Biology*	351.423	1628	5.859	中国科学院上海生命科学研究院
16	Protein & Cell*	347.919	1877	5.338	高等教育出版社
17	Chinese Physics B*	341.905	5851	0.871	中国物理学会
18	Journal of Materials Science & Technology*	332.069	3804	2.451	中国金属学会

续表

序号	英文刊名	影响力指数 CI	他引总被引	他引影响因子	第一主办单位
19	Chinese Journal of Catalysis*	317.803	3430	2.567	中国化学会
20	Chinese Chemical Letters*	308.903	4123	1.683	中国化学会
21	Asian Journal of Andrology*	299.932	2857	2.859	中国科学院上海药物研究所
22	Chinese Physics Letters*	293.455	4950	0.680	中国物理学会
23	Journal of Genetics and Genomics*	267.150	1585	3.837	中国遗传学会
24	Acta Biochimica et Biophysica Sinica*	258.616	2756	2.117	中国科学院上海生科院生物化学与细胞生物学研究所
25	Geoscience Frontiers*	253.453	1088	4.280	中国地质大学（北京）
26	Nano-Micro Letters*	243.675	815	4.488	上海交通大学
27	Progress in Natural Science: Materials International*	243.438	2643	1.934	中国材料研究学会
28	Journal of Rare Earths*	242.165	3063	1.445	中国稀土学会
29	Photonics Research*	240.419	744	4.526	中国科学院上海光学精密机械研究所
30	Chinese Journal of Cancer*	238.622	1548	3.229	中山医科大学肿瘤防治中心
31	Cancer Biology & Medicine	237.849	608	4.696	中国抗癌协会
32	Particuology*	236.652	2072	2.481	中国颗粒学会
33	Science China Earth Sciences*	234.902	2583	1.827	中国科学院
34	Acta Pharmaceutica Sinica B	228.502	1013	3.789	中国药学会
35	International Journal of Oral Science*	215.514	813	3.789	四川大学
36	Chinese Journal of Chemistry*	211.978	2645	1.290	中国化学会
37	Advances in Atmospheric Sciences*	208.909	2556	1.326	中国科学院

续表

序号	英文刊名	影响力指数 CI	他引总被引	他引影响因子	第一主办单位
38	Biomedical and Environmental Sciences*	205.242	1804	2.143	中国疾病预防控制中心
39	Science China Technological Sciences*	203.849	2461	1.329	中国科学院
40	Genomics, Proteomics & Bioinformatics	203.719	852	3.442	中国科学院北京基因组研究所
41	Pedosphere*	202.029	2144	1.657	中国科学院土壤研究所
42	International Journal of Mining Science and Technology	199.688	1828	1.993	中国矿业大学
43	Science China Life Sciences*	198.470	1468	2.434	中国科学院
44	Science China Physics, Mechanics & Astronomy*	190.937	1910	1.705	中国科学院
45	Journal of Zhejiang University-Science B (Biomedicine & Biotechnology) *	190.376	2071	1.500	浙江大学
46	Journal of Geographical Sciences*	185.234	1515	2.080	中国科学院地理科学与资源研究所
47	Chinese Journal of Cancer Research*	183.777	930	2.854	中国抗癌协会
48	Chinese Journal of Chemical Engineering*	181.754	2317	1.040	中国化工学会
49	Acta Geologica Sinica (English Edition) *	176.753	2370	0.880	中国地质学会
50	Neuroscience Bulletin*	175.448	1128	2.382	中国科学院上海生命科学研究院
51	Neural Regeneration Research*	169.460	1697	1.510	中国康复医学会
52	Insect Science*	165.520	1266	1.974	中国昆虫学会
53	Hepatobiliary & Pancreatic Diseases International*	164.262	1539	1.595	浙江大学医学院第一附属医院
54	Science China-Materials*	161.363	332	3.231	中国科学院
55	Communications in Theoretical Physics*	151.895	1940	0.855	中国科学院理论物理研究所
56	Current Zoology*	151.164	970	2.053	中国科学院动物研究所

续表

序号	英文刊名	影响力指数 CI	他引总被引	他引影响因子	第一主办单位
57	Applied Mathematics and Mechanics（English Edition）*	150.680	1727	1.078	上海大学
58	Journal of Energy Chemistry	149.573	917	2.090	科学出版社
59	Science China Information Sciences*	145.038	1407	1.348	中国科学院
60	Chinese Optics Letters*	143.040	1597	1.073	中国科学院上海光学精密机械研究所
61	Journal of Integrative Medicine	140.644	680	2.219	上海市中西医结合学会
62	Journal of Central South University*	139.401	2026	0.503	中南大学
63	Journal of Bionic Engineering*	137.563	993	1.719	吉林大学
64	Chinese Journal of Aeronautics*	136.817	1467	1.099	中国航空学会
65	Chinese Journal of Polymer Science*	135.441	1277	1.305	中国化学会
66	Journal of Plant Ecology*	133.578	993	1.631	中国植物学会
67	Chinese Journal of Natural Medicines*	132.977	1011	1.594	中国药科大学
68	Journal of Rock Mechanics and Geotechnical Engineering	130.554	592	2.113	中国科学院武汉岩土力学研究所
69	Frontiers of Environmental Science & Engineering*	129.161	964	1.572	高等教育出版社
70	Journal of Semiconductors	128.553	1541	0.836	中国电子学会
71	Journal of Systematics and Evolution*	128.523	816	1.756	中国科学院植物研究所
72	Acta Mechanica Sinica*	127.128	1276	1.128	中国力学会
73	Frontiers of Physics*	124.725	634	1.921	高等教育出版社
74	High Power Laser Science and Engineering	124.473	222	2.514	中国科学院上海光学精密机械研究所
75	Journal of Animal Science and Biotechnology*	121.872	538	1.991	中国畜牧兽医学会

续表

序号	英文刊名	影响力指数 CI	他引总被引	他引影响因子	第一主办单位
76	The Journal of Biomedical Research	120.994	651	1.813	南京医科大学
77	Integrative Zoology*	120.791	621	1.850	中国科学院动物研究所
78	Journal of Hydrodynamics*	116.709	1272	0.911	中国船舶科学研究中心
79	Journal of Iron and Steel Research (International) *	115.334	1475	0.638	中国钢研科技集团有限公司
80	Journal of Zhejiang University-Science A (Applied Physics & Engineering) *	114.559	1187	0.970	浙江大学
81	Forest Ecosystems	114.270	294	2.167	北京林业大学
82	Research in Astronomy and Astrophysics*	113.203	1016	1.156	中国天文学会
83	Chinese Journal of Integrative Medicine*	111.997	1091	1.035	中国中西医结合学会
84	Journal of Integrative Agriculture*	110.579	1121	0.967	中国农业科学院
85	Journal of Arid Land*	109.887	558	1.691	中国科学院新疆生态与地理研究所
86	Frontiers of Medicine*	108.989	611	1.598	高等教育出版社
87	Journal of Huazhong University of Science and Technology (Medical Sciences) *	106.697	1142	0.858	华中科技大学
88	Tsinghua Science and Technology*	105.124	891	1.141	清华大学
89	Frontiers of Chemical Science and Engineering*	104.706	535	1.606	高等教育出版社
90	Journal of Traditional Chinese Medicine*	104.530	1023	0.960	中国中医药学会
91	Acta Oceanologica Sinica*	104.325	1293	0.624	中国海洋学会
92	Rare Metals*	103.765	1069	0.886	中国有色金属学会
93	Journal of Wuhan University of Technology (Materials Science Edition) *	102.268	1460	0.384	武汉理工大学

续表

序号	英文刊名	影响力指数 CI	他引总被引	他引影响因子	第一主办单位
94	The Crop Journal	100.648	257	1.905	中国作物学会
95	Acta Mathematica Sinica*	99.361	1386	0.410	中国数学会
96	Journal of Geriatric Cardiology*	97.242	490	1.500	中国人民解放军总医院老年心血管病研究所
97	International Journal of Sediment Research*	96.495	621	1.306	国际泥沙研究培训中心
98	Chinese Journal of Oceanology and Limnology*	95.862	1151	0.617	中国海洋湖沼学会
99	International Journal of Automation and Computing	94.941	716	1.146	中国科学院自动化研究所
100	Journal of Computer Science & Technology*	94.194	884	0.913	中国计算机学会
101	Chemical Research in Chinese Universities*	92.742	972	0.771	吉林大学
102	Chinese Geographical Science*	91.852	747	1.038	中国科学院东北地理与农业生态研究所
103	Science China Mathematics*	91.186	915	0.809	中国科学院
104	Rice Science	87.964	463	1.329	中国水稻研究所
105	Journal of Mountain Science*	87.118	818	0.844	中国科学院成都山地灾害与环境研究所
106	World Journal of Pediatrics*	84.671	590	1.086	浙江省医学学术交流管理中心
107	Frontiers of Materials Science*	83.961	344	1.402	高等教育出版社
108	International Journal of Minerals Metallurgy and Materials*	81.856	895	0.634	北京科技大学
109	Journal of Palaeogeography	81.188	140	1.625	中国石油大学（北京）
110	Plasma Science and Technology*	81.147	878	0.640	中国科学院合肥物质科学研究院
111	Acta Metallurgica Sinica（English Letters）*	80.616	700	0.854	中国金属学会
112	Friction*	76.224	190	1.441	清华大学

续表

序号	英文刊名	影响力指数 CI	他引总被引	他引影响因子	第一主办单位
113	Petroleum Science*	76.030	511	1.000	中国石油大学
114	Journal of Forestry Research*	75.488	721	0.716	东北林业大学
115	Chinese Journal of Mechanical Engineering*	74.148	759	0.639	中国机械工程学会
116	Earthquake Engineering and Engineering Vibration*	73.709	742	0.651	中国地震局工程力学研究所
117	Virologica Sinica	73.329	466	1.000	中国科学院武汉病毒研究所
118	Control Theory and Technology	73.006	522	0.919	华南理工大学
119	Photonic Sensors	71.695	333	1.142	电子科技大学
120	Acta Mechanica Solida Sinica*	71.614	715	0.640	中国力学学会
121	Journal of Earth Science*	71.241	610	0.766	中国地质大学
122	Journal of Computational Mathematics*	69.061	681	0.628	中国科学院计算数学与科学工程计算研究所
123	Journal of Advanced Ceramics*	68.913	274	1.160	清华大学
124	Frontiers of Mechanical Engineering	67.560	324	1.062	高等教育出版社
125	Journal of Systems Engineering and Electronics*	67.416	769	0.482	中国航天科工防御技术研究院
126	Military Medical Research	66.983	138	1.304	人民军医出版社
127	Defence Technology	66.657	202	1.208	中国兵工学会
128	Theoretical & Applied Mechanics Letters	66.486	290	1.084	中国科学院力学研究所
129	Water Science and Engineering	66.252	267	1.110	河海大学
130	Frontiers of Structural and Civil Engineering	65.684	279	1.081	高等教育出版社
131	Frontiers of Computer Science*	64.192	372	0.923	高等教育出版社

续表

序号	英文刊名	影响力指数 CI	他引总被引	他引影响因子	第一主办单位
132	Building Simulation*	63.424	342	0.946	清华大学
133	Journal of Ocean University of China*	63.093	637	0.555	中国海洋大学
134	Journal of Thermal Science*	62.588	568	0.632	中国科学院工程热物理研究所
135	Journal of Systems Science and Systems Engineering*	62.398	364	0.894	中国系统工程学会
136	Acta Mathematica Scientia*	61.827	730	0.411	中国科学院武汉物理与数学研究所
137	International Journal of Disaster Risk Science*	60.632	174	1.111	民政部国家减灾中心
138	Frontiers of Earth Science*	60.197	293	0.940	高等教育出版社
139	Frontiers in Energy	59.374	319	0.887	高等教育出版社
140	Geo-spatial Information Science	57.927	211	1.000	武汉大学
141	Acta Geochimica	57.723	527	0.579	中国科学院地球化学研究所
142	Frontiers of Architectural Research	57.562	205	1.000	高等教育出版社
143	Frontiers of Optoelectronics	56.669	251	0.918	高等教育出版社
144	Frontiers in Biology	53.074	373	0.677	高等教育出版社
145	Frontiers of Information Technology & Electronic Engineering*	52.634	384	0.653	中国工程院
146	Journal of Modern Transportation	51.534	164	0.921	西南交通大学
147	Journal of Systems Science & Complexity*	51.197	504	0.467	中国科学院系统科学研究所
148	Chinese Annals of Mathematics, Series B*	49.911	565	0.362	复旦大学
149	Applied Geophysics*	49.164	422	0.528	中国地球物理学会
150	Chinese Journal of Chemical Physics*	49.049	521	0.399	中国物理学会

续表

序号	英文刊名	影响力指数 CI	他引总被引	他引影响因子	第一主办单位
151	Zoological Systematics	47.525	560	0.317	中国科学院动物研究所
152	Journal of Pharmaceutical Analysis	47.518	189	0.798	西安交通大学
153	Advances in Climate Change Research	46.367	161	0.810	国家气候中心
154	Atmospheric and Oceanic Science Letters	46.019	386	0.506	中国科学院大气物理研究所
155	Geodesy and Geodynamics	44.815	122	0.828	中国地震局地震研究所
156	Journal of Traffic and Transportation Engineering (English Edition)	44.724	88	0.872	长安大学
157	China Ocean Engineering*	43.702	357	0.493	中国海洋学会海洋工程分会
158	Earthquake Science	42.940	298	0.553	中国地震学会
159	Zoological Research	42.909	95	0.822	中国科学院昆明动物研究所
160	Acta Mathematicae Applicatae Sinica*	42.395	532	0.242	中国科学院应用数学研究所
161	Chinese Journal of Traumatology	42.273	453	0.339	中华医学会
162	Avian Research*	41.682	117	0.765	北京林业大学
163	Journal of Marine Science and Application	41.476	328	0.482	中国造船工程学会
164	The Journal of China Universities of Posts and Telecommunications	40.181	419	0.337	北京邮电大学
165	Chinese Medical Sciences Journal	38.992	373	0.370	中国医学科学院
166	Journal of Meteorological Research*	38.315	103	0.709	中国气象学会
167	Chinese Journal of Electronics*	37.880	387	0.328	中国电子学会
168	Journal of Tropical Meteorology*	36.022	274	0.433	中国气象局广州热带海洋气象研究所
169	Algebra Colloquium*	35.861	352	0.329	中国科学院数学与系统科学研究院

续表

序号	英文刊名	影响力指数 CI	他引总被引	他引影响因子	第一主办单位
170	Frontiers of Mathematics in China*	35.010	354	0.308	高等教育出版社
171	Journal of Integrative Plant Biology*	392.689	3677	3.825	中国科学技术协会
172	Chinese Journal of Geophysics	127.095	1918	0.373	中国科学院地质与地球物理研究所
173	China Communications*	66.363	575	0.705	中国通信学会
174	Control Theory and Applications	60.091	776	0.317	华南理工大学
175	Chinese Journal of Structural Chemistry* (中英文)	45.567	556	0.280	中国化学会

注：基于 WoS 数据库统计，表中带有*号的期刊为已经被 SCI 收录的中国期刊。

期刊影响力指数（CI）是综合他引总被引（TC）和他引影响因子（IF）反映各刊影响力大小的综合指标，它是将期刊在统计年的 TC 和 IF 双指标进行组内线性归一后向量平权所得的数值，用于对组内组刊内期刊排序。

CI 的计算公式为：$CI = \sqrt{2} - \sqrt{(1-A)^2 + (1-B)^2}$

其中，$A = (IF_{个刊} - IF_{组内最小}) / (IF_{组内最大} - IF_{组内最小})$，$B = (TC_{个刊} - TC_{组内最小}) / (TC_{组内最大} - TC_{组内最小})$。

附表1-4 2017中国最具国际影响力的中文期刊

序号	期刊名称	CI	他引总被引	他引影响因子	第一主办单位
1	岩石学报*	265.372	4221	0.773	中国矿物岩石地球化学学会
2	物理学报*	230.804	3946	0.371	中国物理学会
3	中国电机工程学报	230.607	3860	0.444	中国电机工程学会
4	电力系统自动化	200.280	3224	0.462	国网电力科学研究院
5	化学学报*	192.600	1962	1.677	中国化学会
6	生态学报	180.820	3082	0.225	中国生态学学会
7	电网技术	171.997	2736	0.398	国家电网公司
8	中国中药杂志	164.663	2779	0.211	中国药学会
9	岩石力学与工程学报	157.658	2500	0.359	中国岩石力学与工程学会
10	石油勘探与开发*	138.555	1405	1.212	中国石油天然气股份有限公司勘探开发研究院
11	地质学报	135.532	2032	0.418	中国地质学会
12	地理学报	133.070	1858	0.562	中国地理学会
13	农业工程学报	131.471	2180	0.176	中国农业工程学会
14	机械工程学报	129.075	2098	0.216	中国机械工程学会
15	地学前缘	126.347	1701	0.603	中国地质大学（北京）
16	物理化学学报*	120.419	1722	0.457	中国化学会
17	自动化学报	107.710	1533	0.412	中国自动化学会
18	岩土工程学报	107.672	1653	0.274	中国水利学会
19	煤炭学报	106.020	1581	0.322	中国煤炭学会
20	地质通报	104.317	1648	0.211	中国地质调查局
21	中华医学杂志	103.661	1711	0.127	中华医学会
22	高电压技术	102.698	1572	0.264	国家高电压计量站
23	有机化学*	101.860	1284	0.583	中国化学会
24	化学进展*	100.802	1047	0.850	中国科学院基础科学局
25	科学通报	98.714	1476	0.292	中国科学院
26	分析化学*	95.717	1324	0.407	中国化学会
27	软件学报	95.470	1274	0.461	中国科学院软件研究所
28	高等学校化学学报*	95.026	1368	0.341	吉林大学

续表

序号	期刊名称	CI	他引总被引	他引影响因子	第一主办单位
29	药学学报	92.719	1452	0.196	中国药学会
30	环境科学	92.451	1462	0.179	中国科学院生态环境研究中心
31	控制与决策	91.461	1344	0.295	东北大学
32	金属学报*	90.762	1272	0.365	中国金属学会
33	光谱学与光谱分析*	90.425	1397	0.212	中国光学学会
34	石油学报	90.418	1260	0.372	中国石油学会
35	应用生态学报	90.151	1474	0.118	中国科学院沈阳应用生态研究所
36	电工技术学报	89.669	1349	0.252	中国电工技术学会
37	岩土力学	88.968	1423	0.152	中国科学院武汉岩土力学研究所
38	中国农业科学	87.756	1403	0.150	中国农业科学院
39	电力系统保护与控制	87.011	1312	0.240	许昌开普电气研究院
40	计算机工程与应用	84.997	1425	0.068	华北计算技术研究所
41	计算机学报	81.290	1058	0.422	中国计算机学会
42	地质论评	80.600	1130	0.321	中国地质学会
43	稀有金属材料与工程*	79.451	1229	0.180	中国有色金属学会
44	古脊椎动物学报	79.381	777	0.729	中国科学院古脊椎动物与古人类研究所
45	系统工程理论与实践	76.955	1172	0.195	中国系统工程学会
46	中草药	75.477	1238	0.087	天津药物研究院
47	色谱	74.630	772	0.633	中国化学会
48	作物学报	74.387	1130	0.191	中国作物学会
49	燃料化学学报	74.166	948	0.405	中国化学会
50	中华流行病学杂志	73.582	1088	0.224	中华医学会
51	电子学报	71.081	1108	0.148	中国电子学会
52	新型炭材料*	70.643	610	0.753	中国科学院山西煤炭化学研究所
53	中国中西医结合杂志	70.571	1099	0.148	中国中西医结合学会
54	环境科学学报	70.224	1076	0.168	中国科学院生态环境研究中心
55	大气科学	70.107	958	0.307	中国科学院大气物理研究所

续表

序号	期刊名称	CI	他引总被引	他引影响因子	第一主办单位
56	冰川冻土	69.321	1082	0.142	中国科学院寒区旱区环境与工程研究所
57	地球科学	64.828	918	0.244	中国地质大学
58	地理研究	64.311	881	0.278	中国科学院地理科学与资源研究所
59	南方医科大学学报	64.079	900	0.250	南方医科大学
60	化工学报	63.991	979	0.153	中国化工学会
61	无机化学学报*	63.704	891	0.253	中国化学会
62	光学学报	63.430	940	0.188	中国科学院上海光学精密机械研究所
63	农业机械学报	62.489	941	0.167	中国农业机械学会
64	天然气工业	62.187	840	0.283	四川石油管理局
65	系统工程与电子技术	61.525	915	0.178	中国航天科工防御技术研究院
66	第四纪研究	60.714	830	0.264	中国科学院地质与地球物理研究所
67	计算机工程	60.666	991	0.069	华东计算机技术研究所
68	无机材料学报*	60.508	750	0.358	中国科学院上海硅酸盐研究所
69	地球学报	60.246	735	0.371	中国地质科学院
70	矿床地质	60.059	826	0.255	中国地质学会矿床地质专业委员会
71	振动与冲击	59.492	931	0.116	中国振动工程学会
72	地质科学	59.430	811	0.260	中国科学院地质与地球物理研究所
73	中国有色金属学报	59.016	911	0.130	中国有色金属学会
74	计算机研究与发展	58.836	831	0.223	中国科学院计算技术研究所
75	系统仿真学报	58.538	941	0.084	北京仿真中心
76	中国地质	57.680	797	0.240	中国地质调查局
77	电力自动化设备	57.464	790	0.244	南京电力自动化研究所有限公司
78	仪器仪表学报	57.385	837	0.185	中国仪器仪表学会
79	航空学报	57.134	808	0.215	中国航空学会
80	计算机集成制造系统	56.673	851	0.153	中国兵器工业集团第210研究所
81	古生物学报	55.851	780	0.222	中国古生物学会
82	计算机应用研究	55.781	881	0.098	四川省计算机研究院

续表

序号	期刊名称	CI	他引总被引	他引影响因子	第一主办单位
83	中国科学：地球科学	55.734	886	0.091	中国科学院
84	水利学报	55.331	798	0.189	中国水利学会
85	昆虫学报	54.870	790	0.189	中国科学院动物所
86	中国环境科学	54.664	816	0.153	中国环境科学学会
87	光学精密工程	54.162	790	0.174	中国科学院长春光学精密机械与物理研究所
88	气象学报	52.981	723	0.231	中国气象学会
89	计算机应用	52.489	821	0.101	四川省计算机学会
90	上海精神医学	52.370	271	0.796	上海市精神卫生中心
91	自然资源学报	52.292	769	0.160	中国自然资源学会
92	资源科学	51.941	749	0.177	中国科学院地理科学与资源研究所
93	植物生态学报	51.461	726	0.195	中国科学院植物研究所
94	地球科学进展	51.147	723	0.192	中国科学院资源环境科学信息中心
95	硅酸盐学报	51.003	745	0.162	中国硅酸盐学会
96	中南大学学报（自然科学版）	50.822	787	0.107	中南大学
97	沉积学报	50.804	753	0.148	中国矿物岩石地球化学学会沉积学专业委员会
98	吉林大学学报（地球科学版）	50.746	752	0.148	吉林大学
99	中华肿瘤杂志	50.377	691	0.215	中华医学会
100	中国矿业大学学报	49.817	670	0.229	中国矿业大学
101	中国针灸	49.735	732	0.151	中国针灸学会
102	中国机械工程	48.801	779	0.074	中国机械工程学会
103	地球化学	48.422	751	0.100	中国科学院广州地球化学研究所
104	中国科学：化学	47.950	496	0.407	中国科学院
105	生理学报	47.857	431	0.488	中国科学院上海生命科学研究院
106	生态学杂志	47.821	757	0.080	中国生态学学会
107	遗传	47.505	594	0.274	中国科学院遗传与发育生物学研究所
108	中国人口.资源与环境	46.813	636	0.207	中国可持续发展研究会
109	电子与信息学报	46.655	686	0.142	中国科学院电子学研究所

续表

序号	期刊名称	CI	他引总被引	他引影响因子	第一主办单位
110	石油与天然气地质	46.603	605	0.241	中国石油化工股份有限公司石油勘探开发研究院
111	工程力学	45.291	695	0.102	中国力学学会
112	土木工程学报	45.268	662	0.142	中国土木工程学会
113	地理科学	44.890	636	0.166	中国科学院东北地理与农业生态研究所
114	中华预防医学杂志	44.638	643	0.152	中华医学会
115	海洋与湖沼	44.384	685	0.095	中国海洋湖沼学会
116	遥感学报	44.317	533	0.282	中国科学院遥感与数字地球研究所
117	地理科学进展	44.109	543	0.265	中国科学院地理科学与资源研究所
118	清华大学学报（自然科学版）	43.755	679	0.089	清华大学
119	高分子学报*	43.499	523	0.277	中国科学院化学研究所
120	中国激光	43.261	646	0.119	中国科学院上海光学精密机械研究所
121	计算机科学	42.822	671	0.079	重庆西南信息有限公司
122	武汉大学学报（信息科学版）	42.667	588	0.178	武汉大学
123	湖泊科学	42.552	582	0.183	中国科学院南京地理与湖泊研究所
124	海洋学报（中文版）	42.526	626	0.128	中国海洋学会
125	机器人	42.458	420	0.385	中国科学院沈阳自动化研究所
126	水科学进展	42.296	508	0.270	南京水利科学研究院
127	宇航学报	41.987	590	0.161	中国宇航学会
128	高校地质学报	41.955	621	0.122	南京大学
129	地震地质	41.890	513	0.255	中国地震局地质研究所
130	林业科学	41.128	627	0.097	中国林学会
131	中国心理卫生杂志	40.949	641	0.076	中国心理卫生协会
132	建筑结构学报	40.862	565	0.168	中国建筑学会
133	中国沙漠	40.636	595	0.126	中国科学院寒区旱区环境与工程研究所
134	红外与激光工程	40.473	610	0.104	天津津航技术物理研究所
135	中国血吸虫病防治杂志	40.284	523	0.208	江苏省血吸虫病防治研究所
136	中华心血管病杂志	40.040	571	0.143	中华医学会

续表

序号	期刊名称	CI	他引总被引	他引影响因子	第一主办单位
137	海洋地质与第四纪地质	39.509	578	0.123	青岛海洋地质研究所
138	农业环境科学学报	39.142	600	0.088	农业部环境保护科研监测所
139	中华儿科杂志	39.024	519	0.186	中华医学会
140	测绘学报	38.984	457	0.263	中国测绘学会
141	地球物理学进展	38.531	566	0.117	中国科学院地质与地球物理研究所
142	中华肝脏病杂志	38.521	528	0.164	中华医学会
143	西安交通大学学报	38.516	548	0.139	西安交通大学
144	通信学报	38.322	531	0.156	中国通信学会
145	地层学杂志	37.743	462	0.230	全国地层委员会
146	分子催化	37.698	192	0.577	中国科学院兰州化学物理研究所
147	环境科学研究	37.177	529	0.134	中国环境科学研究院
148	中华外科杂志	37.094	559	0.095	中华医学会
149	力学进展	36.942	238	0.500	中国科学院力学研究所
150	岩石矿物学杂志	36.876	519	0.140	中国地质学会岩石学专业委员会
151	土壤学报	36.789	536	0.117	中国土壤学会
152	哈尔滨工业大学学报	36.583	522	0.130	哈尔滨工业大学
153	高原气象	36.300	530	0.114	中国科学院寒区旱区环境与工程研究所
154	浙江大学学报（工学版）	36.183	528	0.114	浙江大学
155	水产学报	36.007	529	0.109	中国水产学会
156	微生物学报	35.967	501	0.143	中国科学院微生物研究所
157	强激光与粒子束	35.797	552	0.076	中国工程物理研究院
158	同济大学学报（自然科学版）	35.760	532	0.100	同济大学
159	中国石油大学学报（自然科学版）	35.670	452	0.198	中国石油大学
160	北京航空航天大学学报	35.489	500	0.134	北京航空航天大学
161	天然气地球科学	35.069	433	0.209	中国科学院资源环境科学信息中心
162	现代地质	35.027	521	0.098	中国地质大学（北京）
163	水生生物学报	34.070	515	0.085	中国科学院水生生物研究所

续表

序号	期刊名称	CI	他引总被引	他引影响因子	第一主办单位
164	上海交通大学学报	33.924	498	0.103	上海交通大学
165	东北大学学报（自然科学版）	33.760	496	0.102	东北大学
166	交通运输系统工程与信息	33.750	487	0.113	中国系统工程协会
167	大地构造与成矿学	33.639	392	0.230	中国科学院广州地球化学研究所
168	中国寄生虫学与寄生虫病杂志	33.562	416	0.198	中华预防医学会
169	北京大学学报（自然科学版）	33.380	424	0.184	北京大学
170	应用昆虫学报	33.331	467	0.129	中国科学院动物研究所
171	铁道学报	33.318	450	0.150	中国铁道学会
172	菌物学报	33.144	416	0.189	中国科学院微生物研究所
173	中华内科杂志	32.990	490	0.093	中华医学会
174	生物多样性	32.911	416	0.184	中国科学院生物多样性委员会
175	中华妇产科杂志	32.655	469	0.112	中华医学会

注：基于 WoS 统计，表中带有*号的期刊为已经被 SCI 收录的中国期刊。

第二章　中国科技期刊发表论文分析[①]

内容提要

2007—2016 年中国被 SCI 收录期刊发表论文占同期全球论文总数的 1.68%。十年间 SCI 收录中国科技期刊发表论文总数增加了 41.81%，同期，中国作者发表的 SCI 论文数增加了 242.02%。中国被 SCI 收录期刊发表论文总被引次数占同期全球论文总被引次数的 0.62%，低于中国科技期刊论文发表数量占同期全球论文总数的比例（1.68%）。中国被 SCI 收录期刊发表论文的"引文影响力"为 5.86，是同期全球论文"引文影响力"（12.80）的 45.78%。中国科技期刊高被引论文数占同期全球高被引论文数的 0.27%。

2007—2016 年中国机构在 SCI 收录中国科技期刊发文数与同期中国机构在全部 SCI 收录期刊发文数之比为 0.09∶1；中国科技期刊发表论文总被引次数与同期中国机构发表论文的总被引次数之比为 0.04∶1。

统计了 14 个论文产出大国全部 SCI 论文数和该国 SCI 期刊发表论文总数。从发表在该国 SCI 期刊论文总数与该国产出全部 SCI 论文数比值看，有 3 个国家超过 1，依次为荷兰（3.79）、英国（2.65）和美国（1.39）。其余 11 个国家的比值均小于 1。比值较低的国家依次为西班牙（0.10）、中国（0.12）和加拿大（0.14）。该比值大于 1 的国家为论文流入国家，

[①]第二章执笔：程维红，马峥

小于1的国家为论文流出国家。

十年间，中国科技期刊发表论文的"引文影响力""学科规范化的引文影响力""相对于全球平均水平的影响力"3项指标与中国作者发表论文的3项指标之差在逐年缩小，表明中国科技期刊发表论文的学术影响力有逐年提升的趋势。十年间，中国科技期刊发表论文的国际合作论文百分比与中国作者发表论文的国际合作论文百分比之差也在逐年缩小，由2007年的16.94%减少到2016年的9.49%，表明中国科技期刊的论文作者国际合作能力呈现逐年提高的趋势。

2015年1985种中国科技核心期刊共发表论文493530篇，与2014年的501289篇相比减少了7759篇，论文总数下降了1.55%。平均刊均论文数为249篇，比2014年的252篇减少了3篇。40个学科中，发表论文超过1万篇的学科有18个，这18个学科发文占全部论文数的83.73%。发文最多的学科是"临床医学"，占全部论文数的27.93%，其次为"计算技术""电子、通讯与自动控制""农学"和"中医学"。

2015年中国科技核心期刊论文的发文机构主要来自高等院校（占55.50%），其次来自医疗机构（占27.26%），研究机构和企业所占比例较少，分别占9.85%和3.83%。

篇均被引次数排在前10位的学科依次为"信息、系统科学"（19.78）、"安全科学技术"（10.25）、"地学"（7.54）、"动力与电气"（7.05）、"轻工、纺织"（5.94）、"农学"（5.83）、"能源科学技术"（5.33）、"管理"（5.32）、"生物学"（4.89）和"天文学"（4.82）。

科技期刊承载的内容主要是科技论文。科技论文是某一学术课题在实验性、理论性或观测性上具有新的科学研究成果或创新见解和知识的科学记录，反映了该学科领域最新的、最前沿的科学技术水平和发展动向，是科技产出的一个重要方面。一般来说，发表论文的数量越多，说明研究人员的数量越多；论文被引用次数越多，说明该论文受人关注的程度越高，其学术影响力越大，进而可以判断论文质量和水平也就越高。即科技论文的数量可以体现科学研究产出的规模，科技论文的被引用情况可体现出科学研究内在的质量和水平[①]。

第一节　SCI 和 Scopus 数据库收录中国科技期刊论文发表情况

聚焦中国优秀科技期刊（包括 SCI 收录期刊和 Scopus 数据库收录期刊等），对其发表的论文，用数量统计和引文分析的方法，在学科分布、机构分布、国际合作、学术影响力等方面与全球（或主要国家）期刊发表论文以及中国作者发表的国际论文做比较分析，从数量和质量方面揭示中国科技期刊对我国科研产出的贡献。

一、中国科技期刊发表论文的学科分布

本章统计了 2007—2016 年 SCI 和 Scopus 数据库收录的中国科技期刊发表论文的数量和学科分布，比较了各年度中国科技期刊和中国作者论文产出数量。将各学科中国科技期刊发表论文的数量、被引次数、引文影响力、高被引论文数、国际合作论文数与全球论文、中国作者论文和中国作者发表在中国科技期刊论文做了比较。

---

① 贺德方. 中国高影响力论文产出状况的国际比较研究. 中国软科学，2011，(9): 94-99.

（一）中国科技期刊发表论文的学科数量分布

1. 基于 InCites 数据库的统计分析

采用 ESI（Essential Science Indicators）学科分类模式[①]，分析 SCI 收录中国科技期刊发表论文在 22 个学科的数量分布。InCites[②]数据库 2017 年 6 月 21 日的统计显示，2007—2016 年中国被 SCI 收录 177 种期刊[③]共发表论文 221787 篇，占同期全球论文总数（13210341 篇）的 1.68%，同期中国作者发表的 SCI 论文数占全球论文总数的 13.85%。十年间中国作者共发表 SCI 论文 1829449 篇，其中有 188054 篇发表在中国 SCI 收录期刊上，占 10.28%。

由表 2-1 可见，中国科技期刊发表论文超过 1 万篇的学科有 6 个，依次为"化学"（49123 篇）、"物理学"（47292 篇）、"材料科学"（31885 篇）、"临床医学"（21319 篇）、"工程技术"（14974 篇）和"地学"（14424 篇）。

中国科技期刊发表论文数占全球该学科论文总数比例较高的 5 个学科依次为"材料科学"（4.65%）、"物理学"（4.56%）、"地学"（3.63%）、"化学"（3.18%）、"数学"（2.23%）。中国科技期刊发表论文数占全球该学科论文总数比例较低的 5 个学科依次为"精神病学与生理学"（0.01%）、"微生物学"（0.03%）、"社会科学"（0.12%）、"免疫学"（0.20%）和"经济贸易"（0.33%）。

中国作者在被 SCI 收录中国期刊上发表论文较多的 6 个学科依次为"化学"（46219 篇）、"物理学"（43292 篇）、"材料科学"（28725 篇）、"地学"（13594 篇）、"临床医学"（12713 篇）和"工程技术"（12470 篇）。

[①] ESI 学科分类模式是基于期刊的分类，是一种较为宽泛的学科分类模式，由自然科学与社会科学的 22 个学科构成。艺术与人文期刊未被包含在内。每种期刊只被划分至 22 个 ESI 学科中的一个，没有重叠的学科设置使得分析变得更为简单。

[②] InCites 数据库集合了 Web of Science 核心合集七大索引数据库的数据，与 Web of Science 核心合集的数据相互连接，采用更加清晰、准确的可视化方式来呈现数据，用户可以更加轻松地创建、存储并导出报告。该数据库每 2 个月更新 1 次。

[③] 2017-06-12 从 InCites 中共检出中国期刊 224 种，其中港、澳、台期刊 28 种，更名期刊 19 种（一种期刊有两个刊名）。不包含港、澳、台期刊，并将更名期刊合并后，SCI 收录中国大陆期刊为 177 种。

中国作者在中国科技期刊上发表论文比例超过 10%的学科有 6 个,依次为"地学"(21.42%)、"物理学"(20.89%)、"材料科学"(14.52%)、"空间科学"(13.00%)、"化学"(12.64%)和"多学科"(11.28%)。

表 2-1 2007—2016 年各学科全球、中国期刊、中国作者发表 SCI 论文数量对比

序号	学科	全球论文数(A)	中国期刊论文数(B)	(B/A)/%	中国作者论文数(C)	中国作者发表在中国期刊论文数(D)	(D/C)/%
1	临床医学	2448625	21319	0.87	185978	12713	6.84
2	化学	1543972	49123	3.18	365708	46219	12.64
3	工程技术	1091129	14974	1.37	211995	12470	5.88
4	物理学	1036402	47292	4.56	207224	43292	20.89
5	社会科学	801671	932	0.12	17137	284	1.66
6	材料科学	686103	31885	4.65	197831	28725	14.52
7	生物与生物化学	664672	5894	0.89	85521	3467	4.05
8	植物学与动物学	663626	4750	0.72	61484	2451	3.99
9	神经科学与行为学	466797	2534	0.54	33286	2055	6.17
10	分子生物学与遗传学	416614	2658	0.64	56423	1977	3.50
11	环境与生态学	400874	4166	1.04	54140	3457	6.39
12	地学	397379	14424	3.63	63463	13594	21.42
13	数学	384198	8577	2.23	72718	6604	9.08
14	农业科学	372717	2215	0.59	41145	1796	4.37
15	精神病学与生理学	358338	27	0.01	7789	25	0.32
16	药学与毒理学	351138	2860	0.81	47625	2279	4.79
17	计算机科学	315060	4794	1.52	57974	4238	7.31
18	经济贸易	241212	796	0.33	10816	336	3.11
19	免疫学	231653	452	0.20	16811	259	1.54
20	微生物学	184862	64	0.03	20613	64	0.31
21	空间科学	135259	1779	1.32	11409	1483	13.00
22	多学科	18040	272	1.51	2359	266	11.28
	总和	13210341	221787	1.68	1829449	188054	10.28

注:检索方法——InCites 中选"研究方向";年度范围选"2007—2016";学科分类体系选"ESI";期刊所在国家/地区选"中国大陆"。论文形式为"研究论文"和"综述"(article 和 review)。WoS 数据内容更新日期为 2017-03-31,InCites 数据更新日期为 2017-05-13,检索时间为 2017-06-12。

2007—2016 年各年度中国科技期刊和中国作者论文产出数量变化统计结果显示,SCI 收录中国科技期刊发表的论文数增加了 41.81%,同期,中国作者发表的

SCI 论文数增加了 242.02%（图 2-1）。十年间中国科技期刊产出的论文数在 22 个学科呈现有增有减的极为不均衡的状态，而同期，中国作者在全部 22 个学科发表 SCI 论文总数均出现较大幅度的增加（表 2-2）。

表 2-2　2007—2016 年各学科中国期刊和中国作者论文发表 SCI 论文数量变化情况

序号	学科	中国期刊 2007 年（A）	中国期刊 2016 年（B）	增幅/% (B–A)/A	中国作者 2007 年（C）	中国作者 2016 年（D）	增幅/% (D–C)/C
1	农业科学	5	574	11380.00	1675	7064	321.73
2	免疫学	1	79	7800.00	671	2818	319.97
3	经济贸易	2	109	5350.00	283	2119	648.76
4	神经科学与行为学	13	336	2484.62	1043	5728	449.19
5	环境与生态学	112	1013	804.46	2024	11301	458.35
6	计算机科学	176	832	372.73	1785	11965	570.31
7	临床医学	594	2424	308.08	5518	34620	527.40
8	工程技术	639	1697	165.57	8134	39600	386.85
9	分子生物学与遗传学	110	281	155.45	1468	12825	773.64
10	地学	943	2268	140.51	3288	11102	237.65
11	药学与毒理学	254	488	92.13	1963	8270	321.29
12	植物学与动物学	472	810	71.61	3139	10401	231.35
13	数学	651	970	49.00	4265	9102	113.41
14	生物与生物化学	437	646	47.83	3612	15741	335.80
15	空间科学	180	194	7.78	732	1641	124.18
16	物理学	4259	4535	6.48	14048	26489	88.56
17	材料科学	3433	3478	1.31	11145	33946	204.59
18	化学	5831	5167	−11.39	23376	53512	128.92
19	社会科学	140	49	−65.00	521	3171	508.64
20	多学科	41	2	−95.12	53	463	773.58
21	微生物学	7	0	−100.00	801	3338	316.73
22	精神病学与生理学	0	0	/	196	1713	773.98
	总和	18300	25952	41.81	89740	306929	242.02

注：检索方法——InCites 中选"研究方向"；年度范围依次选"2007—2016"；学科分类体系选"ESI"；国家/地区选"中国大陆"；期刊所在国家/地区选"中国大陆"。论文形式为"研究论文"和"综述"（article 和 review）。WoS 数据内容更新日期为 2017-05-31，InCites 数据更新日期为 2017-07-22，检索时间为 2017-07-25。

图 2-1　2007—2016 年各年度中国期刊和中国作者 SCI 论文发表数量对比

2. 基于 Scopus 数据库的统计分析

2017 年 5 月 Scopus 数据库检索显示，2007—2016 年 Scopus 数据库共收录全球论文 17449087 篇（研究论文和综述），其中有中国作者论文 2767033 篇。十年间中国大陆科技期刊发表论文 947188 篇（表 2-3）。

Scopus 数据库将跨学科论文归入不同学科重复计算，一些论文同时计算在不同学科中，因此，全球各学科论文总数、中国科技期刊各学科论文总数和中国作者各学科论文总数分别高于实际论文总数的 67.19%、82.50%和 80.16%。

表 2-3 显示，2007—2016 年中国被 Scopus 收录期刊发表论文占同时期全球论文总数的 5.43%。中国科技期刊发表论文超过 10 万篇的学科有 5 个，依次是"工程技术"（428177 篇）、"医学"（235573 篇）、"物理学和天文学"（172806 篇）、"材料科学"（153843 篇）和"地球与行星科学"（103176 篇）。

中国科技期刊发表论文数占全球该学科论文总数比例较高的 5 个学科依次为"工程技术"（18.11%）、"能源科学"（16.48%）、"地球与行星科学"（12.86%）、"多学科"（11.33%）和"计算机科学"（10.73%）。中国科技期刊发表论文数占全球该学科论文总数比例较低的 5 个学科依次为"决策科学"（0）、"经济学、计量经济学和金融学"（0）、"心理学"（0.00087%）、"健康科学"（0.17%）和"牙科学"（0.19%）。

表 2-3 2007—2016 年 Scopus 数据库 27 个学科论文数量对比

序号	学科	全球各学科论文数（A）	中国期刊各学科论文数（B）	(B/A)/%	中国作者各学科论文数（C）	(C/A)/%
1	医学	5823083	235573	4.05	486530	8.36
2	生物化学、遗传学和分子生物学	2504009	50633	2.02	385746	15.41
3	工程技术	2364564	428177	18.11	792118	33.50
4	物理学和天文学	2065231	172806	8.37	505018	24.45
5	化学	1815158	71587	3.94	449786	24.78
6	材料科学	1679477	153843	9.16	505932	30.12
7	农业和生物科学	1631938	59407	3.64	220081	13.49
8	社会科学	1439402	14872	1.03	49483	3.44
9	环境科学	961797	51404	5.34	168230	17.49
10	数学	959534	54899	5.72	214263	22.33
11	计算机科学	904999	97079	10.73	246800	27.27
12	化学工程	823198	64559	7.84	232744	28.27
13	地球与行星科学	802064	103176	12.86	190350	23.73
14	药理学、毒理学与药剂学	712934	40164	5.63	111639	15.66
15	艺术与人文	712287	6223	0.87	14673	2.06
16	免疫学与微生物学	617535	10741	1.74	74795	12.11
17	神经科学	519315	6547	1.26	42315	8.15
18	心理学	461278	4	0.00087	8840	1.92
19	能源科学	450432	74232	16.48	149129	33.11
20	商业、管理和会计	387281	4192	1.08	21157	5.46
21	护理学	330736	2630	0.80	9512	2.88
22	经济学、计量经济学和金融学	318043	0	0	12237	3.85
23	健康科学	224778	388	0.17	6294	2.80
24	多学科	212987	24121	11.33	56609	26.58
25	兽医学	188672	1155	0.61	9377	4.97
26	决策科学	148422	0	0	16412	11.06
27	牙科学	113351	218	0.19	4978	4.39
	总和	29172505	1728630	5.93	4985048	17.09
	论文数（不含重复）	17449087	947188	5.43	2767033	15.86
	重复率（%）	67.19	82.50	/	80.16	/

注：检索时间为 2017-05-31 至 2017-06-09。

同期，中国作者发文数占全球论文总数的 15.86%，高于中国科技期刊论文所占比例（5.43%）10.43 个百分点。中国作者在被 Scopus 收录期刊上发表论文比例超过 10%的学科有 16 个，发文较多的前 5 个学科依次为"工程技术"（33.50%）、"能源科学"（33.11%）、"材料科学"（30.12%）、"化学工程"（28.27%）和"计算机科学"（27.27%）。

（二）中国科技期刊发表论文的学科学术影响力分析

1. 论文被引次数

InCites 数据库 2017 年 6 月 12 日统计显示（表 2-4），2007—2016 年中国被 SCI 收录期刊发表论文的被引次数总和为 1004834 次，占同期全球论文被引次数（162421209）的 0.62%，低于中国科技期刊论文发表数量占同期全球论文总数的比例（1.68%）。中国科技期刊论文被引次数超过 10 万次的学科有 3 个，依次为"物理学"（205164 次）、"化学"（178983 次）和"临床医学"（135097 次）。

中国科技期刊各学科论文被引次数占全球该学科总被引次数超过 1%的学科有 5 个，依次为"物理学"（1.69%）、"地学"（1.56%）、"数学"（1.28%）、"材料科学"（1.16%）和"植物学与动物学"（1.03%）。

在地学和物理学两个领域，中国作者对中国期刊给予了较高的关注，表现在中国作者发表在中国科技期刊论文被引次数占中国作者全部论文总被引次数的比例最为突出，分别为 11.27%和 9.18%，其他学科均远低于这两个学科。

2. 引文影响力

引文影响力是一组文献的引文总数除以总文献数量，展现了该组文献的平均引用次数[①]，即一组文献的篇均被引频次。2017 年 6 月 12 日统计显示（表 2-5），2007—2016 年中国被 SCI 收录期刊发表论文的引文影响力为 5.86，是同期全球论文引文影响力（12.80）的 45.78%。中国科技期刊引文影响力超过 10.00 的 3 个学

---

① InCites 数据库常用指标手册。http://ip-science.thomsonreuters.com.cn/media/incites_qrc_cn_20150604.pdf

表 2-4　2007—2016 年各学科全球、中国科技期刊、中国作者论文"被引次数"比较

序号	学科	全球论文被引次数（A）	中国科技期刊论文被引次数（B）	(B/A)/%	中国作者论文被引次数（C）	中国作者发表在中国科技期刊论文被引次数（D）	(D/C)/%
1	临床医学	30906633	135097	0.44	1512884	65421	4.32
2	化学	22001188	178983	0.81	4639620	159091	3.43
3	物理学	12126861	205164	1.69	1855083	170325	9.18
4	生物与生物化学	11026010	23407	0.21	881571	18698	2.12
5	分子生物学与遗传学	10160844	58925	0.58	679766	30438	4.48
6	工程技术	9481546	54702	0.58	1709547	42603	2.49
7	神经科学与行为学	8374849	6443	0.08	335383	4705	1.40
8	材料科学	8028126	93272	1.16	2114922	76924	3.64
9	植物学与动物学	6058428	62265	1.03	509363	27025	5.31
10	社会科学	5593722	1346	0.02	118680	799	0.67
11	环境与生态学	5156734	16544	0.32	533133	13678	2.57
12	地学	4840672	75324	1.56	628888	70846	11.27
13	药学与毒理学	4468739	26072	0.58	431696	18067	4.19
14	精神病学与生理学	4432210	74	0	61249	72	0.12
15	免疫学	4400806	6373	0.14	187657	3266	1.74
16	农业科学	3243564	10327	0.32	357226	7676	2.15
17	微生物学	2808529	337	0.01	181473	337	0.19
18	计算机科学	2807748	13922	0.50	397578	12166	3.06
19	空间科学	2473477	10039	0.41	143355	8180	5.71
20	经济贸易	2050317	2829	0.14	66561	1488	2.24
21	数学	1722107	22013	1.28	312460	15402	4.93
22	综合类	258099	1376	0.53	29895	1346	4.50
	总和	162421209	1004834	0.62	17687990	748553	3.62

注：检索方法——InCites 中选"研究方向"；年度范围选"2007—2016"；学科分类体系选"ESI"；期刊所在国家/地区选"中国大陆"。论文形式为"研究论文"和"综述"（article 和 review）。WoS 数据内容更新日期为 2017-03-31，InCites 数据更新日期为 2017-05-13，检索时间为 2017-06-12。

表 2-5 2007—2016 年各学科全球、中国科技期刊、中国作者 SCI 论文"引文影响力"比较

序号	学科	全球引文影响力（A）	中国科技期刊论文引文影响力（B）	(B/A) /%	中国作者论文引文影响力（C）	中国作者发表在中国科技期刊论文引文影响力（D）	(D/C) /%
1	分子生物学与遗传学	24.39	22.17	90.90	12.05	15.40	127.80
2	免疫学	19.00	14.10	74.21	11.16	12.61	112.99
3	空间科学	18.29	5.64	30.84	12.57	5.52	43.91
4	神经科学与行为学	17.94	2.54	14.16	10.08	2.29	22.72
5	生物与生物化学	16.59	3.97	23.93	10.31	5.39	52.28
6	微生物学	15.19	5.27	34.69	8.80	5.27	59.89
7	综合类	14.31	5.06	35.36	12.67	5.06	39.94
8	化学	14.25	3.64	25.54	12.69	3.44	27.11
9	环境与生态学	12.86	3.97	30.87	9.85	3.96	40.20
10	药学与毒理学	12.73	9.12	71.64	9.06	7.93	87.53
11	临床医学	12.62	6.34	50.24	8.13	5.15	63.35
12	精神病学与生理学	12.37	2.74	22.15	7.86	2.88	36.64
13	地学	12.18	5.22	42.86	9.91	5.21	52.57
14	材料科学	11.70	2.93	25.04	10.69	2.68	25.07
15	物理学	11.70	4.34	37.09	8.95	3.93	43.91
16	植物学与动物学	9.13	13.11	143.59	8.28	11.03	133.21
17	计算机科学	8.91	2.90	32.55	6.86	2.87	41.84
18	农业科学	8.70	4.66	53.56	8.68	4.27	49.19
19	工程技术	8.69	3.65	42.00	8.06	3.42	42.43
20	经济贸易	8.50	3.55	41.76	6.15	4.43	72.03
21	社会科学	6.98	1.44	20.63	6.93	2.81	40.55
22	数学	4.48	2.57	57.37	4.30	2.33	54.19
	平均	12.80	5.86	45.78	9.27	5.36	57.82

注：检索方法——InCites 中选"研究方向"；年度范围选"2007—2016"；学科分类体系选"ESI"；期刊所在国家/地区选"中国大陆"。论文形式为"研究论文"和"综述"（article 和 review）。WoS 数据内容更新日期为 2017-03-31，InCites 数据更新日期为 2017-05-13，检索时间为 2017-06-12。

科依次为"分子生物学与遗传学"(22.17)、"免疫学"(14.10)和"植物学与动物学"(13.11)。在"植物学与动物学"中，中国期刊引文影响力明显高于该学科全球水平43.59%。除"植物学与动物学"学科外，在其余21学科中，中国科技期刊引文影响力均低于全球水平。

中国作者论文引文影响力为9.27，低于同期全球论文引文影响力（12.80）。中国作者发表在中国期刊论文的引文影响力为5.36，是中国作者论文引文影响力（9.27）的57.82%。

在"植物学与动物学""分子生物学与遗传学"和"免疫学"3个学科中，中国作者发表在中国科技期刊论文的引文影响力分别高于同期中国作者论文的引文影响力33.21%、27.80%和12.99%，表明在过去十年中，这3个学科的中国科技期刊刊登了相对较多的高影响力的中国作者论文。

3. 高被引论文数

"高被引论文"是指同一年同一个ESI学科发表论文的被引用次数按照由高到低进行排序，排在前1%的论文。被引频次常用来评价论文的学术影响力，而高被引论文是科技期刊学术影响力的核心。高被引论文反映了文章的质量，代表其他科研人员对该研究成果的认可[①]。InCites数据库2017年6月12日的统计显示（表2-6），2007—2016年中国科技期刊高被引论文数为358篇，占同期全球高被引论文数的0.27%。中国科技期刊发表高被引论文数较多的4个学科依次为"植物学与动物学"（123篇）、"物理学"（96篇）、"地学"（28篇）和"分子生物学与遗传学"（20篇）。

中国作者在中国科技期刊发表高被引论文数较多的3个学科依次为"物理学"（60篇）、"植物学与动物学"（58篇）和"地学"（25篇），分别占该学科中国作者高被引论文数的3.35%、8.38%和3.56%。

---

① 李志兰，王晓峰，丁洁，胡艳芳，刘盛龄，张然，刘亚群，杨蕾. 中国光学论文发表现状及对中国光学期刊的启示. 中国科技期刊研究，2017，28（2）：184-189.

表2-6 2007—2016年各学科全球、中国科技期刊、中国作者"高被引论文数"比较

序号	研究方向	全球高被引论文数（A）	中国科技期刊高被引论文数（B）	占比/%（B/A）	中国作者高被引论文数（C）	中国作者在中国科技期刊发表高被引论文数（D）	占比/%（D/C）
1	临床医学	24614	14	0.06	1150	7	0.61
2	化学	15549	14	0.09	4133	11	0.27
3	工程技术	10926	11	0.10	3294	8	0.24
4	物理学	10364	96	0.93	1793	60	3.35
5	社会科学	8007	1	0.01	279	1	0.36
6	材料科学	6892	7	0.10	2384	2	0.08
7	生物与生物化学	6730	10	0.15	502	7	1.39
8	植物学与动物学	6487	123	1.90	692	58	8.38
9	神经科学与行为学	4617	0	0	153	0	0
10	分子生物学与遗传学	4145	20	0.48	322	6	1.86
11	环境与生态学	4026	0	0	477	0	0
12	地学	3975	28	0.70	702	25	3.56
13	数学	3902	15	0.38	973	10	1.03
14	农业科学	3776	5	0.13	498	2	0.40
15	精神病学与生理学	3520	0	0	44	0	0
16	药学与毒理学	3473	4	0.12	217	3	1.38
17	计算机科学	3169	2	0.06	909	2	0.22
18	经济贸易	2382	3	0.13	122	2	1.64
19	免疫学	2317	1	0.04	73	1	1.37
20	微生物学	1861	0	0	104	0	0
21	空间科学	1345	4	0.30	101	3	2.97
22	综合类	178	0	0	25	0	0
	总和	132255	358	0.27	18947	208	1.10

注：检索方法——InCites中选"研究方向"；年度范围选"2007—2016"；学科分类体系选"ESI"；期刊所在国家/地区选"中国大陆"。论文形式为"研究论文"和"综述"（article和review）。WoS数据内容更新日期为2017-03-31，InCites数据更新日期为2017-05-13，检索时间为2017-06-12。

2007—2016 年中国作者共发表高被引论文数 18947 篇，占同期全球高被引论文数的 14.33%。中国作者发表在中国期刊的高被引论文数（208 篇）仅占同期中国作者高被引论文数的 1.10%。

（三）中国科技期刊发表论文的学科国际合作情况分析

"国际合作论文"是指含一位或多位国际共同作者的论文；"国际合作论文百分比"为期刊有国际共同作者的论文占全部论文的百分比。2017 年 6 月 12 日统计显示（表 2-7），2007—2016 年中国科技期刊发表论文的平均国际合作论文百分比为 15.15%，低于同期全球论文的国际合作论文百分比（25.62%）10.47 个百分点，同期中国作者国际合作论文百分比为 32.02%，高于全球论文的国际合作论文百分比（25.62%）6.40 个百分点。

在中国科技期刊发表论文中，国际合作论文百分比较高的 6 个学科依次为"经济贸易"（32.54%）、"植物学与动物学"（29.87%）、"精神病学与生理学"（25.93%）、"分子生物学与遗传学"（21.33%）、"农业科学"（20.81%）和"免疫学"（20.58%）。其中，"经济贸易""精神病学与生理学""植物学与动物学""农业科学"4 个学科的国际合作论文百分比分别高于该学科全球水平 5.88、4.63、2.97 和 0.49 个百分点。

在 22 个学科中，中国科技期刊发表论文的国际合作论文百分比全部低于中国作者论文的国际合作论文百分比。

二、中国科技期刊发表论文的机构分布

统计了 2007—2016 年中国机构在 SCI 收录中国科技期刊发文的总体数量和学术影响力。详细分析了中国 Top50 机构在中国科技期刊发文情况，包括发文数量、引文影响力和国际合作论文百分比，并与 Top50 机构全部 SCI 论文数作了比较。进一步分析了十年间中国科学院在 SCI 收录中国科技期刊发文的数量和学术影响力。

表2-7 2007—2016年各学科全球、中国科技期刊、中国作者论文"国际合作论文百分比"比较

序号	研究方向	全球国际合作论文百分比/%（A）	中国科技期刊国际合作论文占比/%（B）	差值/%（B–A）	中国作者国际合作论文占比/%（C）	差值/%（C–A）
1	空间科学	52.21	15.80	−36.41	49.94	−2.27
2	地学	35.45	15.03	−20.42	38.36	2.91
3	环境与生态学	29.15	18.17	−10.98	32.87	3.72
4	免疫学	28.94	20.58	−8.36	32.38	3.44
5	分子生物学与遗传学	28.80	21.33	−7.47	31.27	2.47
6	物理学	28.15	7.66	−20.49	22.96	−5.19
7	微生物学	27.97	12.50	−15.47	29.66	1.69
8	植物学与动物学	26.90	29.87	2.97	30.70	3.80
9	经济贸易	26.66	32.54	5.88	57.34	30.68
10	计算机科学	26.31	15.98	−10.33	34.69	8.38
11	数学	26.00	15.23	−10.77	22.08	−3.92
12	多学科	24.41	8.82	−15.59	33.19	8.78
13	神经科学与行为学	24.39	9.31	−15.08	32.14	7.75
14	生物与生物化学	23.33	11.13	−12.20	24.53	1.20
15	精神病学与生理学	21.30	25.93	4.63	54.95	33.65
16	农业科学	20.32	20.81	0.49	29.33	9.01
17	材料科学	20.28	6.09	−14.19	18.30	−1.98
18	工程技术	20.21	12.13	−8.08	25.23	5.02
19	药学与毒理学	20.00	14.48	−5.52	19.27	−0.73
20	化学	19.56	3.72	−15.84	15.08	−4.48
21	临床医学	18.16	9.40	−8.76	21.85	3.69
22	社会科学	15.09	6.87	−8.22	48.33	33.24
	平均	25.62	15.15	−10.47	32.02	6.40

注：检索方法——InCites中选"研究方向"；年度范围选"2007—2016"；学科分类体系选"ESI"；期刊所在国家/地区选"中国大陆"。论文形式为"研究论文"和"综述"（article和review）。WoS数据内容更新日期为2017-03-31，InCites数据更新日期为2017-05-13，检索时间为2017-06-12。

（一）中国机构在 SCI 收录中国科技期刊发文概况

InCites 数据库 2017 年 6 月 12 日统计显示（表 2-8），2007—2016 年有 549 个中国机构在 SCI 收录的 177 种中国期刊发文 216318 篇，同期，有 556 个中国机构在 8283 种 SCI 收录期刊发文 2533591 篇，中国机构在中国 SCI 收录科技期刊发文数与中国机构发文总数之比为 0.09∶1。中国机构在中国 SCI 期刊论文总被引次数与中国机构论文的总被引次数之比为 0.04∶1。

中国机构在中国科技期刊发文的"引文影响力""相对于全球平均水平的影响力""学科规范化的引文影响力"3 项指标分别为 3.68、0.49 和 0.32，分别相当于中国机构全部论文的"引文影响力"（7.31）、"相对于全球平均水平的影响力"（0.97）、"学科规范化的引文影响力"（0.86）的 50.34%、50.52%和 37.21%。

中国机构在中国科技期刊发文的"被引次数排名前 1%的论文百分比"为 0.08%，远低于中国机构全部论文的该项指标（0.97%）。与此同时，中国机构在中国科技期刊发文的"被引次数排名前 10%的论文百分比"为 1.23%，也远低于中国机构全部论文的该项指标（8.46%）。

2007—2016 年中国机构在中国科技期刊发文的"国际合作论文百分比"为 7.90%，低于中国机构全部论文的该项指标（20.09%）。

中国机构在中国科技期刊发文的"高被引论文百分比"和"热点论文百分比"两项指标分别为 0.10%和 0.02%，均低于中国机构全部论文的两项指标（0.78%和 0.04%）。此外，中国机构在 SCI 收录中国科技期刊所发论文的 H 指数为 11.67，远低于中国机构全部 SCI 论文的 H 指数 46.57。

（二）中国 Top50 机构在中国科技期刊发文情况

2007—2016 年 556 个中国机构在 SCI 收录期刊发表的 2533591 篇论文中有 1499504 篇（占 59.18%）是由 Top50 机构贡献，这些机构在中国科技期刊贡献了 153141 篇论文（占 70.79%）。

表 2-8　2007—2016 年中国机构在 SCI 收录中国科技期刊发文与 SCI 全部论文情况对比

指标	中国机构 SCI 全部论文（A）	中国机构在 SCI 收录中国期刊发文（B）	比值（B/A）
中国机构数	556	549	—
WoS 论文数	2533591	216318	0.09
总被引频次	25230504	983945	0.04
引文影响力	7.31	3.68	0.50
相对于全球平均水平的影响力	0.97	0.49	0.51
学科规范化的引文影响力	0.86	0.32	0.37
被引次数排名前 1%的论文百分比	0.97%	0.08%	0.08
被引次数排名前 10%的论文百分比	8.46%	1.23%	0.15
国际合作论文百分比	20.09%	7.90%	0.39
高被引论文百分比	0.78%	0.10%	0.13
热点论文百分比	0.04%	0.02%	0.50
H 指数	46.57	11.67	0.25

注："引文影响力"（Citation Impact）是一组文献的引文总数除以总文献数量，展现了该组文献的平均引用次数。

"相对于全球平均水平的影响力"（Impact Relative to World，IRW）是某组文献的引文影响力与全球总体的引文影响力的比值。全球平均值总是等于 1。比值大于 1 时，表明该组论文的篇均被引频次高于全球平均水平；小于 1 时，则表示低于全球平均水平。

"学科规范化的引文影响力"（Category Normalized Citation Impact，CNCI）是通过其实际被引次数除以同文献类型、同出版年、同学科领域文献的期望被引次数获得的。如果 CNCI 的值等于 1，说明该组论文的被引表现与全球平均水平相当，CNCI 大于 1 表明该组论文的被引表现高于全球平均水平；小于 1，则低于全球平均水平。

"被引次数排名前 1%的论文百分比"指标是指在某一指定学科领域、某一年、某种文献类型下，被引频次排名前 1%的文献数除以该组文献的总数的值，以百分数的形式展现。"被引次数排名前 1% 的论文百分比"指标通常被认为是反映高水平科研的指标。"被引次数排名前 10%的论文百分比"与被引次数排名前 1% 的论文百分比十分类似。高于 10% 将被认为高于平均绩效水平。"排名前 1%"和"排名前 10%"两个指标互相补充，提供了更为宽泛的优秀科研（10%）与杰出科研（1%）的全景图。

"高被引论文"（Highly Cited Paper）是指按照同一年同一个 ESI 学科发表论文的被引用次数按照由高到低进行排序，排在前 1%的论文。"热点论文"（Hot Paper）是指某一 ESI 学科最近两年发表的论文，在最近两个月中的被引用次数排在前 0.1%的论文。

1. 发文数量

表 2-9 显示，2007—2016 年在中国科技期刊发文数量较多的 10 个机构依次为

中国科学院（33293篇）、中国科学院大学（8629篇）、清华大学（6240篇）、浙江大学（6196篇）、北京大学（5942篇）、上海交通大学（4144篇）、中南大学（4062篇）、吉林大学（4034篇）、中国科学技术大学（3591篇）和四川大学（3589篇）。

Top50机构在中国科技期刊发文数占该机构全部SCI论文数比例较高的10个机构依次为北京科技大学（20.84%）、西北工业大学（18.74%）、东北大学（17.98%）、中国石油大学（15.97%）、中国地质大学（15.73%）、中南大学（14.73%）、北京航空航天大学（14.51%）、中国科学院大学（13.95%）、北京理工大学（13.79%）和上海大学（12.81%）。

在中国科技期刊发文数占该机构全部SCI论文数比例较低的10个机构依次为南京农业大学（3.93%）、南京医科大学（4.07%）、中山大学（5.65%）、中国农业科学院（5.74%）、第二军医大学（6.16%）、复旦大学（6.58%）、苏州大学（6.62%）、上海交通大学（6.75%）、中国农业大学（6.77%）和山东大学（6.79%）。

2. 引文影响力

Top50机构中在中国科技期刊所发论文的"引文影响力"较高的10个机构依次为第二军医大学（7.43）、南京农业大学（6.98）、南京医科大学（6.98）、中国农业科学院（5.84）、上海交通大学（5.53）、复旦大学（5.36）、中国农业大学（5.35）、中国医学科学院-北京协和医学院（5.30）、南京大学（5.21）和北京大学（5.17）。

在中国科技期刊所发论文的"引文影响力"较低的10个机构依次为西北工业大学（2.94）、哈尔滨工业大学（3.04）、北京科技大学（3.19）、郑州大学（3.26）、重庆大学（3.26）、东北大学（3.34）、电子科技大学（3.40）、天津大学（3.46）、北京理工大学（3.50）和大连理工大学（3.54）。

在中国科技期刊发文的引文影响力全部低于该机构全部SCI论文的"引文影响力"。两者差值较大的10个机构依次为中国科学技术大学（–9.81）、南开大学（–9.58）、华东理工大学（–9.17）、北京大学（–8.77）、中国科学院（–8.73）、清华大学（–8.61）、复旦大学（–8.12）、北京化工大学（–8.05）、华南理工大学（–7.88）和湖南大学（–7.73）。两者差值较小的10个机构依次为南京医科大学（–2.48）、

表 2-9 2007—2016年发文最多的中国机构Top50在中国期刊发文数量、引文影响力和国际合作论文百分比

序号	机构	中国机构论文数(A)	在中国期刊发表论文数(B)	占比/%(B/A)	中国机构引文影响力(C)	在中国期刊发文引文影响力(D)	差值(D-C)	中国机构国际合作论文比/%(E)	在中国期刊发文国际合作论文百分比/%(F)	差值/%(F-E)
1	中国科学院	278776	33293	11.94	13.83	5.10	-8.73	27.66	10.78	-16.88
2	浙江大学	64801	6196	9.56	11.25	4.55	-6.70	26.01	9.72	-16.29
3	中国科学院大学	61866	8629	13.95	12.29	4.59	-7.70	18.14	9.26	-8.88
4	上海交通大学	61391	4144	6.75	10.98	5.53	-5.45	27.18	12.02	-15.16
5	北京大学	56856	5942	10.45	13.94	5.17	-8.77	34.90	13.31	-21.59
6	清华大学	56780	6240	10.99	13.05	4.44	-8.61	29.46	9.54	-19.92
7	复旦大学	42792	2814	6.58	13.48	5.36	-8.12	29.52	11.37	-18.15
8	中山大学	37357	2110	5.65	12.00	5.10	-6.90	26.39	10.95	-15.44
9	南京大学	36821	3362	9.13	12.74	5.21	-7.53	26.50	9.40	-17.10
10	四川大学	36700	3589	9.78	8.97	4.00	-4.97	17.86	5.77	-12.09
11	华中科技大学	35809	3331	9.30	9.59	3.86	-5.73	24.09	6.99	-17.10
12	山东大学	35619	2418	6.79	9.92	4.19	-5.73	22.91	9.76	-13.15
13	中国科学技术大学	33446	3591	10.74	14.35	4.54	-9.81	30.12	9.30	-20.82
14	吉林大学	32772	4034	12.31	9.80	3.72	-6.08	19.91	6.35	-13.56
15	哈尔滨工业大学	31892	3174	9.95	9.22	3.04	-6.18	23.26	6.87	-16.39
16	西安交通大学	30369	2278	7.50	8.63	4.16	-4.47	25.33	9.96	-15.37
17	中南大学	27569	4062	14.73	8.41	3.88	-4.53	21.96	6.25	-15.71

续表

序号	机构	中国机构论文数 (A)	在中国期刊发表论文数 (B)	占比/% (B/A)	中国机构引文影响力 (C)	在中国期刊发文引文影响力 (D)	差值 (D−C)	中国机构国际合作论文百分比/% (E)	在中国期刊发文国际合作论文比/% (F)	差值/% (F−E)
18	武汉大学	26253	1943	7.40	10.92	3.98	−6.94	24.10	10.14	−13.96
19	同济大学	24398	1928	7.90	8.52	4.29	−4.23	27.89	10.58	−17.31
20	大连理工大学	23661	2621	11.08	10.68	3.54	−7.14	22.92	8.36	−14.56
21	东南大学	22754	1669	7.33	9.71	3.81	−5.90	24.30	10.49	−13.81
22	天津大学	22309	2210	9.91	9.06	3.46	−5.60	20.09	5.84	−14.25
23	华南理工大学	20304	1835	9.04	11.75	3.87	−7.88	20.98	5.67	−15.31
24	苏州大学	19677	1303	6.62	11.03	5.07	−5.96	23.70	8.52	−15.18
25	南开大学	19311	2064	10.69	14.53	4.95	−9.58	21.92	6.93	−14.99
26	中国医学科学院-北京协和医学院	18979	1510	7.96	12.33	5.30	−7.03	25.03	9.14	−15.89
27	厦门大学	18590	1561	8.40	11.83	4.17	−7.66	30.35	10.44	−19.91
28	北京航空航天大学	18564	2693	14.51	7.43	3.80	−3.63	23.10	8.91	−14.19
29	兰州大学	17823	1679	9.42	11.83	4.96	−6.87	20.83	11.26	−9.57
30	北京师范大学	17474	1811	10.36	10.40	4.69	−5.71	34.19	12.42	−21.77
31	中国农业大学	16392	1110	6.77	10.22	5.35	−4.87	30.39	14.86	−15.53
32	华东理工大学	15787	1250	7.92	12.88	3.71	−9.17	20.19	5.60	−14.59
33	首都医科大学	15747	1560	9.91	8.38	4.71	−3.67	27.73	10.06	−17.67
34	电子科技大学	15604	1422	9.11	6.93	3.40	−3.53	27.78	9.70	−18.08

续表

序号	机构	中国机构论文数(A)	在中国期刊发表论文数(B)	占比/%(B/A)	中国机构引文影响力(C)	在中国期刊发文引文影响力(D)	差值(D-C)	中国机构国际合作论文百分比/%(E)	在中国期刊发文国际合作论文比/%(F)	差值/%(F-E)
35	重庆大学	14714	1560	10.60	7.10	3.26	-3.84	23.00	7.82	-15.18
36	北京理工大学	14652	2020	13.79	8.54	3.50	-5.04	22.11	6.39	-15.72
37	中国农业科学院	14189	814	5.74	8.80	5.84	-2.96	25.12	18.43	-6.69
38	北京科技大学	14038	2925	20.84	7.74	3.19	-4.55	21.21	6.09	-15.12
39	西北工业大学	13887	2602	18.74	6.28	2.94	-3.34	19.84	3.88	-15.96
40	上海大学	13797	1768	12.81	9.33	3.95	-5.38	22.53	6.11	-16.42
41	郑州大学	13326	1192	8.94	7.29	3.26	-4.03	18.13	5.12	-13.01
42	中国地质大学	13115	2063	15.73	9.25	4.97	-4.28	35.28	13.86	-21.42
43	湖南大学	13030	1163	8.93	11.40	3.67	-7.73	22.05	5.33	-16.72
44	华东师范大学	12837	1285	10.01	10.84	3.82	-7.02	30.82	10.51	-20.31
45	南京医科大学	12796	521	4.07	9.46	6.98	-2.48	20.30	12.48	-7.82
46	东北大学	11235	2020	17.98	7.29	3.34	-3.95	22.96	6.73	-16.23
47	中国石油大学	11005	1757	15.97	6.31	3.67	-2.64	21.06	7.74	-13.32
48	第二军医大学	10729	661	6.16	11.17	7.43	-3.74	19.08	9.53	-9.55
49	南京农业大学	10471	412	3.93	9.66	6.98	-2.68	22.28	10.44	-11.84
50	北京化工大学	10440	998	9.56	12.03	3.98	-8.05	16.80	3.41	-13.39

检索方法：InCites 中选"机构"；年度范围选"2007—2016"；期刊所在国家/地区选"中国大陆"，论文形式为"研究论文"和"综述"（article 和 review）。Web of Science 数据内容更新日期为 2017-03-31，InCites 数据更新日期为 2017-05-13，检索时间为 2017-06-12。

中国石油大学（-2.64）、南京农业大学（-2.68）、中国农业科学院（-2.96）、西北工业大学（-3.34）、电子科技大学（-3.53）、北京航空航天大学（-3.63）、首都医科大学（-3.67）、第二军医大学（-3.74）和重庆大学（-3.84）。

3. 国际合作论文百分比

Top50机构在中国科技期刊所发论文的"国际合作论文百分比"较高的10个机构依次为中国农业科学院（18.43%）、中国农业大学（14.86%）、中国地质大学（13.86%）、北京大学（13.31%）、南京医科大学（12.48%）、北京师范大学（12.42%）、上海交通大学（12.02%）、复旦大学（11.37%）、兰州大学（11.26%）和中山大学（10.95%）。

在中国科技期刊所发论文的"国际合作论文百分比"较低的10个机构依次为北京化工大学（3.41%）、西北工业大学（3.88%）、郑州大学（5.12%）、湖南大学（5.33%）、华东理工大学（5.60%）、华南理工大学（5.67%）、四川大学（5.77%）、天津大学（5.84%）、北京科技大学（6.09%）和上海大学（6.11%）。

这50个机构在中国科技期刊发文的"国际合作论文百分比"全部低于该机构全部SCI论文的"国际合作论文百分比"，两者差值较大的10个机构依次为北京师范大学（-21.77%）、北京大学（-21.59%）、中国地质大学（-21.42%）、中国科学技术大学（-20.82%）、华东师范大学（-20.31%）、清华大学（-19.92%）、厦门大学（-19.91%）、复旦大学（-18.15%）、中国电子科技大学（-18.08%）和首都医科大学（-17.67%）。差值较小的10个机构依次为中国农业科学院（-6.69%）、南京医科大学（-7.82%）、中国科学院大学（-8.88%）、第二军医大学（-9.55%）、兰州大学（-9.57%）、南京农业大学（-11.84%）、四川大学（-12.09%）、郑州大学（-13.01%）、山东大学（-13.15%）和中国石油大学（-13.32%）。

（三）中国科学院在SCI收录中国科技期刊发文情况

2007—2016年有549个中国机构在177种SCI收录中国科技期刊上发文，其中发文最多的机构是中国科学院。十年间中国科学院在167种（其中中文期刊 23 种）中国科技期刊共发文 33293 篇，占全部中国机构发文数（216318 篇）的 15.39%。同期，中国科学院在 SCI 收录中国科技期刊发文数占中国科学院全部 SCI 收录论文总数（278776 篇）的 11.94%（见附表 2-1）。十年间中国科学院在中国期刊发文较多的 10 种中国科技期刊和被引频次较高的 10 种中国科技期刊分别列于表 2-10 和表 2-11。

表 2-10　2007—2016 年中国科学院在 SCI 收录中国科技期刊发文较多的前 10 种期刊

序号	中文刊名	文种	论文数	被引频次	学科规范化的引文影响力
1	物理学报	中文	1904	5671	0.21
2	中国物理快报	英文	1875	7997	0.28
3	科学通报	中文	1685	13461	0.46
4	中国物理 B	英文	1651	6672	0.33
5	中国物理 C	英文	1203	7250	0.42
6	地球物理学报	中文	1060	3970	0.28
7	中国科学-地球科学	英文	934	7918	0.67
8	中国科学-物理学、力学与天文学	英文	759	3458	0.41
9	大气科学进展	英文	667	4700	0.48
10	高等学校化学学报	中文	647	1676	0.11

注：按照发表论文数量排序。

表 2-11　2007—2016 年中国科学院在 SCI 收录中国科技期刊发表论文被引频次较高的前 10 种期刊

序号	中文刊名	文种	被引频次	论文数	学科规范化的引文影响力
1	科学通报	中文	13461	1685	0.46
2	细胞研究	英文	9487	277	1.43
3	中国物理快报	英文	7997	1875	0.28
4	中国科学-地球科学	英文	7918	934	0.67
5	中国物理 C	英文	7250	1203	0.42
6	中国物理 B	英文	6672	1651	0.33
7	物理学报	中文	5671	1904	0.21
8	大气科学进展	英文	4700	667	0.48
9	纳米研究	英文	4070	210	1.69
10	地球物理学报	中文	3970	1060	0.28

注：按照发表论文被引频次排序。

中国科学院在 22 种中国科技期刊所发论文的"学科规范化的引文影响力"大于 1，即论文的被引用情况好于学科平均水平。表现突出的是发表在《真菌多样性》上的论文，其"学科规范化的引文影响力"达到 6.45，远大于中国科学院发表在其他中国科技期刊论文的该项指标（表 2-12）。

表 2-12　2007—2016 年中国科学院在 SCI 收录中国科技期刊发文"学科规范化的引文影响力"大于 1 的前 22 种期刊

序号	中文刊名	文种	论文数	被引频次	学科规范化的引文影响力
1	真菌多样性	英文	84	3372	6.45
2	光：科学与应用	英文	15	622	5.89
3	组织管理研究	英文	1	23	2.92
4	动物学报（英文版）	英文	18	92	2.02
5	光子学研究	英文	22	137	2.00
6	分子植物	英文	98	1936	1.97
7	纳米研究	英文	210	4070	1.69
8	有机化学前沿	英文	51	364	1.66
9	整合动物学	英文	43	267	1.65
10	高等学校计算数学学报	英文	13	105	1.61
11	亚太热带医药杂志	英文	1	17	1.52
12	地质幕	英文	12	326	1.46
13	细胞研究	英文	277	9487	1.43
14	畜牧与生物技术杂志	英文	3	9	1.43
15	真菌生物学报	英文	8	27	1.35
16	计算数学（英文版）	英文	61	459	1.29
17	运动与健康科学	英文	1	2	1.29
18	中国与世界经济	英文	14	106	1.27
19	仿生工程学报	英文	21	138	1.23
20	农业科学学报	英文	105	381	1.08
21	癌症	英文	2	28	1.08
22	科学通报（英文版）	英文	95	496	1.04

注：按照发表论文"学科规范化的引文影响力"排序。

三、中国科技期刊发表论文的学术影响力

统计了 2007—2016 年 14 个论文产出大国的全部论文数与在该国期刊发表论文数，对 14 个国家期刊发表论文的主要影响力指标（总被引次数、引文影响力、论文被引百分比和学科规范化的引文影响力）作了横向对比。对 2007—2016 年各年度中国科技期刊发表论文的论文被引百分比、引文影响力、学科规范化的引文影响力、相对于全球平均水平的影响力、国际合作论文百分比、高被引论文的数量作了纵向对比。分析了中国科技期刊发表论文的国际合作情况，包括中国科技期刊论文中国际合作论文数量和被引表现以及与 13 个论文产出大国的合作情况。展示了发文数最多和影响力最高的中国期刊排行榜。

（一）世界主要国家期刊发表论文学术影响力对比

SCI 收录期刊数量前 4 个国家为美国（4308 种）、英国（2802 种）、荷兰（941 种）和德国（765 种）。SCI 收录中国期刊 177 种，列第 8 位。为比较主要国家期刊发表论文的学术影响力，表 2-13 统计了 2007—2016 年 14 个 WoS 论文数较多的国家在本国期刊发表论文的情况。从发表在该国期刊论文数与该国全部论文数比值看，有 3 个国家超过 1，依次为荷兰（3.79）、英国（2.65）和美国（1.39），即从论文发表期刊角度看这 3 个国家为"论文流入国家"。其余 11 个国家的比值均小于 1，为"论文流出国家"。德国的论文流出情况相对较弱，比值为 0.68。论文流出较严重的国家依次为西班牙、中国和加拿大，比值分别仅有 0.10、0.12 和 0.14。论文的流出表明这些国家优质英文期刊的相对匮乏。

对比发表在 14 个论文产出大国期刊论文的 3 个学术影响力指标——"引文影响力""论文被引百分比"和"学科规范化的引文影响力"（表 2-13），可以得出，从全球范围看高学术影响力论文主要流向为美国、英国和荷兰的期刊。

(1)"引文影响力"较高的前 3 个国家依次为美国（17.56）、英国（15.91）和荷兰（13.50），中国科技期刊论文列第 10 位；

表2-13 2007—2016年主要国家期刊发表论文影响力对比

序号	国家	刊数	该国期刊发表论文总数（A）	该国作者产出论文总数（B）	A/B	总被引次数（C）	引文影响力（C/A）	论文被引百分比/%	学科规范化的引文影响力
1	美国	4308	4477465	3222857	1.39	78606864	17.56	82.86	1.12
2	英国	2802	2506745	944990	2.65	39870864	15.91	83.03	1.06
3	荷兰	941	1155760	304659	3.79	15602380	13.50	85.59	1.01
4	德国	765	616751	903070	0.68	7733803	12.54	75.61	0.68
5	日本	278	216509	765007	0.28	1366042	6.31	74.06	0.47
6	法国	253	149598	648021	0.23	1212468	8.10	62.88	0.44
7	澳大利亚	225	77389	417911	0.19	605006	7.82	77.53	0.63
8	中国	196	221787	1829449	0.12	983949	4.55	76.87	0.54
9	加拿大	155	73928	536034	0.14	592519	8.01	74.5	0.62
10	意大利	152	89096	551689	0.16	677039	7.60	69.62	0.44
11	西班牙	146	46266	459640	0.10	180483	3.90	56.33	0.38
12	巴西	142	91472	347238	0.26	300259	3.28	58.91	0.28
13	印度	129	86668	483104	0.18	222210	2.56	55.55	0.24
14	韩国	127	90924	448191	0.20	410371	4.51	72.66	0.45

注：（1）检索方法——InCites中选"期刊"；年度范围选"2007—2016"；国家/地区选"中国大陆"，论文形式选"研究论文"和"综述"（article和review）。WoS数据内容更新日期为2017-03-31，InCites数据更新日期为2017-05-13，检索时间为2017-06-13。中国数据不包括香港、澳门和台湾地区。

（2）此表检索出的期刊数量多于表1-40中的期刊数量，原因为：①InCites数据库是基于科睿唯安Web of Science核心合集七大索引数据库（SCIE、SSCI等）建立的数据分析工具，包含SCIE、SSCI收录期刊；②检索出2007—2016十年的期刊种数中包括刊名更迭前后重复计算，如2017-06-12从InCites中共检索出中国期刊224种，不计28种港、澳、台刊后中国大陆期刊为196种，196种期刊中又有更名19种（一种期刊有两个刊名），合并更名期刊后SCI收录中国大陆期刊为177种。鉴于其他国家的期刊数量也存在类似情况，为便于比较，此表中国大陆期刊采用196种。

（2）"论文被引百分比"较高的前3个国家依次为荷兰（85.59%）、英国（83.03%）和美国（82.86%），中国科技期刊论文列第5位；

（3）"学科规范化的引文影响力"大于1（即高于学科平均水平）的前3个国家依次为美国（1.12）、英国（1.06）和荷兰（1.01），中国科技期刊论文列第7位。

表2-14列出了14个论文产出较多国家作者发表高被引论文数和发表在该国期刊上的高被引论文数。十年间，发表高被引论文数超过1万篇的6个国家依次

为美国（67294 篇）、英国（20878 篇）、中国（18659 篇）、德国（16285 篇）、法国（10853 篇）和加拿大（10772 篇）。

表 2-14 2007—2016 年主要国家作者和期刊发表的高被引论文数

序号	国家	该国作者高被引论文 A 论文数	排序	发表在该国期刊上的高被引论文 B 论文数	排序	比值 B/A 比值	排序
1	英国	20878	2	39936	2	1.913	1
2	荷兰	8284	9	9914	3	1.197	2
3	美国	67294	1	67261	1	1.000	3
4	德国	16285	4	6473	4	0.397	4
5	日本	6494	11	335	8	0.052	5
6	意大利	8464	8	436	7	0.052	6
7	法国	10853	5	546	5	0.050	7
8	韩国	3813	12	97	11	0.025	8
9	澳大利亚	8883	7	218	10	0.025	9
10	中国	18659	3	447	6	0.024	10
11	巴西	2236	14	52	12	0.023	11
12	加拿大	10772	6	218	9	0.020	12
13	印度	2922	13	32	13	0.011	13
14	西班牙	7161	10	29	14	0.004	14

注：检索方法——InCites 中选"期刊"；年度范围选"2007—2016"；国家/地区选"中国大陆"，论文形式选"研究论文"和"综述"（article 和 review）。WoS 数据内容更新日期为 2017-05-31，InCites 数据更新日期为 2017-07-22，检索时间为 2017-07-25。

从发表在该国期刊上的高被引论文数与该国作者全部高被引论文的比值看，这 14 个国家可明显划分为两组：第一组为英国（1.913）、荷兰（1.197）、美国（1.000）和德国（0.397）4 个国家；第二组为日本（0.052）、意大利（0.052）、法国（0.050）、韩国（0.025）、澳大利亚（0.025）、中国（0.024）、巴西（0.023）、加拿大（0.020）、印度（0.011）和西班牙（0.004）10 个国家。

（二）近十年中国科技期刊发表论文的学术影响力

1. 论文被引百分比

"论文被引百分比"是一组出版物中至少被引用过一次的论文占总论文数的百

分比[①]。一般一组论文发表时间越长论文被引百分比越高。InCites 数据库 2017 年 7 月 25 日的统计显示，2007—2016 年，中国科技期刊发表论文的论文被引百分比平均为 74.45%，同期中国作者发表论文的平均论文被引百分比为 84.89%，高于中国科技期刊论文 10.44 个百分点（图 2-2）。

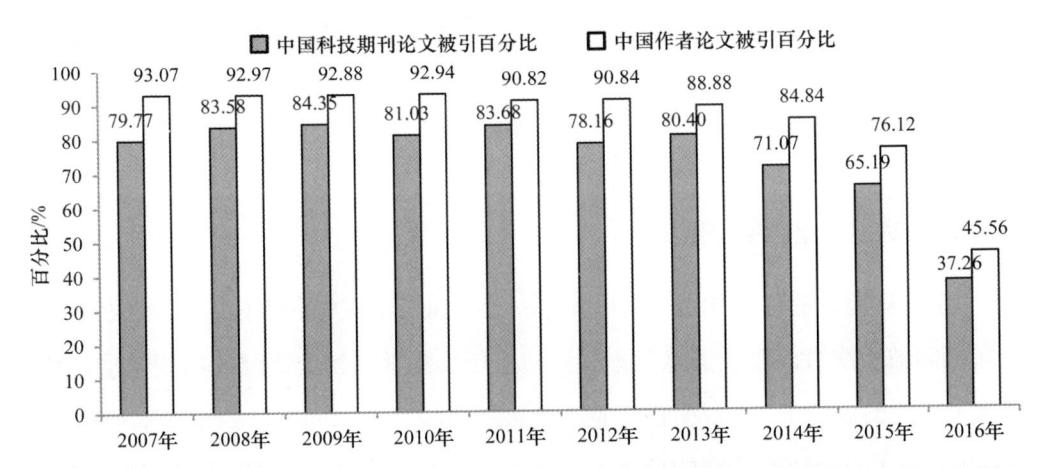

图 2-2 2007—2016 年 SCI 收录中国科技期刊发表论文和中国作者发表论文的论文被引百分比
检索方法：InCites 中选"研究方向"；年度范围依次选 2007—2016；作者的国家/地区选"中国大陆"，期刊所在国家/地区选"中国大陆"，论文形式选"研究论文"和"综述"（article 和 review）。WoS 数据内容更新日期为 2017-05-31，InCites 数据更新日期为 2017-07-22，检索时间为 2017-07-25。从 2013 年起，载文量较大、被引频次较高的《世界胃肠病学杂志》不再划归中国大陆期刊。

2. 引文影响力

2017 年 7 月 25 日统计显示，2007—2016 年，中国科技期刊发表论文的引文影响力平均为 6.09，同期中国作者发表论文的引文影响力平均为 13.28，高于中国科技期刊 7.19。十年间，中国科技期刊发表论文的引文影响力与中国作者发表论文的引文影响力之差在逐年缩小，由 2007 年的 15.23 减少到 2016 年的 0.39，表明中国科技期刊发表论文的学术影响力有逐年提升的趋势（图 2-3）。

[①] InCites 数据库常用指标手册。http://ip-science.thomsonreuters.com.cn/media/incites_qrc_cn_20150604.pdf

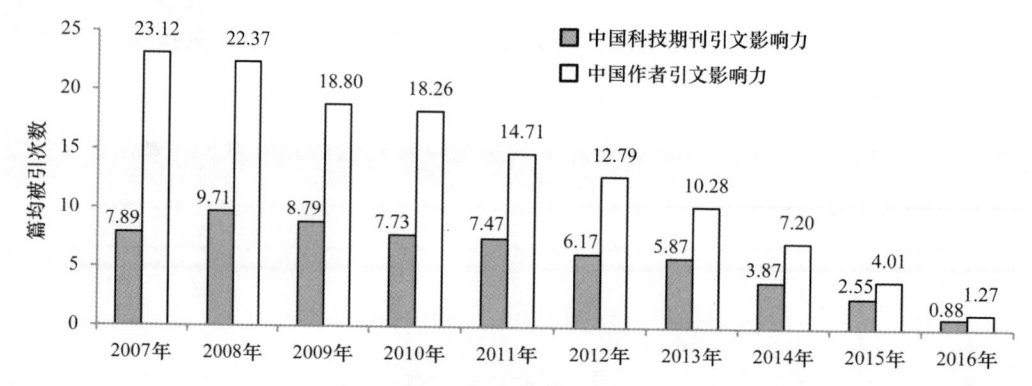

图 2-3 2007—2016 年 SCI 收录中国科技期刊发表论文和中国作者发表论文的引文影响力
（数据检索方法和时间同图 2-2。）

3. 学科规范化的引文影响力

"学科规范化的引文影响力"（Category Normalized Citation Impact，CNCI）是论文实际被引次数除以同文献类型、同出版年、同学科领域文献的期望被引次数。如果 CNCI 的值等于 1，说明该组论文的被引表现与全球同学科的平均水平相当，CNCI 大于 1 表明该组论文的被引表现高于全球平均水平；小于 1，则低于全球同学科平均水平。

2017 年 7 月 25 日统计显示，2007—2016 年中国科技期刊发表论文的学科规范化的引文影响力平均为 0.46，同期中国作者发表论文的学科规范化的引文影响力平均为 1.00，高于中国科技期刊论文 0.54。十年间，中国科技期刊发表论文的学科规范化的引文影响力与中国作者发表论文的学科规范化的引文影响力之差在逐年缩小，由 2007 年的 0.65 减少到 2016 年的 0.41，表明中国科技期刊发表论文的学术影响力有逐年提升的趋势（图 2-4）。

4. 相对于全球平均水平的影响力

"相对于全球平均水平的影响力"（Impact Relative to World，IRW）是某组文献的引文影响力与全球总体的引文影响力的比值。全球平均值总是等于 1。比值大于 1 时，表明该组论文的篇均被引频次高于全球平均水平；小于 1 时，则表示低于全球平均水平。

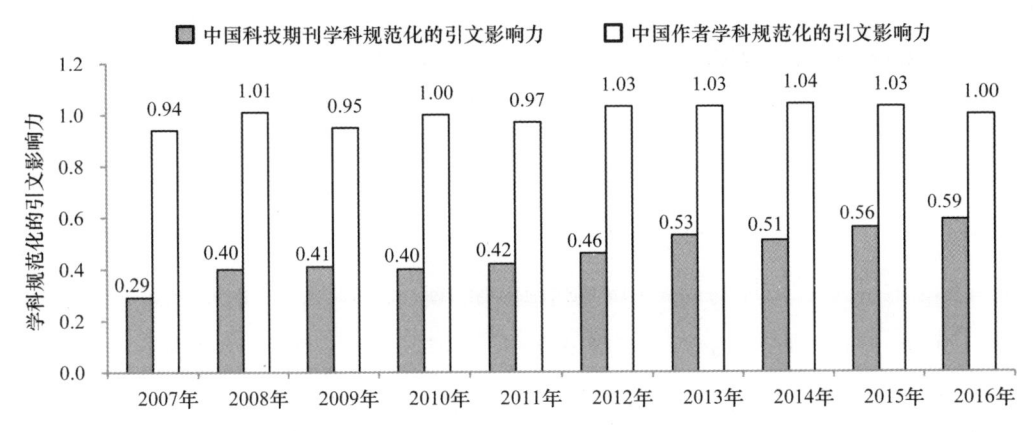

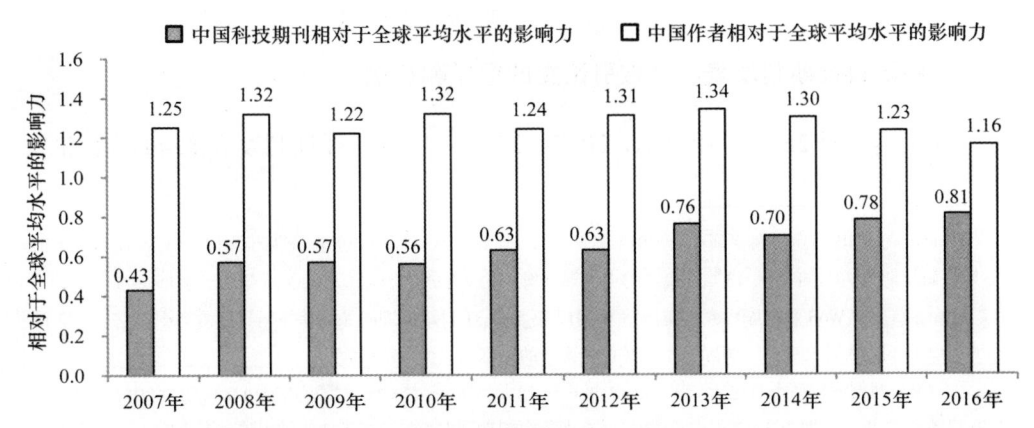

图 2-4 2007—2016 年 SCI 收录中国科技期刊发表论文和中国作者发表论文的学科规范化的引文影响力

（数据检索方法和时间同图 2-2。）

2017 年 7 月 25 日统计显示，2007—2016 年中国科技期刊发表论文的相对于全球平均水平的影响力平均为 0.64，同期中国作者发表论文的相对于全球平均水平的影响力平均为 1.27，高于中国科技期刊论文 0.63。十年间，中国科技期刊发表论文的相对于全球平均水平的影响力与中国作者发表论文的相对于全球平均水平的影响力之差在逐年缩小，由 2007 年的 0.82 减少到 2016 年的 0.35，表明中国科技期刊发表论文的学术影响力有逐年提升的趋势（图 2-5）。

图 2-5 2007—2016 年 SCI 收录中国科技期刊发表论文和中国作者发表论文的相对于全球平均水平的影响力

（数据检索方法和时间同图 2-2。）

5. 国际合作论文百分比

2017年7月25日统计显示，2007—2016年中国期刊发表论文的国际合作论文百分比平均为 16.59%[1]，同期中国作者发表论文的国际合作论文百分比平均为 32.19%，高于中国科技期刊论文 15.60 个百分点。十年间，中国科技期刊发表论文的国际合作论文百分比与中国作者发表论文的国际合作论文百分比之差在逐年缩小，由 2007 年的 16.94%减少到 2016 年的 9.49%，表明中国科技期刊论文作者或发文机构吸引国际合作的能力有逐年提高的趋势（图 2-6）。

图 2-6 2007—2016 年 SCI 收录中国科技期刊发表论文和中国作者发表论文的国际合作论文百分比

（数据检索方法和时间同图 2-2。）

6. 中国科技期刊发表的高被引论文的数量和比例

2017 年 7 月 25 日统计显示，2007—2016 年中国科技期刊发表的 447 篇[2]论文

---

[1] InCites 数据库每两个月更新一次，2017 年 6 月 12 日（WoS 数据库内容更新日期为 2017 年 3 月 31 日，InCites 数据库更新日期为 2017 年 5 月 13 日）检索的中国期刊发表论文中的"国际合作论文百分比"为 15.15%（表 2-7），2017 年 7 月 25 日（WoS 数据库内容更新日期为 2017 年 5 月 31 日，InCites 数据库更新日期为 2017 年 7 月 22 日）检索的中国期刊发表论文中的"国际合作论文百分比"的检索结果为 16.59%。

[2] InCites 数据库每两个月更新一次，2017 年 6 月 12 日（Web of Science 数据内容更新日期为 2017 年 3 月 31 日，InCites 数据更新日期为 2017 年 5 月 13 日）检索的中国期刊发表论文中的"高被引论文"为 358 篇（表 2-6），2017 年 7 月 25 日（Web of Science 数据内容更新日期为 2017 年 5 月 31 日，InCites 数据更新日期为 2017 年 7 月 22 日）检索的中国期刊发表论文中的"高被引论文"的检索结果为 447 篇。

被列为 ESI 学科"高被引论文",同期中国作者发表论文被列为"高被引论文"的为 18659 篇。中国科技期刊高被引论文数与中国作者全部高被引论文数的比值为 0.024,明显低于同期中国科技期刊发文数与中国作者发文数的比值 0.116。十年间,中国科技期刊发表的高被引论文占全部论文的百分比从 2007 年的 0.07% 上升到 2016 年的 0.47%,增加了 6.7 倍。但与中国作者高被引论文占全部论文百分比仍然存在较大差距(表 2-15 和图 2-7)。

表 2-15　2007—2016 年 SCI 收录中国期刊发表被列为"高被引论文"的数量和比例

年份	中国期刊高被引论文	中国作者高被引论文	中国期刊高被引论文占全部论文的百分比/%(A)	中国作者高被引论文占全部论文百分比/%(B)	差值(B–A)
2007	7	619	0.07	0.67	0.60
2008	20	803	0.20	0.85	0.65
2009	18	1009	0.16	0.75	0.59
2010	29	1248	0.23	0.89	0.66
2011	36	1541	0.21	0.87	0.66
2012	38	1917	0.28	0.93	0.65
2013	42	2318	0.32	1.02	0.70
2014	74	2781	0.36	1.03	0.67
2015	96	3158	0.38	1.03	0.65
2016	87	3265	0.47	0.98	0.51
合计	447	18659	0.27	0.90	0.63

共有 77 种中国科技期刊发表的论文被列为"高被引论文",占全部 177 种期刊的 43.50%(见附表 2-2)。发表高被引论文 5 篇以上的中国科技期刊有 22 种(表 2-16)。

另有 10 种期刊发表的论文被列为"热点论文",这些期刊为《真菌多样性》(5 篇)、《中国科学:技术科学》(2 篇)、《骨研究》(2 篇)、《中国通信》(2 篇)、《分子植物》(1 篇)、《纳米研究》(1 篇)、《光:科学与应用》(1 篇)、《中国物理 C》(1 篇)、《动物学报(英文版)》(1 篇)和《水动力学研究与进展 B 辑》(1 篇)。这些期刊全部为英文版期刊。

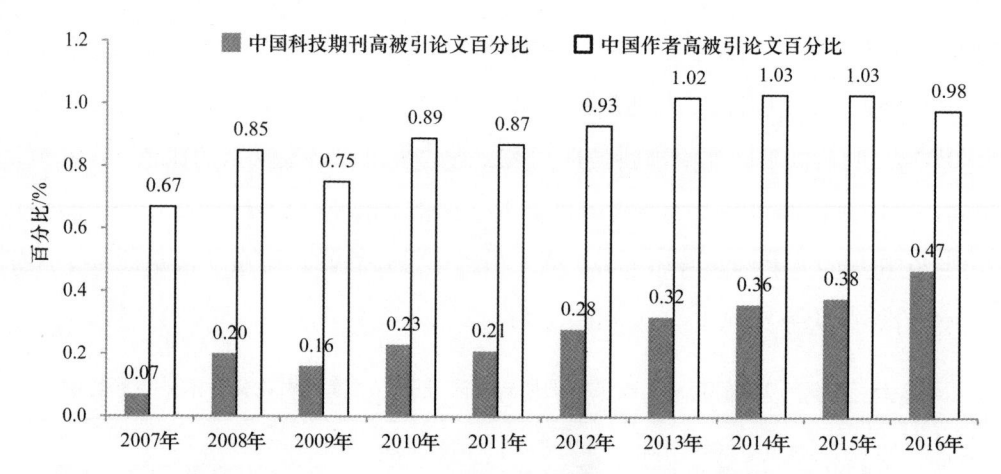

图 2-7　2007—2016 年 SCI 收录中国科技期刊发表论文和中国作者发表论文的高被引论文百分比
（数据检索方法和时间同图 2-2。）

表 2-16　2007—2016 年发表高被引论文 5 篇以上的中国大陆科技期刊

序号	英文刊名	中文刊名	文种	高被引论文数
1	Molecular Plant	分子植物	英文	73
2	Nano Research	纳米研究	英文	65
3	Fungal Diversity	真菌多样性	英文	51
4	Light-Science & Applications	光：科学与应用	英文	33
5	Cell Research	细胞研究	英文	25
6	Journal of Integrative Plant Biology	植物学报（英文版）	英文	18
7	Science China Earth Sciences	中国科学：地球科学	英文	12
8	Science China Technological Sciences	中国科学：技术科学	英文	9
9	Chinese Physics C	中国物理 C	英文	7
10	Chinese Science Bulletin	科学通报	中文	7
11	Organic Chemistry Frontiers	有机化学前沿	英文	7
12	Acta Petrologica Sinica	岩石学报	中文	6
13	Acta Pharmacologica Sinica	中国药理学报	英文	6
14	Chinese Physics Letters	中国物理快报	英文	6
15	Chinese Journal of Cancer	癌症	英文	5
16	Journal of Plant Ecology	植物生态学报（英文版）	英文	5
17	Journal of Thoracic Disease	胸部疾病杂志	英文	5

续表

序号	英文刊名	中文刊名	文种	高被引论文数
18	Protein & Cell	蛋白质与细胞	英文	5
19	Science Bulletin	科学通报（英文版）	英文	5
20	Science China Chemistry	中国科学：化学	英文	5
21	Science China Mathematics	中国科学：数学	英文	5
22	Science China Physics Mechanics & Astronomy	中国科学：物理学、力学与天文学	英文	5

（三）中国科技期刊发表论文的国际合作情况

1. 与13个论文产出大国的合作情况

InCites 数据库 2017 年 7 月 25 日统计显示，2007—2016 年 177 种中国科技期刊普遍与其他论文产出大国发表国际合作论文。从共同发表国际合作论文的期刊数量看，从多到少依次为美国、英国、澳大利亚、日本、德国、加拿大、法国、韩国等。中国与美国发表国际合作论文的数量是与其他任何国家发表合作论文数量的 4.5 倍以上，被引频次的 3.4 倍以上，说明美国是中国科技期刊国际合作发文的主要国家（表 2-17）。

10 年间，与美国发表国际合作论文 100 篇以上的期刊有 13 种，依次为《科学通报》（274 篇）、《中华医学杂志（英文版）》（257 篇）、《中国物理快报》（192 篇）、《细胞研究》（188 篇）、《中国物理 B》（166 篇）、《纳米研究》（162 篇）、《大气科学进展》（159 篇）、《中国药理学报》（152 篇）、《地球物理学报》（135 篇）、《分子植物》（127 篇）、《中国物理 C》（120 篇）、《中国科学：数学》（119 篇）和《计算机科学技术学报》（100 篇）。

2. 中国科技期刊发表国际合作论文数量和被引表现

InCites 数据库 2017 年 7 月 25 日统计显示，2007—2016 年 177 种中国科技期刊均发表了国际合作论文，论文数量范围为 1~412 篇不等。发表国际合作论文数较多的 10 种期刊依次为《中国物理快报》（412 篇）、《中国物理 B》（396 篇）、《科学通报》（344 篇）、《中国有色金属学报》（274 篇）、《真菌多样性》（240 篇）、《分子植物》（221 篇）、《中南大学学报（英文版）》（219 篇）和《中国科学：技术科学》（219 篇）、《中华医学杂志（英文版）》（201 篇）和《中国物理 C》（199 篇）。

表 2-17　2007—2016 年中国科技期刊论文与 13 个论文产出大国的国际合作情况

序号	合作国家	国际合作中国科技期刊数	国际合作论文数	总被引次数	论文被引百分比/%	学科规范化的引文影响力
1	美国	177	7712	65084	79.69	0.64
2	英国	162	1646	17394	79.23	0.78
3	澳大利亚	160	1356	13496	78.61	1.41*
4	日本	158	1732	14715	78.42	0.60
5	德国	154	1487	19144	78.77	0.65
6	加拿大	152	1205	11269	81.12	0.77
7	法国	147	1079	13572	80.62	0.71
8	韩国	142	964	9367	79.45	0.70
9	印度	127	704	8285	73.93	1.02
10	意大利	123	661	10266	73.14	0.93
11	荷兰	103	375	9616	83.38	0.79
12	巴西	63	158	2079	85.20	0.94

注：*有一篇《中国物理 C》2014，38（9）论文 "REVIEW OF PARTICLE PHYSICS Particle Data Group" 的"学科规范化的引文影响力"为 133.34，拉高了平均值。

发表国际合作论文比例较高的 10 种期刊依次为《真菌多样性》（49.59%）、《地质幕》（48.48%）、《光：科学与应用》（40.98%）、《整合动物学》（34.09%）、《鸟类学研究》（30.77%）、《分子植物》（28.81%）、《植物生态学报（英文版）》（26.15%）、《真菌生物学报》（24.32%）、《动物学报（英文版）》（23.93%）和《亚洲两栖爬行动物研究》（21.97%）。

发表的国际合作论文的"引文影响力"（篇均被引次数）较高的 10 种期刊依次为《细胞研究》（33.79）、《真菌多样性》（30.00）、《中国物理 C》（27.86）、《地质幕》（27.70）、《光：科学与应用》（25.30）、《分子植物》（25.11）、《分子细胞生物学杂志》（22.71）、《纳米研究》（19.14）、《植物学报（英文版）》（15.75）和《细胞与分子免疫学》（14.51）。

有 29 种期刊国际合作论文的"学科规范化的引文影响力"大于 1，即论文的被引表现高于该期刊所在学科的全球平均水平。"学科规范化的引文影响力"较高的 10 种期刊[①]依次为《光：科学与应用》（4.62）、《真菌多样性》（3.72）、《国际政治科学》（2.71）、《光子学研究》（2.31）、《组织管理研究》（2.05）、《分子植物》（1.81）、《中国物理 C》（1.71）、《动物学报（英文版）》（1.62）、《计算数学（英文版）》（1.54）和《有机化学前沿》（1.54）。

（四）中国科技期刊发文数和影响力排行榜

2017 年 6 月 12 日的统计结果显示，2007—2016 年 177 种中国科技期刊共发表论文 221787 篇，论文数量范围为 25～13230 篇不等。本章附表 2 列出了全部 177 种中国科技期刊发表论文的数量、被引频次、引文影响力、论文被引百分比、学科规范化的引文影响力和期刊国际合作论文比例。发表论文数较多和学术影响力较高的中国科技期刊见表 2-18——论文数 Top10、被引次数 Top10、引文影响力 Top10、论文被引百分比 Top10、17 种学科规范化的引文影响力大于 1 的期刊。

表 2-18-1　2007—2016 年发表论文数 Top10 的中国大陆期刊

英文刊名	中文刊名	文种	论文数
Acta Physica Sinica	物理学报	中文	13230
Chinese Physics B	中国物理 B	英文	9322
Rare Metal Materials and Engineering	稀有金属材料与工程	中文	8327
Chinese Physics Letters	中国物理快报	英文	7683
Chinese Medical Journal	中华医学杂志（英文版）	英文	5806
Chinese Science Bulletin	科学通报	中文	4781
Transactions of Nonferrous Metals Society of China	中国有色金属学报	英文	4574
Chemical Journal of Chinese Universities-Chinese	高等学校化学学报	中文	4328
Chinese Journal of Inorganic Chemistry	无机化学学报	中文	3552
Acta Physico-Chimica Sinica	物理化学学报	中文	3507

---

① InCites 数据库导出的 177 种中国期刊中包含 SSCI 收录的期刊。

表 2-18-2　2007—2016 年发表论文"被引次数"Top10 的中国大陆期刊

英文刊名	中文刊名	文种	被引次数
Chinese Physics B	中国物理 B	英文	42449
Cell Research	细胞研究	英文	42130
Acta Physica Sinica	物理学报	中文	41234
Chinese Science Bulletin	科学通报	中文	33521
Chinese Physics Letters	中国物理快报	英文	28389
Nano Research	纳米研究	英文	28347
Chinese Medical Journal	中华医学杂志（英文版）	英文	26501
Transactions of Nonferrous Metals Society of China	中国有色金属学报	英文	23674
Molecular Plant	分子植物	英文	20411
Chinese Chemical Letters	中国化学快报	英文	18348

表 2-18-3　2007—2016 年发表论文"引文影响力"Top10 的中国大陆期刊

英文刊名	中文刊名	文种	引文影响力
Cell Research	细胞研究	英文	50.52
Fungal Diversity	真菌多样性	英文	28.12
Nano Research	纳米研究	英文	27.13
Molecular Plant	分子植物	英文	26.61
Light-Science & Applications	光：科学与应用	英文	23.79
Journal of Molecular Cell Biology	分子细胞生物学杂志	英文	21.57
Episodes	地质幕	英文	19.74
Cellular & Molecular Immunology	细胞与分子免疫学	英文	14.73
Journal of Integrative Plant Biology	植物学报（英文版）	英文	14.38
Journal of Genetics and Genomics	遗传学报（英文版）	英文	12.09

表 2-18-4　2007—2016 年发表论文"论文被引百分比"Top10 的中国大陆期刊

英文刊名	中文刊名	文种	百分比/%
Fungal Diversity	真菌多样性	英文	100.00
Light-Science & Applications	光：科学与应用	英文	100.00
Molecular Plant	分子植物	英文	99.48
Cell Research	细胞研究	英文	99.40
Nano Research	纳米研究	英文	98.47
Cellular & Molecular Immunology	细胞与分子免疫学	英文	97.90
Journal of Integrative Plant Biology	植物学报（英文版）	英文	97.83
Acta Pharmacologica Sinica	中国药理学报	英文	96.84
Journal of Molecular Cell Biology	分子细胞生物学杂志	英文	96.77
Protein & Cell	蛋白质与细胞	英文	96.40

表 2-18-5　2007—2016 年发表论文"学科规范化的引文影响力"大于 1 的中国大陆期刊

英文刊名	中文刊名	文种	学科规范化的引文影响力
Light-Science & Applications	光：科学与应用	英文	4.78
Fungal Diversity	真菌多样性	英文	2.93
Chinese Journal of International Politics	国际政治科学	英文	2.20
Photonics Research	光子学研究	英文	2.15
Nano Research	纳米研究	英文	1.83
Molecular Plant	分子植物	英文	1.78
Organic Chemistry Frontiers	有机化学前沿	英文	1.68
Management and Organization Review	组织管理研究	英文	1.58
Cell Research	细胞研究	英文	1.57
Current Zoology	动物学报（英文版）	英文	1.54
Bone Research	骨研究	英文	1.45
International Journal of Oral Science	国际口腔科学杂志	英文	1.35
Integrative Zoology	整合动物学	英文	1.23
Journal of Animal Science and Biotechnology	畜牧与生物技术杂志	英文	1.09
Journal of Sport and Health Science	运动与健康科学	英文	1.08
Chinese Journal of Aeronautics	中国航空学报	英文	1.04
Journal of Computational Mathematics	计算数学（英文版）	英文	1.04

第二节　中国科技核心期刊论文发表情况分析

中国科学技术信息研究所的中国科技论文与引文数据库（CSTPCD）收录我国各学科重要科技期刊，即"中国科技核心期刊"（中国科技论文统计源期刊），其年度发布的统计报告为《中国科技核心期刊引证报告（核心版）》。本节统计分析了该报告 2016 年版收录的 1985 种中国自然科学领域科技期刊的论文数量、学科分布、机构分布和论文被引情况。

一、中国科技核心期刊论文学科分布

2015 年 1985 种中国科技核心期刊共发表论文 493530 篇（表 2-19），与 2014

年的 501289 篇相比减少了 7759 篇，论文总数下降了 1.55%。平均刊均论文数为 249 篇，比 2014 年的 252 篇减少了 3 篇[①]。

40 个学科中，发表论文超过 1 万篇的学科有 18 个，这 18 个学科发文占全部论文数的 83.73%。发文最多的学科是"临床医学"，共发文 137848 篇，占全部论文数的 27.93%。除"临床医学"外，发文超过 20000 篇的 4 个学科依次为"计算技术"（31511 篇）、"电子、通讯与自动控制"（25611 篇）、"农学"（22002 篇）和"中医学"（20617 篇）。

表 2-19　2015 年各学科科技期刊发表论文数量统计

序号	学科	论文数	占比/%
1	临床医学	137848	27.93
2	计算技术	31511	6.38
3	电子、通讯与自动控制	25611	5.19
4	农学	22002	4.46
5	中医学	20617	4.18
6	基础医学	17008	3.45
7	预防医学与卫生学	16806	3.41
8	环境	14333	2.90
9	地学	13738	2.78
10	冶金、金属学	13734	2.78
11	化工	13394	2.71
12	生物学	13053	2.64
13	药学	12944	2.62
14	土木建筑	11712	2.37
15	机械、仪表	11338	2.30
16	化学	10398	2.11
17	交通运输	10379	2.10
18	食品	9222	1.87

---

① 潘云涛，马峥. 2014 年度中国科技论文统计与分析. 北京：科学技术文献出版社，2016. p 144

续表

序号	学科	论文数	占比/%
19	矿山工程技术	6631	1.34
20	畜牧、兽医	6528	1.32
21	材料科学	6164	1.25
22	能源科学技术	6070	1.23
23	物理学	5590	1.13
24	航空航天	5424	1.10
25	数学	5423	1.10
26	林学	4170	0.84
27	动力与电气	3883	0.79
28	工程与技术基础学科	3530	0.72
29	水利	3035	0.61
30	测绘科学技术	2953	0.60
31	军事医学与特种医学	2407	0.49
32	轻工、纺织	2061	0.42
33	水产学	2027	0.41
34	力学	1913	0.39
35	核科学技术	1229	0.25
36	管理	1070	0.22
37	信息、系统科学	392	0.08
38	天文学	363	0.07
39	安全科学技术	208	0.04
40	其他	16811	3.42
	合计	493530	100.00

注：按照发表论文数量排序。

二、中国科技核心期刊论文地区分布

据对全部发文机构所在地区的统计结果显示（表2-20），2015年中国科技核心

表 2-20 2015 年各地区科技期刊发表论文的数量

序号	地区	论文数	占比/%
1	北京	176050	15.75
2	江苏	104764	9.37
3	广东	76481	6.84
4	上海	70191	6.28
5	陕西	56139	5.02
6	湖北	54411	4.87
7	浙江	53896	4.82
8	山东	50783	4.54
9	四川	45399	4.06
10	辽宁	42107	3.77
11	湖南	38818	3.47
12	河南	36271	3.24
13	河北	34668	3.10
14	重庆	29431	2.63
15	天津	27900	2.50
16	安徽	27557	2.46
17	黑龙江	26835	2.40
18	广西	19942	1.78
19	吉林	19737	1.77
20	福建	19395	1.73
21	甘肃	19069	1.71
22	云南	15508	1.39
23	新疆	15264	1.37
24	山西	14186	1.27
25	江西	13629	1.22
26	贵州	10412	0.93
27	内蒙古	7069	0.63
28	海南	5621	0.50
29	宁夏	3530	0.31
30	青海	2576	0.23
31	西藏	454	0.04
	合计	1118093	100.00

注：（1）按照发表论文数量排序。（2）数据来源：CSTPCD2015。由于是对全部发文机构所在地区的统计结果，地区间有重复，即一篇论文的发文机构可能来自一个以上地区。

期刊发表论文主要集中在北京等9个地区，占全部31个地区论文数的61.55%，发文数最多的地区为北京，占全部论文数的15.75%。除北京外，发文较多的8个地区分别为江苏（104764篇，9.37%）、广东（76481篇，6.84%）、上海（70191篇，6.28%）、陕西（56139篇，5.02%）、湖北（54411篇，4.87%）、浙江（53896篇，4.82%）、山东（50783篇，4.54%）和四川（45399篇，4.06%）。

三、中国科技核心期刊论文发文机构分布

2015年CSTPCD收录科技期刊论文的发文机构主要来自高校（占55.50%），其次来自医疗机构（占27.26%），研究机构和企业所占比例较少，分别占9.85%和3.83%（图2-8）。

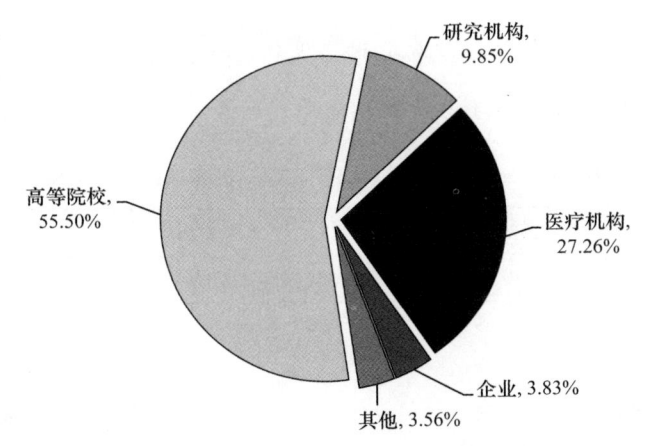

图2-8　2015年CSTPCD收录科技期刊论文的发文机构类型分布

表2-21列出了CSTPCD收录科技期刊论文的发文机构类型在各学科的构成情况：

（1）在高等院校发表的论文中，超过75%的学科有11个，依次为"数学"（96.55%）、"信息科学与系统科学"（95.15%）、"管理学"（88.12%）、"计算技术"（84.90%）、"力学"（84.25%）、"材料科学"（81.90%）、"物理学"（78.91%）、"工程与技术基础学科"（78.63%）、"动力与电气"（77.31%）、"机械工程"（75.93%）和"食品"（75.46%），表明高等学校是这些学科研究的主体。

（2）在研究机构发表论文中，所占比例较高的前 10 个学科依次为"天文学"（46.83%）、"核科学技术"（39.16%）、"水产"（34.65%）、"农学"（33.35%）、"地学"（28.30%）、"航空航天"（28.02%）、"林学"（26.63%）、"能源科学技术"（25.04%）、"畜牧兽医"（21.83%）和"预防医学与卫生学"（19.19%）。

（3）在医疗机构发表论文中，所占比例较高的前 10 个学科依次为"临床医学"（59.72%）、"军事医学与特种医学"（54.52%）、"基础医学"（42.59%）、"药物学"（40.77%）、"中医学"（37.95%）、"预防医学与卫生学"（34.76%）、"生物"（8.66%）、"管理学"（6.89%）、"畜牧兽医"（2.17%）和"核科学技术"（2.10%）。

（4）在企业发表论文中，所占比例较高的前 10 个学科依次"矿业"（30.36%）、"能源科学技术"（22.60%）、"交通运输"（20.80%）、"冶金、金属"（16.41%）、"轻工纺织"（15.34%）、"化工"（14.92%）、"土木建筑"（12.27%）、"核科学技术"（12.01%）、"动力与电气"（10.97%）和"水利"（8.86%）。

各机构类型发文较多的 Top10 机构名单列于表 2-22。

表 2-21　2015 年 CSTPCD 收录科技期刊论文的各学科发文机构类型分布

序号	学科	高等院校 论文数	占比/%	研究机构 论文数	占比/%	医疗机构 论文数	占比/%	企业 论文数	占比/%	其他 论文数	占比/%
1	数学	5241	96.55	125	2.30	7	0.13	16	0.29	39	0.72
2	力学	1616	84.25	228	11.89	7	0.36	26	1.36	41	2.14
3	信息科学与系统科学	373	95.15	16	4.08	0	0.00	1	0.26	2	0.51
4	物理学	4420	78.91	1021	18.23	14	0.25	55	0.98	91	1.62
5	化学	7695	73.59	1539	14.72	83	0.79	432	4.13	707	6.76
6	天文学	168	46.28	170	46.83	0	0.00	0	0.00	25	6.89
7	地学	6637	48.30	3889	28.30	5	0.04	629	4.58	2581	18.78
8	生物	9652	69.31	2559	18.38	1206	8.66	148	1.06	360	2.59
9	预防医学与卫生学	7528	37.59	3843	19.19	6961	34.76	107	0.53	1588	7.93
10	基础医学	11084	48.16	1514	6.58	9802	42.59	158	0.69	457	1.99
11	药物学	7416	45.66	1080	6.65	6622	40.77	366	2.25	758	4.67
12	临床医学	74285	37.19	3174	1.59	119289	59.72	160	0.08	2825	1.41

续表

序号	学科	高等院校 论文数	占比/%	研究机构 论文数	占比/%	医疗机构 论文数	占比/%	企业 论文数	占比/%	其他 论文数	占比/%
13	中医学	14020	54.78	1106	4.32	9713	37.95	272	1.06	481	1.88
14	军事医学与特种医学	1134	35.23	176	5.47	1755	54.52	7	0.22	147	4.57
15	农学	12420	56.41	7343	33.35	20	0.09	517	2.35	1717	7.80
16	林学	2683	64.31	1111	26.63	4	0.10	37	0.89	337	8.08
17	畜牧兽医	4469	67.32	1449	21.83	144	2.17	205	3.09	371	5.59
18	水产	1232	60.63	704	34.65	8	0.39	31	1.53	57	2.81
19	测控技术	1905	64.47	499	16.89	3	0.10	110	3.72	438	14.82
20	材料科学	5055	81.90	644	10.43	9	0.15	296	4.80	168	2.72
21	工程与技术基础学科	2781	78.63	512	14.48	11	0.31	152	4.30	81	2.29
22	矿业	3825	57.68	623	9.40	0	0.00	2013	30.36	170	2.56
23	能源科学技术	3046	50.18	1520	25.04	1	0.02	1372	22.60	131	2.16
24	冶金、金属	9820	71.46	1447	10.53	9	0.07	2255	16.41	211	1.54
25	机械工程	8632	75.93	1359	11.95	69	0.61	972	8.55	337	2.96
26	动力与电气	3002	77.31	387	9.97	1	0.03	426	10.97	67	1.73
27	核科学技术	496	39.97	486	39.16	26	2.10	149	12.01	84	6.77
28	电子、通信与自动控制	18630	72.61	3918	15.27	107	0.42	2143	8.35	858	3.34
29	计算技术	26829	84.90	2748	8.70	222	0.70	921	2.91	881	2.79
30	化工	9302	69.27	1668	12.42	67	0.50	2004	14.92	388	2.89
31	轻工纺织	1425	68.97	208	10.07	6	0.29	317	15.34	110	5.32
32	食品	6982	75.46	1184	12.80	41	0.44	529	5.72	516	5.58
33	土木建筑	8676	74.05	1205	10.29	11	0.09	1437	12.27	387	3.30
34	水利	1938	63.86	567	18.68	0	0.00	269	8.86	261	8.60
35	交通运输	6941	66.85	866	8.34	5	0.05	2160	20.80	411	3.96
36	航空航天	3338	61.54	1520	28.02	0	0.00	249	4.59	317	5.84
37	安全科学技术	151	72.60	30	14.42	0	0.00	3	1.44	24	11.54
38	环境科学	9757	68.02	2483	17.31	21	0.15	825	5.75	1258	8.77
39	管理学	972	88.12	36	3.26	76	6.89	8	0.73	11	1.00
40	其他	13871	80.43	1748	10.14	598	3.47	281	1.63	749	4.34

注：（1）数据来源：CSTPCD2015。（2）"占比"指机构发文量占本学科论文总量的比例。

表2-22　2015年CSTPCD收录科技期刊各机构类型发表论文数较多的Top10机构

机构类型	排名	机构名称	论文数
高等学校	1	上海交通大学	6561
	2	首都医科大学	6161
	3	北京大学	5421
	4	武汉大学	4794
	5	四川大学	4547
	6	中山大学	3854
	7	浙江大学	3820
	8	吉林大学	3820
	9	复旦大学	3687
	10	南京大学	3684
研究机构	1	中国中医科学院	1393
	2	中国疾病预防控制中心	874
	3	军事医学科学院	719
	4	中国工程物理研究院	706
	5	中国科学院长春光学精密机械与物理研究所	706
	6	中国林业科学研究院	705
	7	中国水产科学研究院	669
	8	中国热带农业科学院	601
	9	中国社会科学院财贸经济研究所	523
	10	江苏省农业科学院	518
医疗机构	1	解放军总医院	1814
	2	四川大学华西医院	1487
	3	武汉大学人民医院	1159
	4	北京协和医院	1118
	5	中国医科大学附属盛京医院	946
	6	重庆医科大学附属第一医院	898
	7	江苏省人民医院	887
	8	华中科技大学同济医学院附属同济医院	857
	9	新疆医科大学第一附属医院	838
	10	南京军区南京总医院	829

续表

机构类型	排名	机构名称	论文数
企业	1	中国交通建设集团有限公司	624
	2	中国石油天然气集团公司	606
	3	中国煤炭科工集团	491
	4	中国石油化工集团公司	436
	5	中国海洋石油总公司	435
	6	中国航空工业集团公司	223
	7	中国铁建股份有限公司	176
	8	中国中铁股份有限公司	153
	9	中国中车股份有限公司	129
	10	西安热工研究院有限公司	126

注：（1）按照各类型机构发表论文数量排序。（2）数据来源：CSTPCD2015。

四、中国科技核心期刊基金论文

由基金资助课题产出的论文称为基金论文，基金资助课题研究都是在充分论证、评审的基础上进行的，其研究内容一般均为国家目前研究的热点问题[1]，因此，一般情况下，在科技期刊发表的论文中，基金论文的内容质量特别是论文的创新性高于非基金论文。2015 年 CSTPCD 收录科技期刊发表论文数量涉及较多的前 5 个国家级基金项目依次为国家自然科学基金（115787 篇）、国家科技支撑计划（13000 篇）、国家重点基础研究发展计划（973 计划）（9450 篇）、国家科技重大专项（8481 篇）和国家高技术研究发展计划（863 计划）（7922 篇）。

表 2-23 可见，基金论文所占比例超过 80% 的学科有 13 个，依次为"水产学"（90.23%）、"生物学"（88.44%）、"数学"（88.22%）、"农学"（87.73%）、"安全科学技术"（87.50%）、"物理学"（87.07%）、"天文学"（87.05%）、"林学"（86.19%）、"信息、系统科学"（85.97%）、"管理"（84.11%）、"畜牧、兽医"（83.64%）、"力

---

[1] 潘云涛，马峥. 2014 年度中国科技论文统计与分析. 北京：科学技术文献出版社，2016. p 53

学"(82.44%)和"材料科学"(81.20%)。基金论文所占比例低于50%的学科有5个,依次为"临床医学"(38.53%)、"军事医学与特种医学"(41.21%)、"预防医学与卫生学"(41.95%)、"药学"(48.15%)和"核科学技术"(48.82%)。

表2-23　2015年各学科科技期刊发表论文中的基金论文数和所占比例

序号	学科	论文数	基金论文数	占比/%
1	水产	2027	1829	90.23
2	生物学	13053	11544	88.44
3	数学	5423	4784	88.22
4	农学	22002	19302	87.73
5	安全科学技术	208	182	87.50
6	物理学	5590	4867	87.07
7	天文学	363	316	87.05
8	林学	4170	3594	86.19
9	信息、系统科学	392	337	85.97
10	管理	1070	900	84.11
11	畜牧、兽医	6528	5460	83.64
12	力学	1913	1577	82.44
13	材料科学	6164	5005	81.20
14	化学	10398	8212	78.98
15	地学	13738	10815	78.72
16	环境	14333	11251	78.50
17	食品	9222	6858	74.37
18	计算技术	31511	23046	73.14
19	测绘科学技术	2953	2159	73.11
20	动力与电气	3883	2817	72.55
21	工程与技术基础学科	3530	2472	70.03
22	水利	3035	2099	69.16
23	土木建筑	11712	7953	67.90
24	中医学	20617	13333	64.67
25	电子、通讯与自动控制	25611	16292	63.61

续表

序号	学科	论文数	基金论文数	占比/%
26	基础医学	17008	10757	63.25
27	能源科学技术	6070	3789	62.42
28	机械、仪表	11338	7067	62.33
29	交通运输	10379	6296	60.66
30	冶金、金属学	13734	8047	58.59
31	轻工、纺织	2061	1185	57.50
32	化工	13394	7694	57.44
33	矿山工程技术	6631	3757	56.66
34	航空航天	5424	3003	55.37
35	核科学技术	1229	600	48.82
36	药学	12944	6232	48.15
37	预防医学与卫生学	16806	7050	41.95
38	军事医学与特种医学	2407	992	41.21
39	临床医学	137848	53112	38.53
40	其他	16811	12646	75.22

注：(1) 为省部级以上基金论文。(2) 按照基金论文所占比例排序。(3) 数据来源：CSTPCD2015。

五、中国科技核心期刊海外作者论文和国际合作论文

"海外作者论文"为海外作者作为第一作者在中国科技期刊发表的论文。"国际合作论文"为中国作者作为第一作者，与其他国家作者在中国科技期刊共同发表的论文。

表 2-24 显示，2015 年 CSTPCD 收录科技期刊各学科发表"海外作者论文"所占比例超过 1% 的学科有 13 个，超过 2% 的学科有 6 个，这 6 个学科依次为"天文学"(10.74%)、"物理学"(5.71%)、"安全科学技术"(5.29%)、"生物学"(4.69%)、"力学"(2.35%) 和"材料科学"(2.01%)。发表"国际合作论文"所占比例超过 1% 的学科有 16 个，超过 2% 的学科有 5 个，这 5 个学科依次为"天文学"(4.41%)、"安全科学技术"(2.88%)、"物理学"(2.50%)、"力学"(2.14%) 和"地学"(2.04%)。

其中"天文学""安全科学技术""物理学""力学"4个学科的"海外作者论文"和"国际合作论文"所占比例均超过2%，表明这4个学科期刊在国际合作方面表现突出。

2015年CSTPCD收录科技期刊海外作者论文涉及较多的前20个国家（地区）和涉及较多的前20个国际合作伙伴国家（地区）列于表2-25和表2-26。

表2-24 2015年CSTPCD收录科技期刊各学科的海外作者论文和国际合作论文

序号	学科	学科论文数	海外作者论文 论文数	海外作者论文 占比/%	海外作者论文 排序	国际合作论文 论文数	国际合作论文 占比/%	国际合作论文 排序
1	数学	5423	92	1.70	8	55	1.01	16
2	力学	1913	45	2.35	5	41	2.14	4
3	信息、系统科学	392	3	0.77	16	3	0.77	25
4	物理学	5590	319	5.71	2	140	2.50	3
5	化学	10398	178	1.71	7	144	1.38	9
6	天文学	363	39	10.74	1	16	4.41	1
7	地学	13738	65	0.47	20	280	2.04	5
8	生物学	13053	612	4.69	4	248	1.90	6
9	预防医学与卫生学	16806	51	0.30	27	88	0.52	32
10	基础医学	17008	175	1.03	12	140	0.82	22
11	药学	12944	57	0.44	22	63	0.49	33
12	临床医学	137848	411	0.30	28	507	0.37	37
13	中医学	20617	77	0.37	24	97	0.47	35
14	军事医学与特种医学	2407	5	0.21	32	6	0.25	39
15	农学	22002	98	0.45	21	142	0.65	29
16	林学	4170	54	1.29	10	55	1.32	10
17	畜牧、兽医	6528	29	0.44	23	51	0.78	23
18	水产	2027	7	0.35	26	14	0.69	27
19	测绘科学技术	2953	2	0.07	38	26	0.88	20
20	材料科学	6164	124	2.01	6	75	1.22	13
21	工程与技术基础学科	3530	28	0.79	15	51	1.44	8
22	矿山工程技术	6631	60	0.90	14	19	0.29	38

续表

序号	学科	学科论文数	海外作者论文 论文数	占比/%	排序	国际合作论文 论文数	占比/%	排序
23	能源科学技术	6070	22	0.36	25	44	0.72	26
24	冶金、金属学	13734	193	1.41	9	114	0.83	21
25	机械、仪表	11338	17	0.15	34	61	0.54	31
26	动力与电气	3883	11	0.28	29	45	1.16	14
27	核科学技术	1229	2	0.16	33	7	0.57	30
28	电子、通讯与自动控制	25611	136	0.53	18	238	0.93	17
29	计算技术	31511	74	0.23	31	279	0.89	19
30	化工	13394	146	1.09	11	90	0.67	28
31	轻工、纺织	2061	3	0.15	35	16	0.78	24
32	食品	9222	13	0.14	36	43	0.47	36
33	土木建筑	11712	119	1.02	13	185	1.58	7
34	水利	3035	20	0.66	17	32	1.05	15
35	交通运输	10379	54	0.52	19	96	0.92	18
36	航空航天	5424	6	0.11	37	26	0.48	34
37	安全科学技术	208	11	5.29	3	6	2.88	2
38	环境	14333	8	0.06	39	180	1.26	12
39	管理	1070	3	0.28	30	14	1.31	11
40	其他	16811	/	/	/	/	/	/

注：数据来源：CSTPCD2015。

表 2-25　2015 年 CSTPCD 收录科技期刊海外作者论文国家（地区）分布（Top20）

序号	国家（地区）	海外作者论文数	序号	国家（地区）	海外作者论文数
1	美国	713	11	意大利	80
2	印度	337	11	土耳其	80
3	伊朗	269	13	中国台湾	71
4	中国香港	159	14	法国	65
5	韩国	157	15	俄罗斯	64
6	德国	130	16	西班牙	61
7	英国	122	17	马来西亚	51
8	日本	119	18	巴基斯坦	50
9	加拿大	116	19	中国澳门	49
10	澳大利亚	111	20	埃及	48

注：按照海外作者论文数排序。

表 2-26 2015 年 CSTPCD 收录科技期刊国际合作国家（地区）分布（Top20）

序号	国家（地区）	国际合作论文篇数	序号	国家（地区）	国际合作论文篇数
1	美国	1466	11	俄罗斯	34
2	日本	365	12	荷兰	32
3	英国	304	13	意大利	30
4	澳大利亚	225	14	丹麦	29
5	加拿大	224	15	瑞典	28
6	德国	163	16	瑞士	23
7	新加坡	103	17	比利时	21
8	法国	80	17	挪威	21
9	韩国	75	19	爱尔兰	19
10	新西兰	45	19	哈萨克斯坦	19

注：按照国际合作论文篇数排序。

六、中国科技核心期刊论文的学术影响力

（一）论文被引频次

一般来说，论文被引用的次数越多，说明该论文受人关注的程度越高，其学术影响力越大。表 2-27 显示，2015 年中国科技核心期刊发表论文的被引次数总和为 1792512 次，被引次数排在前 10 位的学科依次为"临床医学"（461748）、"农学"（128305）、"地学"（103534）、"电子、通讯与自动控制"（93186）、"中医学"（81166）、"计算技术"（80666）、"预防医学与卫生学"（65120）、"生物学"（63825）、"环境"（61963）和"基础医学"（58516）。

2015 年全部中国科技核心期刊发表论文的篇均被引次数为 3.63。篇均被引次数排在前 10 位的学科依次为"信息、系统科学"（19.78）、"安全科学技术"（10.25）、"地学"（7.54）、"动力与电气"（7.05）、"轻工、纺织"（5.94）、"农学"（5.83）、"能源科学技术"（5.33）、"管理"（5.32）、"生物学"（4.89）和"天文学"（4.82）。"农学"、"地学"和"生物学" 3 个学科的被引次数和篇均被引次数均进入前 10 位。

表 2-27 2015 年各学科科技期刊发表论文的学术影响力

序号	学科	论文数	总被引次数	篇均被引次数	篇均被引次数排序
1	临床医学	137848	461748	3.35	22
2	农学	22002	128305	5.83	6
3	地学	13738	103534	7.54	3
4	电子、通讯与自动控制	25611	93186	3.64	20
5	中医学	20617	81166	3.94	17
6	计算技术	31511	80666	2.56	35
7	预防医学与卫生学	16806	65120	3.87	19
8	生物学	13053	63825	4.89	9
9	环境	14333	61963	4.32	14
10	基础医学	17008	58516	3.44	21
11	药学	12944	42038	3.25	24
12	化学	10398	40510	3.90	18
13	化工	13394	38322	2.86	30
14	土木建筑	11712	36455	3.11	27
15	冶金、金属学	13734	33877	2.47	36
16	能源科学技术	6070	32346	5.33	7
17	机械、仪表	11338	30017	2.65	34
18	交通运输	10379	27918	2.69	33
19	动力与电气	3883	27376	7.05	4
20	材料科学	6164	24957	4.05	16
21	食品	9222	22425	2.43	37
22	矿山工程技术	6631	20364	3.07	28
23	林学	4170	18144	4.35	12
24	畜牧、兽医	6528	17987	2.76	32
25	物理学	5590	17425	3.12	26
26	航空航天	5424	15059	2.78	31
27	轻工、纺织	2061	12234	5.94	5
28	数学	5423	10498	1.94	38
29	军事医学与特种医学	2407	10306	4.28	15
30	测绘科学技术	2953	9609	3.25	23
31	水利	3035	9224	3.04	29
32	力学	1913	8902	4.65	11
33	水产学	2027	8760	4.32	13
34	信息、系统科学	392	7754	19.78	1
35	工程与技术基础学科	3530	6385	1.81	39
36	管理	1070	5692	5.32	8
37	安全科学技术	208	2133	10.25	2
38	核科学技术	1229	2036	1.66	40
39	天文学	363	1750	4.82	10
40	其他	16811	53980	3.21	25
	合计	493530	1792512	/	/

注：（1）按照学科论文数量排序。（2）数据来源：CSTPCD2015。

（二）卓越论文

"卓越论文"是指 5 年在中国科技论文与引文数据库（CSTPCD）中发表在中国科技核心期刊，且论文"累计被引用时序指标"（n 指数）超过本学科期望值的高被引论文。

表 2-28 显示，2015 年发表卓越论文数量超过 10000 篇的学科有 6 个，分别为"临床医学""农学""电子、通讯与自动控制""地学""计算技术"和"环境"，这 6 个学科的卓越论文数占全部卓越论文数的 54.55%。卓越论文数量超过 5000 篇的学科有 13 个，这 13 个学科的卓越论文数占全部卓越论文数的 75.48%。

表 2-28　2015 年科技期刊发表论文中卓越论文的学科分布

序号	学科	卓越论文数	占比/%	序号	学科	卓越论文数	占比/%
1	临床医学	51437	22.82	21	矿山工程技术	3262	1.45
2	农学	16708	7.41	22	林学	3253	1.44
3	电子、通讯与自动控制	16694	7.41	23	畜牧、兽医	2824	1.25
4	地学	14366	6.37	24	物理学	2238	0.99
5	计算技术	13065	5.80	25	航空航天	2170	0.96
6	环境	10676	4.74	26	轻工、纺织	1798	0.80
7	中医学	9320	4.13	27	动力与电气	1632	0.72
8	生物学	7746	3.44	28	测绘科学技术	1527	0.68
9	基础医学	7508	3.33	29	水产学	1474	0.65
10	预防医学与卫生学	6595	2.93	30	军事医学与特种医学	1396	0.62
11	化学	5822	2.58	31	水利	1326	0.59
12	能源科学技术	5120	2.27	32	数学	1027	0.46
13	土木建筑	5078	2.25	33	工程与技术基础学科	973	0.43
14	冶金、金属学	4526	2.01	34	信息、系统科学	684	0.30
15	化工	4459	1.98	35	力学	675	0.30
16	机械、仪表	4125	1.83	36	管理	530	0.24
17	食品	3946	1.75	37	安全科学技术	289	0.13
18	交通运输	3923	1.74	38	核科学技术	172	0.08
19	材料科学	3489	1.55	39	天文学	97	0.04
20	药学	3449	1.53		合计	225399	/

注：按照卓越论文数量排序。

表 2-29 显示，2015 年发表卓越论文数量超过 10000 篇的地区有 8 个，分别为北京、江苏、广东、上海、陕西、湖北、浙江和山东，这 8 个地区的卓越论文数占全部卓越论文数的 58.57%，其中北京的卓越论文数一枝独秀，占全部卓越论文数的 18.62%。

表 2-29　2015 年科技期刊发表论文中卓越论文的地区分布

排序	地区	卓越论文数	占比/%	排序	地区	卓越论文数	占比/%
1	北京	44895	18.62	17	黑龙江	5384	2.23
2	江苏	23056	9.56	18	甘肃	5239	2.17
3	广东	15410	6.39	19	吉林	4575	1.90
4	上海	14495	6.01	20	福建	4292	1.78
5	陕西	12346	5.12	21	新疆	3658	1.52
6	湖北	10616	4.40	22	广西	3556	1.47
7	浙江	10351	4.29	23	云南	3304	1.37
8	山东	10079	4.18	24	江西	3015	1.25
9	四川	9803	4.06	25	山西	2875	1.19
10	辽宁	8530	3.54	26	贵州	2100	0.87
11	湖南	8112	3.36	27	内蒙古	1571	0.65
12	河南	7021	2.91	28	海南	962	0.40
13	重庆	6509	2.70	29	宁夏	711	0.29
14	河北	6273	2.60	30	青海	447	0.19
15	天津	6098	2.53	31	西藏	88	0.04
16	安徽	5790	2.40		合计	241161	/

注：（1）按照卓越论文数量排序。（2）此表中数据是对全部作者的统计。

附表2-1 2007—2016年中国科学院在SCI收录中国大陆科技期刊发表论文数和学术影响力

序号	英文刊名	中文刊名	文种	期刊论文数	被引频次	学科规范化的引文影响力	中国科学院发表论文数	被引频次	学科规范化的引文影响力
1	Acta Biochimica et Biophysica Sinica	生物化学与生物物理学报	英文	1078	11137	0.48	208	1393	0.34
2	Acta Chimica Sinica	化学学报	中文	3202	10553	0.15	433	1617	0.21
3	Acta Geologica Sinica, English Edition	地质学报（英文版）	英文	1033	5106	0.41	202	1009	0.38
4	Acta Mathematica Scientia	数学物理学报	中文	1298	3080	0.66	117	288	0.54
5	Acta Mathematica Sinica-English Series	数学学报（英文版）	英文	1657	4111	0.47	75	97	0.24
6	Acta Mathematicae Applicatae Sinica-English Series	应用数学学报（英文版）	英文	467	476	0.22	59	60	0.20
7	Acta Mechanica Sinica	力学学报	英文	916	4641	0.56	103	310	0.37
8	Acta Mechanica Solida Sinica	固体力学学报	英文	532	2613	0.38	36	191	0.37
9	Acta Metallurgica Sinica	金属学报	中文	2022	5398	0.31	455	1191	0.31
10	Acta Metallurgica Sinica-English Letters	金属学报（英文版）	英文	564	1367	0.52	60	131	0.55
11	Acta Meteorologica Sinica	气象学报	中文	326	944	0.19	131	423	0.22
12	Acta Oceanologica Sinica	海洋学报（英文版）	英文	1046	2318	0.26	270	558	0.24
13	Acta Petrologica Sinica	岩石学报	中文	1171	4888	0.74	323	1331	0.75
14	Acta Pharmacologica Sinica	中国药理学报	英文	1517	17830	0.64	239	2541	0.63
15	Acta PhysicaSinica	物理学报	中文	13230	41234	0.22	1904	5671	0.21
16	Acta Physico-Chimica Sinica	物理化学学报	中文	3507	12037	0.16	533	1792	0.16
17	Acta Polymerica Sinica	高分子学报	中文	1875	4238	0.16	308	774	0.18
18	Advances in Atmospheric Sciences	大气科学进展	英文	1046	7026	0.45	667	4700	0.48

续表

序号	英文刊名	中文刊名	文种	期刊论文数和学术影响力			中国科学院发表论文数和学术影响力		
				论文数	被引频次	学科规范化的引文影响力	论文数	被引频次	学科规范化的引文影响力
19	Applied Geophysics	应用地球物理	英文	334	855	0.24	26	52	0.17
20	Applied Mathematics and Mechanics-English Edition	应用数学和力学	英文	1265	4545	0.51	42	130	0.42
21	Applied Mathematics-A Journal of Chinese Universities Series B	高校应用数学学报 B 辑	英文	268	352	0.28	3	1	0.09
22	Asian Herpetological Research	亚洲两栖爬行动物研究	英文	173	317	0.36	63	125	0.37
23	Asian Journal of Andrology	亚洲男科学杂志	英文	943	9492	0.86	8	42	0.44
24	Asian Pacific Journal of Tropical Medicine	亚太热带医药杂志	英文	1315	4085	0.4	1	17	1.52
25	Avian Research	鸟类学研究	英文	26	23	0.44	3	2	0.49
26	Biomedical and Environmental Sciences	生物医学与环境科学	英文	591	3395	0.51	25	94	0.47
27	Building Simulation	建筑模拟	英文	210	764	0.57	1	2	0.23
28	Cell Research	细胞研究	英文	834	42130	1.57	277	9487	1.43
29	Cellular & Molecular Immunology	细胞与分子免疫学	英文	428	6304	0.77	40	607	0.67
30	Chemical Journal of Chinese Universities-Chinese	高等学校化学学报（中文版）	中文	4328	11206	0.12	647	1676	0.11
31	Chemical Research In Chinese Universities	中国高校化学研究	英文	1812	4926	0.14	186	548	0.14
32	China & World Economy	中国与世界经济	英文	277	1101	0.66	14	106	1.27
33	China Communications	中国通信	英文	1172	1542	0.22	90	105	0.20
34	China Foundry	中国铸造	英文	430	635	0.2	6	13	0.20
35	China Ocean Engineering	中国海洋工程	英文	570	1332	0.28	30	61	0.23

续表

序号	英文刊名	中文刊名	文种	期刊论文数和学术影响力			中国科学院发表论文数和学术影响力		
				论文数	被引频次	学科规范化的引文影响力	论文数	被引频次	学科规范化的引文影响力
36	China Petroleum Processing & Petrochemical Technology	中国炼油与石油化工	英文	373	277	0.18	8	6	0.21
37	Chinese Annals of Mathematics Series B	数学年鉴 B 辑	英文	546	1506	0.7	17	50	0.78
38	Chinese Chemical Letters	中国化学快报	英文	3388	18348	0.27	341	1589	0.23
39	Chinese Geographical Science	中国地理科学	英文	449	1682	0.33	264	1100	0.36
40	Chinese Journal of Aeronautics	中国航空学报	英文	933	3424	1.04	23	43	0.51
41	Chinese Journal of Analytical Chemistry	分析化学	中文	3158	9153	0.2	471	1510	0.22
42	Chinese Journal of Cancer	癌症	英文	144	810	0.65	2	28	1.08
43	Chinese Journal of Cancer Research	中国癌症研究	英文	472	2246	0.45	4	7	0.10
44	Chinese Journal of Catalysis	催化学报	中文	2209	13248	0.47	536	3021	0.43
45	Chinese Journal of Chemical Engineering	中国化学工程学报	英文	1572	8427	0.42	93	537	0.49
46	Chinese Journal of Chemical Physics	化学物理学报	英文	1058	2771	0.19	208	640	0.23
47	Chinese Journal of Chemistry	中国化学	英文	2598	11791	0.22	489	2103	0.23
48	Chinese Journal of Electronics	电子学报（英文）	英文	1393	1496	0.11	151	148	0.09
49	Chinese Journal of Geophysics-Chinese Edition	地球物理学报	中文	3094	11869	0.31	1060	3970	0.28
50	Chinese Journal of Inorganic Chemistry	无机化学学报	中文	3552	8274	0.2	199	449	0.17
51	Chinese Journal of Integrative Medicine	中国结合医学杂志	英文	818	3142	0.53	3	10	0.51
52	Chinese Journal of Mechanical Engineering	中国机械工程学报	英文	861	1766	0.36	24	38	0.28
53	Chinese Journal of Natural Medicines	中国天然药物	英文	249	537	0.61	26	42	0.47

第二章 中国科技期刊发表论文分析

续表

序号	英文刊名	中文刊名	文种	期刊论文数和学术影响力			中国科学院发表论文数和学术影响力		
				论文数	被引频次	学科规范化的引文影响力	论文数	被引频次	学科规范化的引文影响力
54	Chinese Journal of Oceanology and Limnology	中国海洋湖沼学报	英文	891	2266	0.29	449	1198	0.31
55	Chinese Journal of Organic Chemistry	有机化学学报	中文	2768	8365	0.21	233	841	0.25
56	Chinese Journal of Polymer Science	高分子科学	英文	1103	5327	0.49	198	1019	0.61
57	Chinese Journal of Structural Chemistry	结构化学	英文	2445	4336	0.2	413	757	0.18
58	Chinese Medical Journal	中华医学杂志（英文版）	英文	5806	26501	0.3	76	374	0.33
59	Chinese Optics Letters	中国光学快报	英文	2025	7291	0.44	511	2052	0.53
60	Chinese Physics B	中国物理 B	英文	9322	42449	0.36	1651	6672	0.33
61	Chinese Physics C	中国物理 C	英文	2545	9119	0.27	1203	7250	0.42
62	Chinese Physics Letters	中国物理快报	英文	7683	28389	0.25	1875	7997	0.28
63	Chinese Science Bulletin	科学通报	中文	4781	33521	0.41	1685	13461	0.46
64	Communications in Theoretical Physics	理论物理通讯	英文	2745	9345	0.26	360	1532	0.30
65	Current Zoology	动物学报（英文版）	英文	326	1741	1.54	18	92	2.02
66	Earthquake Engineering and Engineering Vibration	地震工程与工程振动	英文	391	1354	0.43	4	5	0.28
67	Episodes	地质幕	英文	132	2606	0.96	12	326	1.46
68	Frontiers of Chemical Science and Engineering	化学科学与工程前沿	英文	48	109	0.34	1	1	0.25
69	Frontiers of Computer Science	计算机科学前沿	英文	275	567	0.54	45	73	0.47
70	Frontiers of Earth Science	地球科学前沿	英文	211	621	0.42	53	194	0.55

续表

序号	英文刊名	中文刊名	文种	期刊论文数和学术影响力			中国科学院发表论文数和学术影响力		
				论文数	被引频次	学科规范化的引文影响力	论文数	被引频次	学科规范化的引文影响力
71	Frontiers of Environmental Science & Engineering	环境科学与工程前沿	英文	485	1927	0.39	72	221	0.34
72	Frontiers of Information Technology & Electronic Engineering	信息技术与电子工程前沿	英文	90	76	0.4	2	0	0
73	Frontiers of Materials Science	材料科学前沿	英文	87	181	0.21	13	30	0.28
74	Frontiers Of Mathematics In China	数学前沿	英文	442	772	0.62	22	24	0.29
75	Frontiers Of Medicine	医学前沿	英文	53	108	0.43	7	22	0.60
76	Frontiers of Physics	物理学前沿	英文	348	2337	0.46	70	429	0.41
77	Fungal Diversity	真菌多样性	英文	484	13610	2.93	84	3372	6.45
78	Hepatobiliary & Pancreatic Diseases International	国际肝胆胰疾病杂志	英文	648	4063	0.39	4	93	0.86
79	Insect Science	昆虫科学	英文	559	4155	0.99	63	424	0.93
80	Integrative Zoology	整合动物学	英文	220	1159	1.23	43	267	1.65
81	Interdisciplinary Sciences-Computational Life Sciences	交叉科学-计算生命科学	英文	120	174	0.24	3	0	0
82	International Journal of Agricultural and Biological Engineering	国际农业与生物工程杂志	英文	99	123	0.28	2	0	0
83	International Journal of Digital Earth	国际数字地球杂志	英文	157	893	0.79	38	273	0.89
84	International Journal of Minerals Metallurgy and Materials	矿物冶金与材料学报	英文	1047	3590	0.49	33	127	0.56
85	International Journal of Ophthalmology	国际眼科杂志	英文	931	2163	0.36	3	8	0.64
86	International Journal of Sediment Research	国际泥沙研究	英文	298	1732	0.55	23	147	0.53

续表

第二章 中国科技期刊发表论文分析 131

序号	英文刊名	中文刊名	文种	期刊论文数和学术影响力			中国科学院发表论文数和学术影响力		
				论文数	被引频次	学科规范化的引文影响力	论文数	被引频次	学科规范化的引文影响力
87	Journal of Animal Science And Biotechnology	畜牧与生物技术杂志	英文	115	370	1.09	3	9	1.43
88	Journal of Arid Land	干旱区科学	英文	290	1070	0.46	173	673	0.47
89	Journal of Bionic Engineering	仿生工程学报	英文	420	3173	0.92	21	138	1.23
90	Journal of Central South University	中南大学学报（英文版）	英文	3481	7197	0.3	127	300	0.33
91	Journal of Computational Mathematics	计算数学	英文	401	2317	1.04	61	459	1.29
92	Journal of Computer Science and Technology	计算机科学与技术学报	英文	858	3520	0.56	145	441	0.45
93	Journal of Diabetes	糖尿病杂志	英文	255	1232	0.58	4	10	0.58
94	Journal of Digestive Diseases	消化病杂志	英文	516	3272	0.48	4	26	0.47
95	Journal of Earth Science	地球科学学刊	英文	783	2728	0.33	152	736	0.41
96	Journal of Energy Chemistry	能源化学	英文	735	6189	0.58	120	1000	0.79
97	Journal of Environmental Sciences	环境科学学报	英文	319	1004	0.83	71	258	0.96
98	Journal of Forestry Research	林业研究	英文	120	97	0.41	12	18	0.45
99	Journal of Genetics and Genomics	遗传学报（英文版）	英文	534	6458	0.53	153	2076	0.65
100	Journal of Geographical Sciences	地理学报（英文版）	英文	549	3474	0.64	348	2430	0.70
101	Journal of Geriatric Cardiology	老年心脏病杂志	英文	202	632	0.44	2	2	0.29
102	Journal of Huazhong University of Science and Technology-Medical Sciences	华中科技大学学报（医学英德文版）	英文	1102	3272	0.19	4	7	0.17
103	Journal of Hydrodynamics	水动力学研究与进展 B 辑	英文	594	1701	0.37	19	72	0.43

续表

序号	英文刊名	中文刊名	文种	期刊论文数和学术影响力			中国科学院发表论文数和学术影响力		
				论文数	被引频次	学科规范化的引文影响力	论文数	被引频次	学科规范化的引文影响力
104	Journal of Infrared and Millimeter Waves	红外与毫米波学报	中文	770	1142	0.14	303	407	0.14
105	Journal of Inorganic Materials	无机材料学报	中文	2176	4241	0.23	425	873	0.23
106	Journal of Integrative Agriculture	农业科学学报	英文	1256	3719	0.64	105	381	1.08
107	Journal of Integrative Plant Biology	植物学报（英文版）	英文	920	13231	0.77	221	2544	0.65
108	Journal of Iron and Steel Research International	钢铁研究学报（英文版）	英文	2208	5402	0.30	36	96	0.40
109	Journal of Materials Science & Technology	材料科学与技术学报（英文版）	英文	1618	11970	0.70	383	3264	0.72
110	Journal of Meteorological Research	气象学报（英文版）	英文	141	301	0.38	63	144	0.40
111	Journal of Molecular Cell Biology	分子细胞生物学杂志	英文	217	4681	0.91	37	512	0.78
112	Journal of Mountain Science	山地科学学报	英文	618	1933	0.30	236	827	0.32
113	Journal of Ocean University of China	中国海洋大学学报	英文	361	478	0.28	56	78	0.31
114	Journal of Plant Ecology	植物生态学报（英文版）	英文	218	1487	0.88	60	255	0.68
115	Journal of Rare Earths	稀土学报	英文	2150	12898	0.49	192	1189	0.48
116	Journal of Sport and Health Science	运动与健康科学	英文	126	576	1.08	1	2	1.29
117	Journal of Systematics and Evolution	植物分类学报	英文	597	4325	0.59	304	1901	0.56
118	Journal of Systems Engineering and Electronics	系统工程与电子技术	英文	1010	2393	0.24	49	54	0.11
119	Journal of Systems Science & Complexity	系统科学与复杂性学报	英文	536	1146	0.36	117	318	0.44
120	Journal of Thermal Science	热科学学报	英文	538	1102	0.26	89	190	0.24
121	Journal of Traditional Chinese Medicine	中医杂志	中文	556	1402	0.43	170	4	0.49

续表

序号	英文刊名	中文刊名	文种	期刊论文数和学术影响力				中国科学院发表论文数和学科规范化影响力		
				论文数	被引频次	学科规范化的引文影响力	论文数	被引频次	学科规范化的引文影响力
122	Journal of Tropical Meteorology	热带气象学报（英文版）	英文	288	312	0.09	54	58	0.09
123	Journal of University of Science and Technology Beijing	北京科技大学学报	英文	279	1083	0.35	13	66	0.44
124	Journal of Wuhan University of Technology-Materials Science Edition	武汉理工大学学报（材料科学版）	英文	2005	3334	0.10	71	107	0.09
125	Journal of Zhejiang University, Science A-(Applied Physics &Engineering)	浙江大学学报 A 辑（应用物理与工程）	英文	775	3051	0.40	13	45	0.50
126	Journal of Zhejiang University-Science B-(Biomedicine & Biotechnology)	浙江大学学报 B 辑（生物医学与生物技术）	英文	845	5065	0.44	26	147	0.53
127	Journal of Zhejiang University-Science C-Computers & Electronics	浙江大学学报，科学 C 辑（计算机与电子）	英文	381	864	0.33	14	32	0.35
128	Life Science Journal-Acta Zhengzhou University Overseas Edition	生命科学学报，郑州大学学报，海外版	英文	2120	1082	0.05	2	2	0.12
129	Light-Science & Applications	光：科学与应用	英文	122	2902	4.78	15	622	5.89
130	Management and Organization Review	组织管理研究	英文	89	1049	1.58	1	23	2.92
131	Molecular Plant	分子植物	英文	767	20411	1.78	98	1936	1.97
132	Mycosphere	真菌生物学报	英文	74	74	0.39	8	27	1.35
133	Nano Research	纳米研究	英文	1045	28347	1.83	210	4070	1.69
134	Nano-Micro Letters	纳微通讯	英文	86	581	0.76	5	23	0.70
135	National Science Review	国家科学评论	英文	25	182	0.72	11	46	0.43
136	Neural Regeneration Research	中国神经再生研究	英文	2088	3537	0.14	31	63	0.14

续表

序号	英文刊名	中文刊名	文种	期刊论文数 论文数	期刊论文数 被引频次	学科规范化的引文影响力	中国科学院发表论文数 论文数	中国科学院发表论文数 被引频次	学科规范化的引文影响力
137	Neuroscience Bulletin	神经科学通报	英文	372	2726	0.50	48	348	0.54
138	New Carbon Materials	新型炭材料	中文	450	1769	0.26	89	411	0.31
139	Nuclear Science and Techniques	核科学与技术	英文	641	878	0.32	253	453	0.46
140	Numerical Mathematics: Theory Methods And Applications	高等学校计算数学学报	英文	173	690	0.85	13	105	1.61
141	Organic Chemistry Frontiers	有机化学前沿	英文	201	1471	1.68	51	364	1.66
142	Particuology	颗粒学报	英文	773	7364	0.66	126	1283	0.79
143	Pedosphere	土壤圈	英文	698	5837	0.77	231	2077	0.80
144	Petroleum Exploration and Development	石油勘探与开发	中文	207	318	0.61	10	15	0.77
145	Petroleum Science	石油科学	英文	456	1449	0.76	13	41	0.81
146	Photonics Research	光子学研究	英文	87	583	2.15	22	137	2.00
147	Plasma Science & Technology	等离子体科学和技术	英文	1578	3349	0.25	479	1124	0.29
148	Progress in Biochemistry and Biophysics	生物化学与生物物理学进展	中文	1275	1687	0.07	255	317	0.08
149	Progress in Chemistry	化学进展	中文	2069	6145	0.11	396	1361	0.11
150	Progress In Natural Science, Materials International	自然科学进展·国际材料	英文	855	5970	0.46	138	1374	0.33
151	Protein & Cell	蛋白质与细胞	英文	333	3273	0.59	153	1073	0.40
152	Rare Metal Materials and Engineering	稀有金属材料与工程	中文	8327	8727	0.09	404	464	0.09
153	Rare Metals	稀有金属	英文	1295	4274	0.3	67	185	0.24

续表

序号	英文刊名	中文刊名	文种	期刊论文数和学术影响力			中国科学院发表论文数和学术影响力		
				论文数	被引频次	学科规范化的引文影响力	论文数	被引频次	学科规范化的引文影响力
154	Research in Astronomy and Astrophysics	天文学和天体物理学研究	英文	1135	6472	0.34	622	3713	0.38
155	Science Bulletin	科学通报（英文版）	英文	222	1076	0.94	95	496	1.04
156	Science China-Chemistry	中国科学-化学	英文	2149	12988	0.33	494	3598	0.43
157	Science China-Earth Sciences	中国科学-地球科学	英文	1904	15139	0.63	934	7918	0.67
158	Science China-Information Sciences	中国科学-信息科学	英文	1894	7080	0.49	311	965	0.39
159	Science China-Life Sciences	中国科学-生命科学	英文	1081	7544	0.67	291	2516	0.82
160	Science China-Mathematics	中国科学-数学	英文	1760	5667	0.84	203	623	0.88
161	Science China-Physics, Mechanics & Astronomy	中国科学-物理学、力学与天文学	英文	2426	11187	0.4	759	3458	0.41
162	Science China-Technological Sciences	中国科学-技术科学	英文	3061	14948	0.55	405	1539	0.45
163	Spectroscopy and Spectral Analysis	光谱学与光谱分析	中文	3454	4215	0.16	571	580	0.15
164	Thoracic Cancer	胸部肿瘤	英文	375	786	0.26	3	15	0.62
165	Transactions of Nonferrous Metals Society of China	中国有色金属学报	英文	4574	23674	0.66	230	1580	0.82
166	Tsinghua Science and Technology	清华大学学报（英文版）	英文	64	93	0.67	2	1	0.25
167	World Journal of Gastroenterology*	世界胃肠病学杂志*	英文	4410	62515	0.66	14	226	0.86
	合计						33293	169038	

注：*《世界胃肠病学杂志》2013年起不再计入中国期刊。

附表 2-2　2007—2016 年 SCI 收录中国大陆科技期刊发表论文数和学术影响力

序号	英文刊名	中文刊名	文种	论文数	总被引	引文影响力	论文被引百分比	学科规范化的引文影响力	国际合作论文比例/%	高被引论文数	热点论文数
1	Acta Biochimica et Biophysica Sinica	生物化学与生物物理学报	英文	1078	11137	10.33	91.37	0.48	4.17	3	
2	Acta Chimica Sinica	化学学报	中文	3202	10553	3.30	82.32	0.15	1.00	1	
3	Acta Geologica Sinica-English Edition	地质学报（英文版）	英文	1033	5106	4.94	84.9	0.41	12.49		
4	Acta Mathematica Scientia	数学物理学报	中文	1298	3080	2.37	64.41	0.66	7.01	1	
5	Acta Mathematica Sinica-English Series	数学学报（英文版）	英文	1657	4111	2.48	59.63	0.47	9.54		
6	Acta Mathematicae Applicatae Sinica-English Series	应用数学学报（英文版）	英文	467	476	1.02	38.12	0.22	4.28		
7	Acta Mechanica Sinica	力学学报	英文	916	4641	5.07	84.83	0.56	12.55	1	
8	Acta Mechanica Solida Sinica	固体力学学报	英文	532	2613	4.91	78.38	0.38	8.83	2	
9	ActaMetallurgica Sinica	金属学报	中文	2022	5398	2.67	74.93	0.31	3.81		
10	Acta Metallurgica Sinica-English Letters	金属学报（英文版）	英文	564	1367	2.42	74.47	0.52	8.87		
11	Acta Meteorologica Sinica	气象学报	中文	326	944	2.90	77.91	0.19	3.99		
12	Acta Oceanologica Sinica	海洋学报（英文版）	英文	1046	2318	2.22	70.36	0.26	6.79		
13	Acta Petrologica Sinica	岩石学报	中文	1171	4888	4.17	80.27	0.74	3.07	6	
14	Acta Pharmacologica Sinica	中国药理学报	英文	1517	17830	11.75	96.84	0.64	5.14	6	
15	Acta PhysicaSinica	物理学报	中文	13230	41234	3.12	76.54	0.22	1.48		
16	Acta Physico-Chimica Sinica	物理化学学报	中文	3507	12037	3.43	82.09	0.16	0.94		
17	Acta Polymerica Sinica	高分子学报	中文	1875	4238	2.26	73.97	0.16	2.13		
18	Advances In Atmospheric Sciences	大气科学进展	英文	1046	7026	6.72	88.34	0.45	12.24	4	

第二章 中国科技期刊发表论文分析

续表

序号	英文刊名	中文刊名	文种	论文数	总被引	引文影响力	论文被引百分比	学科规范化的引文影响力	国际合作论文比例/%	高被引论文数	热点论文数
19	Annals of Economics and Finance	经济学与金融年刊	英文	142	241	1.70	45.77	0.26	11.97		
20	Applied Geophysics	应用地球物理	英文	334	855	2.56	73.95	0.24	5.39		
21	Applied Mathematics and Mechanics-English Edition	应用数学和力学	英文	1265	4545	3.59	75.65	0.51	8.54	3	
22	Applied Mathematics-a Journal of Chinese Universities Series B	高校应用数学学报 B 辑	英文	268	352	1.31	42.91	0.28	3.73		
23	Asian Herpetological Research	亚洲两栖爬行动物研究	英文	173	317	1.83	60.69	0.36	21.97		
24	Asian Journal of Andrology	亚洲男科学杂志	英文	943	9492	10.07	94.91	0.86	11.77	1	
25	Asian Pacific Journal of Tropical Medicine	亚太热带医药杂志	英文	1315	4085	3.11	74.52	0.4	7.15	2	
26	Avian Research	鸟类学研究	英文	26	23	0.88	50	0.44	30.77		
27	Biomedical and Environmental Sciences	生物医学与环境科学	英文	591	3395	5.74	87.48	0.51	5.41		
28	Bone Research	骨研究	英文	43	479	11.14	95.35	1.45	9.30	4	2
29	Building Simulation	建筑模拟	英文	210	764	3.64	83.81	0.57	13.33		
30	Cell Research	细胞研究	英文	834	42130	50.52	99.4	1.57	14.03	25	
31	Cellular & Molecular Immunology	细胞与分子免疫学	英文	428	6304	14.73	97.9	0.77	10.51	2	
32	Chemical Journal of Chinese Universities-Chinese	高等学校化学学报	中文	4328	11206	2.59	79	0.12	1.32		
33	Chemical Research in Chinese Universities	中国高校化学研究	英文	1812	4926	2.72	79.19	0.14	2.59		
34	China & World Economy	中国与世界经济	英文	277	1101	3.97	79.78	0.66	16.97		
35	China Communications	中国通信	英文	1172	1542	1.32	53.75	0.22	5.03	2	2

续表

序号	英文刊名	中文刊名	文种	论文数	总被引	引文影响力	论文被引百分比	学科规范化的引文影响力	国际合作论文比例/%	高被引论文数	热点论文数
36	China Foundry	中国铸造	英文	430	635	1.48	59.3	0.2	5.58		
37	China Ocean Engineering	中国海洋工程	英文	570	1332	2.34	70.35	0.28	8.42		
38	China Petroleum Processing & Petrochemical Technology	中国炼油与石油化工	英文	373	277	0.74	41.55	0.18	1.07		
39	Chinese Annals of Mathematics Series B	数学年鉴 B 辑	英文	546	1506	2.76	58.97	0.7	10.99	2	
40	Chinese Chemical Letters	中国化学快报	英文	3388	18348	5.42	89.55	0.27	3.13		
41	Chinese Geographical Science	中国地理科学	英文	449	1682	3.75	86.64	0.33	7.57		
42	Chinese Journal of Aeronautics	中国航空学报	英文	933	3424	3.67	80.92	1.04	2.89		
43	Chinese Journal of Analytical Chemistry	分析化学	中文	3158	9153	2.90	75.24	0.2	0.95		
44	Chinese Journal of Cancer	癌症	英文	144	810	5.63	88.19	0.65	9.03	5	
45	Chinese Journal of Cancer Research	中国癌症研究	英文	472	2246	4.76	76.06	0.45	2.75	4	
46	Chinese Journal of Catalysis	催化学报	中文	2209	13248	6.00	92.12	0.47	3.94	2	
47	Chinese Journal of Chemical Engineering	中国化学工程学报	英文	1572	8427	5.36	84.67	0.42	5.15		
48	Chinese journal of chemical physics	化学物理学报	英文	1058	2771	2.62	69.09	0.19	3.21		
49	Chinese Journal of Chemistry	中国化学	英文	2598	11791	4.54	87.8	0.22	2.81		
50	Chinese Journal of Electronics	电子学报（英文）	英文	1393	1496	1.07	49.1	0.11	4.45		
51	Chinese Journal of Geophysics-Chinese Edition	地球物理学报	中文	3094	11869	3.84	79.06	0.31	4.33	2	
52	Chinese Journal of Inorganic Chemistry	无机化学学报	中文	3552	8274	2.33	71.68	0.2	1.32		

第二章 中国科技期刊发表论文分析

续表

序号	英文刊名	中文刊名	文种	论文数	总被引	引文影响力	论文被引百分比	学科规范化的引文影响力	国际合作论文比例/%	高被引论文数	热点论文数
53	Chinese Journal of Integrative Medicine	中国结合医学杂志	英文	818	3142	3.84	80.44	0.53	3.91		
54	Chinese Journal of International Politics	国际政治科学	英文	32	84	2.63	78.13	2.2	6.25		
55	Chinese Journal of Mechanical Engineering	中国机械工程学报	英文	861	1766	2.05	69.34	0.36	6.50		
56	Chinese Journal of Natural Medicines	中国天然药物	英文	249	537	2.16	68.27	0.61	3.61	1	
57	Chinese Journal of Oceanology And Limnology	中国海洋湖沼学报	英文	891	2266	2.54	73.51	0.29	6.29		
58	Chinese Journal of Organic Chemistry	有机化学学报	中文	2768	8365	3.02	78.03	0.21	0.79		
59	Chinese Journal of Polymer Science	高分子科学	英文	1103	5327	4.83	91.66	0.49	5.80		
60	Chinese Journal of Structural Chemistry	结构化学	英文	2445	4336	1.77	62.66	0.2	1.80		
61	Chinese Medical Journal	中华医学杂志（英文版）	英文	5806	26501	4.56	82.41	0.3	3.46	1	
62	Chinese Optics Letters	中国光学快报	英文	2025	7291	3.60	85.68	0.44	5.63		
63	Chinese Physics B	中国物理 B	英文	9322	42449	4.55	93.52	0.36	4.25	1	
64	Chinese Physics C	中国物理 C	英文	2545	9119	3.58	56.16	0.27	7.82	7	
65	Chinese Physics Letters	中国物理快报	英文	7683	28389	3.70	78.11	0.25	5.36	6	
66	Chinese Science Bulletin	科学通报	中文	4781	33521	7.01	88.41	0.41	7.20	7	
67	Communications in Theoretical Physics	理论物理通讯	英文	2745	9345	3.40	69.87	0.26	3.90	3	1
68	Current Zoology	动物学报（英文版）	英文	326	1741	5.34	92.64	1.54	23.93	1	1

续表

序号	英文刊名	中文刊名	文种	论文数	总被引	引文影响力	论文被引百分比	学科规范化的引文影响力	国际合作论文比例/%	高被引论文数	热点论文数
69	Earthquake Engineering and Engineering Vibration	地震工程与工程振动	英文	391	1354	3.46	77.24	0.43	12.02		
70	Endoscopic Ultrasound	内镜超声	英文	81	276	3.41	83.95	0.49	14.81		
71	Episodes	地质幕	英文	132	2606	19.74	85.61	0.96	48.48	2	
72	Frontiers of Chemical Science and Engineering	化学科学与工程前沿	英文	48	109	2.27	75	0.34	4.17		
73	Frontiers of Computer Science	计算机科学前沿	英文	275	567	2.06	74.51	0.54	12.00		
74	Frontiers of Earth Science	地球科学前沿	英文	211	621	2.94	77.25	0.42	11.85		
75	Frontiers of Environmental Science & Engineering	环境科学与工程前沿	英文	485	1927	3.97	91.04	0.39	10.72		
76	Frontiers of Information Technology & Electronic Engineering	信息技术与电子工程前沿	英文	90	76	0.84	45.56	0.4	11.11		
77	Frontiers of Materials Science	材料科学前沿	英文	87	181	2.08	63.22	0.21	11.49		
78	Frontiers of Mathematics in China	数学前沿	英文	442	772	1.75	46.61	0.62	7.01		
79	Frontiers of Medicine	医学前沿	英文	53	108	2.04	69.81	0.43	1.89	1	
80	Frontiers of Physics	物理学前沿	英文	348	2337	6.72	86.11	0.46	9.77	3	
81	Fungal Diversity	真菌多样性	英文	484	13610	28.12	100	2.93	49.59	51	5
82	Hepatobiliary & Pancreatic Diseases International	国际肝胆胰疾病杂志	英文	648	4063	6.27	89.51	0.39	5.40	1	
83	Insect Science	昆虫科学	英文	559	4155	7.43	89.98	0.99	16.46	4	
84	Integrative Zoology	整合动物学	英文	220	1159	5.27	90.45	1.23	34.09	1	
85	Interdisciplinary Sciences-Computational Life Sciences	交叉科学-计算生命科学	英文	120	174	1.45	53.33	0.24	7.50		

第二章 中国科技期刊发表论文分析

续表

序号	英文刊名	中文刊名	文种	论文数	总被引	引文影响力	论文被引百分比	学科规范化的引文影响力	国际合作论文比例/%	高被引论文数	热点论文数
86	International Journal of Agricultural and Biological Engineering	国际农业与生物工程杂志	英文	99	123	1.24	49.49	0.28	11.11		
87	International Journal of Digital Earth	国际数字地球杂志	英文	157	893	5.69	83.44	0.79	21.02	3	
88	International Journal of Minerals Metallurgy and Materials	矿物冶金与材料学报	英文	1047	3590	3.43	79.75	0.49	7.26		
89	International Journal of Ophthalmology	国际眼科杂志	英文	931	2163	2.32	73.9	0.36	4.51	1	
90	International Journal of Oral Science	国际口腔科学杂志	英文	209	2113	10.11	95.69	1.35	12.92	2	
91	International Journal of Sediment Research	国际泥沙研究	英文	298	1732	5.81	89.26	0.55	21.81		
92	Journal of Advanced Ceramics	先进陶瓷	英文	41	79	1.93	73.17	0.67	12.20	3	
93	Journal of Animal Science and Biotechnology	畜牧与生物技术杂志	英文	115	370	3.22	73.04	1.09	11.30	3	
94	Journal of Arid Land	干旱区科学	英文	290	1070	3.69	88.62	0.46	10.00		
95	Journal of Bionic Engineering	仿生工程学报	英文	420	3173	7.55	91.43	0.92	16.43	3	
96	Journal of Central South University	中南大学学报（英文版）	英文	3481	7197	2.07	73.2	0.3	6.29		
97	Journal of Computational Mathematics	计算数学（英文版）	英文	401	2317	5.78	77.31	1.04	13.47	2	
98	Journal of Computer Science and Technology	计算机科学与技术学报	英文	858	3520	4.10	75.29	0.56	13.99		
99	Journal of Diabetes	糖尿病杂志	英文	255	1232	4.83	89.41	0.58	13.33	2	
100	Journal of Digestive Diseases	消化病杂志	英文	516	3272	6.34	82.17	0.48	3.49	3	
101	Journal of Earth Science	地球科学学刊	英文	783	2728	3.48	87.84	0.33	16.09		

续表

序号	英文刊名	中文刊名	文种	论文数	总被引	引文影响力	论文被引百分比	学科规范化的引文影响力	国际合作论文比例/%	高被引论文数	热点论文数
102	Journal of Energy Chemistry	能源化学	英文	735	6189	8.42	96.26	0.58	5.58		
103	Journal of Environmental Sciences	环境科学学报	英文	319	1004	3.15	87.15	0.83	10.97	2	
104	Journal of Forestry Research	林业研究	英文	120	97	0.81	40.83	0.41	15.83		
105	Journal of Genetics and Genomics	遗传学报（英文版）	英文	534	6458	12.09	95.88	0.53	6.74	1	
106	Journal of Geographical Sciences	地理学报（英文版）	英文	549	3474	6.33	87.25	0.64	7.47	3	
107	Journal of Geriatric Cardiology	老年心脏病学杂志	英文	202	632	3.13	76.73	0.44	10.40		
108	Journal of Huazhong University of Science and Technology-Medical Sciences	华中科技大学学报（医学英德文版）	英文	1102	3272	2.97	76.77	0.19	2.18		
109	Journal of Hydrodynamics	水动力学研究与进展 B 辑	英文	594	1701	2.86	71.89	0.37	12.46	1	1
110	Journal of Infrared and Millimeter Waves	红外与毫米波学报	中文	770	1142	1.48	55.84	0.14	1.30		
111	Journal of Inorganic Materials	无机材料学报	中文	2176	4241	1.95	67.28	0.23	1.79		
112	Journal of Integrative Agriculture	农业科学学报	英文	1256	3719	2.96	80.7	0.64	10.91	2	
113	Journal of Integrative Plant Biology	植物学报（英文版）	英文	920	13231	14.38	97.83	0.77	10.43	18	
114	Journal of Iron and Steel Research International	钢铁研究学报（英文版）	英文	2208	5402	2.45	56.88	0.3	5.16		
115	Journal of Materials Science & Technology	材料科学与技术学报	英文	1618	11970	7.40	92.15	0.7	9.77	3	
116	Journal of Meteorological Research	气象学报（英文版）	英文	141	301	2.13	68.09	0.38	3.55		
117	Journal of Modern Power Systems and Clean Energy	现代电力系统与清洁能源学报	英文	64	84	1.31	60.94	0.47	17.19		
118	Journal of Molecular Cell Biology	分子细胞生物学杂志	英文	217	4681	21.57	96.77	0.91	17.51		
119	Journal of Mountain Science	山地科学学报	英文	618	1933	3.13	76.7	0.3	16.02		

续表

序号	英文刊名	中文刊名	文种	论文数	总被引	引文影响力	论文被引百分比	学科规范化的引文影响力	国际合作论文比例/%	高被引论文数	热点论文数
120	Journal of Ocean University Of China	中国海洋大学学报	英文	361	478	1.32	57.62	0.28	5.82		
121	Journal of Plant Ecology	植物生态学报（英文版）	英文	218	1487	6.82	93.58	0.88	26.15	5	
122	Journal of Rare Earths	稀土学报	英文	2150	12898	6.00	88.93	0.49	5.35	2	
123	Journal of Sport And Health Science	运动与健康科学	英文	126	576	4.57	84.92	1.08	18.25		
124	Journal of Systematics and Evolution	植物分类学报	英文	597	4325	7.24	87.53	0.59	11.39	4	
125	Journal of Systems Engineering and Electronics	系统工程与电子技术	英文	1010	2393	2.37	63.07	0.24	4.65	1	
126	Journal of Systems Science & Complexity	系统科学与复杂性学报	英文	536	1146	2.14	55.78	0.36	8.77		
127	Journal of Thermal Science	热科学学报	英文	538	1102	2.05	63.94	0.26	6.88		
128	Journal of Thoracic Disease	胸部疾病杂志	英文	761	2776	3.65	72.93	0.6	8.80	5	
129	Journal of Traditional Chinese Medicine	中医杂志	中文	556	1402	2.52	70.86	0.43	3.24		
130	Journal of Tropical Meteorology	热带气象学报（英文版）	英文	288	312	1.08	56.6	0.09	1.39		
131	Journal of University of Science and Technology Beijing	北京科技大学学报	英文	279	1083	3.88	83.87	0.35	4.66		
132	Journal of Wuhan University of Technology-Materials Science Edition	武汉理工大学学报（材料科学版）	英文	2005	3334	1.66	61	0.1	3.89		
133	Journal of Zhejiang University-Science A	浙江大学学报 A 辑（应用物理与工程）	英文	775	3051	3.94	79.23	0.4	8.65	2	
134	Journal of Zhejiang University-Science B	浙江大学学报 B 辑（生物医学与生物技术）	英文	845	5065	5.99	88.76	0.44	5.92		

续表

序号	英文刊名	中文刊名	文种	论文数	总被引	引文影响力	论文被引百分比	学科规范化引文影响力	国际合作论文比例/%	高被引论文数	热点论文数
135	Journal of Zhejiang University-Science C-Computers & Electronics	浙江大学学报,科学C辑(计算机与电子)	英文	381	864	2.27	71.65	0.33	8.14		
136	Life Science Journal-Acta Zhengzhou University Overseas Edition	生命科学学报,郑州大学学报,海外版	英文	2120	1082	0.51	25.57	0.05	5.42		
137	Light-Science & Applications	光:科学与应用	英文	122	2902	23.79	100	4.78	40.98	33	1
138	Management and Organization Review	组织管理研究	英文	89	1049	11.79	93.26	1.58	19.10		
139	Molecular Plant	分子植物	英文	767	20411	26.61	99.48	1.78	28.81	73	1
140	Mycosphere	真菌生物学报	英文	74	74	1.00	47.3	0.39	24.32	2	
141	Nano Research	纳米研究	英文	1045	28347	27.13	98.47	1.83	18.28	65	1
142	Nano-Micro Letters	纳微通讯	英文	86	581	6.76	93.02	0.76	12.79		
143	National Science Review	国家科学评论	英文	25	182	7.28	88	0.72	8.00	3	
144	Neural Regeneration Research	中国神经再生研究	英文	2088	3537	1.69	61.54	0.14	3.83		
145	Neuroscience Bulletin	神经科学通报	英文	372	2726	7.33	94.09	0.5	8.87		
146	New Carbon Materials	新型炭材料	中文	450	1769	3.93	69.11	0.26	4.89		
147	Nuclear Science and Techniques	核科学与技术	英文	641	878	1.37	57.72	0.32	4.68		
148	Numerical Mathematics-Theory Methods and Applications	高等学校计算数学学报	英文	173	690	3.99	78.03	0.85	17.92		
149	Organic Chemistry Frontiers	有机化学前沿	英文	201	1471	7.32	95.02	1.68	6.47	7	
150	Orthopaedic Surgery	整形外科	英文	59	70	1.19	54.24	0.52	5.08		
151	Particuology	颗粒学报	英文	773	7364	9.53	92.5	0.66	14.10	3	
152	Pedosphere	土壤圈	英文	698	5837	8.36	94.7	0.77	19.63	2	

续表

序号	英文刊名	中文刊名	文种	论文数	总被引	引文影响力	论文被引百分比	学科规范化的引文影响力	国际合作论文比例/%	高被引论文数	热点论文数
153	Petroleum Exploration and Development	石油勘探与开发	中文	207	318	1.54	48.31	0.61	1.45	1	
154	Petroleum Science	石油科学	英文	456	1449	3.18	81.58	0.76	5.04		
155	Photonics Research	光子学研究	英文	87	583	6.70	94.25	2.15	11.49	3	
156	Plasma Science & Technology	等离子体科学和技术	英文	1578	3349	2.12	64.58	0.25	8.17		
157	Progress in Biochemistry and Biophysics	生物化学与生物物理学进展	中文	1275	1687	1.32	54.98	0.07	2.04		
158	Progress in Chemistry	化学进展	中文	2069	6145	2.97	78.73	0.11	1.59		
159	Progress In Natural Science	自然科学进展-国际材料	英文	855	5970	6.98	87.36	0.46	9.59	3	
160	Protein & Cell	蛋白质与细胞	英文	333	3273	9.83	96.4	0.59	9.31	5	
161	Rare Metal Materials and Engineering	稀有金属材料与工程	中文	8327	8727	1.05	45.93	0.09	1.42		
162	Rare Metals	稀有金属	英文	1295	4274	3.30	78.76	0.3	3.47		
163	Research in Astronomy and Astrophysics	天文和天体物理学研究	英文	1135	6472	5.70	79.78	0.34	14.10	3	
164	Science Bulletin	科学通报（英文版）	英文	222	1076	4.85	84.68	0.94	11.71	5	
165	Science China-Chemistry	中国科学-化学	英文	2149	12988	6.04	90.81	0.33	4.84	5	
166	Science China-Earth Sciences	中国科学-地球科学	英文	1904	15139	7.95	93.92	0.63	9.19	12	
167	Science China-Information Sciences	中国科学-信息科学	英文	1894	7080	3.74	81.26	0.49	9.19	3	
168	Science China-Life Sciences	中国科学-生命科学	英文	1081	7544	6.98	92.34	0.67	6.66	5	
169	Science China-Mathematics	中国科学-数学	英文	1760	5667	3.22	78.92	0.84	8.24	5	
170	Science China-Physics Mechanics & Astronomy	中国科学-物理学、力学与天文学	英文	2426	11187	4.61	84.3	0.4	5.85	5	

续表

序号	英文刊名	中文刊名	文种	论文数	总被引	引文影响力	论文被引百分比	学科规范化的引文影响力	国际合作论文比例/%	高被引论文数	热点论文数
171	Science China-Technological Sciences	中国科学-技术科学	英文	3061	14948	4.88	89.35	0.55	7.15	9	2
172	Spectroscopy and Spectral Analysis	光谱学与光谱分析	中文	3454	4215	1.22	51.01	0.16	1.56		
173	Thoracic Cancer	胸部肿瘤	英文	375	786	2.10	65.07	0.26	3.47		
174	Transactions of Nonferrous Metals Society of China	中国有色金属学报	英文	4574	23674	5.18	86.45	0.66	5.99		
175	Tsinghua Science and Technology	清华大学学报（英文版）	英文	64	93	1.45	51.56	0.67	7.81		
176	World Journal of Gastroenterology	世界胃肠病学杂志	英文	4410	62515	14.18	97.17	0.66	7.35	17	
177	World Journal of Pediatrics	世界儿科杂志（英文）	英文	413	2108	5.10	85.47	0.59	8.72		

注：检索方法：InCites 中选"期刊"；年度范围选 2007～2016；国家/地区选"中国大陆"，论文形式选"研究论文"和"综述"（article 和 review）。Web of Science 数据内容更新日期为 2017-03-31，InCites 数据更新日期为 2017-05-13，检索时间为 2017-6-12。《世界胃肠病学杂志》2013 年起不再计入中国期刊。高被引论文数和热点论文数的检索时间为 2017-8-23。

第三章　中国科技期刊发展态势[①]

内容提要

据乌利希国际连续出版物指南数据库，目前全球正在出版的STM期刊约为4.2万种，由全球162个国家或地区出版。四大出版集团期刊出版量占全球STM期刊总量的14.38%（6038种）。期刊数量前三的国家依次为美国（8744种，20.82%）、英国（5082种，12.10%）、中国（3529种，8.40%），这3个国家出版期刊数量占了41.32%的市场份额。期刊数量前三的学科依次为医药卫生（17714种）、工程技术（9234种）、生物科学（6274种）。出版频率方面，依次为季刊（12966种）、双月刊（6783种）、半年刊（6394种）。

为揭示典型非英语母语国家STM期刊的出版特点，在STM期刊出版量较多的前20个国家中选择了4个典型非英语母语国家（俄罗斯、法国、德国、日本）进行分析，非英语母语国家的期刊特征主要集中在两个方面，一是出版语种特征，二是出版商分布特征。同时选取德国《应用化学》和《日本物理学会会刊》作为典型案例进行剖析。

选取作为新兴经济国家的金砖五国（BRICS：巴西、俄罗斯、印度、中国、南非）在语种分布、出版机构分布和开放获取出版等出版特征以及期刊国际影响力方面进行对比分析，同时提出对发展中的我国科技期

[①] 第三章执笔：刘培一，刘筱敏，严谨，柴钊，方晨

刊出版的借鉴与启示。

通过7个判断揭示了中国科技期刊发展特点及未来趋势：（1）中国科技期刊处于重要发展机遇期；（2）建设科研诚信和规范出版伦理是中国科技期刊发展前提；（3）理性、科学和指标多元化是中国科技期刊评价未来趋势；（4）加强办刊能力建设是中国科技期刊未来工作重中之重；（5）集群化是中国科技期刊未来发展重要手段；（6）从"借船出海"到"造船出海"是中国科技期刊国际化之路；（7）依托融合出版、提供知识服务是中国科技期刊未来发展方向。

本章最后描述了中国科普期刊发展特点及未来趋势。我国科普期刊为182种，可分为综合类科普期刊和专业科普期刊。北京、上海、广东出版的科普期刊种类最多（105种，57.69%），特别是北京有78种（42.86%）。以下6个判断作为中国科普期刊的未来趋势预测：（1）科普期刊市场潜力巨大；（2）科技发展催生高水平科普内容；（3）科普期刊定位发生转化；（4）媒体融合助力科普传播；（5）重视品牌建设，扩大品牌影响力；（6）企业化经营，集团化发展。

科技期刊是发布学术成果的重要载体，是开展学术交流的主要平台，是推动知识创新的重要支撑，是国家科技竞争力与文化软实力的重要体现。中国科技期刊积极适应国家创新驱动发展战略的需要，坚持以国家需求为发展导向，以改革引领为发展定位，以创新驱动为发展思路，以社会效益优先为发展理念，适应世界科技期刊学科定位专业化、出版经营集群化、传播方式数字化的发展态势，更好地依托高等院校、科研机构、全国学会和主管主办单位的力量，进一步实施中国科技期刊影响力提升计划，显著提升科技期刊的学术质量与影响力；推动科技期刊数字化转型，转变出版模式，促进科技期刊出版融合发展；建设具有知识服务能力的科技期刊集成平台，支持科技期刊开放获取出版，推动学术成果开放共享；创新体制机制，推动科技期刊集群化发展；推动中英文科技期刊协调均衡发展，打造一批内容质量高、学术影响力大、市场竞争力强的精品科技期刊和跻身国际高水平学术期刊行列的优秀英文学术期刊；加强出版伦理与科学道德建设，创造公平、公正、公开的科研环境与风清气正的学术交流环境。中国科技期刊在实现自身全面发展的同时，将在引领科技创新、推动文化繁荣、服务经济社会发展、建设创新型国家中发挥越来越重要的作用。

第一节 国际科技期刊发展概况与出版特点[①]

科技期刊是重要的学术交流平台，是科研成果的重要传播载体，虽然科学技术的发展，丰富了学术交流渠道以及科研成果传播载体，但科技期刊的价值和地位一直被科学界所高度认可，科技期刊在全球保持着快速发展的态势，在学术交流中依旧发挥着重要的作用。中国科技期刊的发展越来越聚焦于国际学术交流平台，中国出版的英文期刊率先进入国际学术交流圈，虽然尚未在国际学术期刊中占据翘楚地位，但影响力已经较快提升，在中国科技期刊快速发展的背景下，进一步了解国际科技期刊的发展有助于中国科技期刊的发展。

一、国际学术期刊概况

根据乌利希国际连续出版物指南数据库[②]（下称"乌利希数据库"）统计，目前全球正在出版的自然科学、工程技术、医药卫生领域期刊（下称 STM 期刊）约

[①] 本章第一节和第二节涉及的"国际科技期刊"，特指国际上公认的科技与医学期刊，即通常所称的 STM 期刊。
[②] 乌利希国际连续出版物数据库（http://www.ulrichsweb.com/ulrichsweb/），收录自1932年以来全球215个国家出版的 33.6 万种连续出版物，包括期刊、年鉴、会议文献、报纸等，是全球最大最全的连续出版物名录数据库。

为 4.2 万种[①]，这些期刊由全球 162 个国家或地区出版。美国以出版 8744 种 STM 期刊名列第一，占全球总量的 20.82%，其次为英国（5082 种），占全球总量的 12.10%，中国的 STM 期刊数量在全球排名第三[②]（3529 种），占全球的 8.40%。美国与英国 STM 期刊出版之和占据了全球 1/3 的市场份额。出版数量前 20 个国家期刊之和占全球出版总量的 82%，少数国家出版了大部分的科技期刊（表 3-1）。

表 3-1　STM 期刊出版量前 20 个国家、地区分布

序号	国别	刊数/种	序号	国别	刊数/种
1	美国	8744	11	意大利	836
2	英国	5082	12	法国	741
3	中国	3529	13	西班牙	719
4	印度	2322	14	乌克兰	718
5	德国	2088	15	韩国	581
6	俄罗斯	1841	16	伊朗	560
7	日本	1779	17	瑞士	539
8	荷兰	1655	18	澳大利亚	484
9	巴西	872	19	加拿大	447
10	波兰	838	20	罗马尼亚	442

如同大量期刊由少数国家出版一样，国际四大出版集团是 STM 期刊出版的巨头，施普林格-自然（Springer Nature）出版期刊 2241 种、爱思唯尔（Elsevier）出版期刊 1670 种、威利-布莱克威尔（Wiley-Blackwell）出版期刊 1300 种、泰勒-弗朗西斯（Taylor & Francis）出版期刊 827 种，四大出版集团期刊出版量占全球 STM 期刊总量的 14.38%。其余约 85% 的 STM 期刊由全球 1.8 万余个机构出版，包括了学协会、研究机构、大学出版社在内等各种出版机构，但这些出版机构的出版规

---

① 统计时间为 2017 年 8 月 14 日，以正在出版的学术期刊为统计条件，并根据乌利希国际连续出版物数据库提供的每种期刊的学科类目选择了自然科学、工程技术、医学类期刊（STM 期刊）为本文的统计对象。在本报告中，当同一出版机构出版的一种期刊有多个载体时，视为同一种期刊。

② 该数据来自"乌利希国际连续出版物指南数据库"，其收录中国 STM 期刊数量为 3529 种，部分学术期刊在该数据库没有出现，因此，该数据与国家新闻出版广电总局认定的科技类学术期刊数据不一致。本章出于对比的需要，统一采用"乌利希国际连续出版物指南数据库"数据。

模均不大，每家出版机构少到仅出版一种期刊，多的也就有上百种期刊。

采用乌利希国际连续出版物指南数据库对每个期刊进行学科领域归属并进行整理后，本报告中定义了数学、物理、化学、地球科学（天文学）、生命科学、农林科学、医学、工程技术、环境科学、综合性自然科学等 10 个学科领域进行统计。特别说明的是，一种期刊可有多个学科属性，下文中各学科期刊占期刊总量的比例的计算是指：某一个学科类目的期刊数量除以所有类目的期刊数量之和。医药卫生期刊出版数量最多（17714 种），占期刊总量的 37.76%，其次为工程技术类（9234 种），占比为 19.68%，医药卫生与工程技术两个领域的期刊数量占 STM 期刊总量的 57.44%，是 STM 类期刊的主体。生物科学领域期刊数量位列第三，有 6274 种，占比为 13.37%，其他各学科领域期刊出版数量相对均衡，出版量在 1300～2300 种。

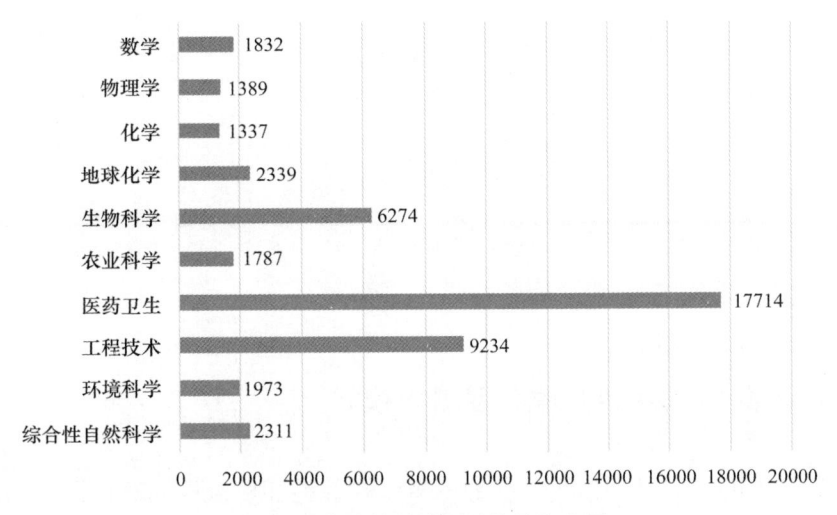

学科	期刊数量
数学	1832
物理学	1389
化学	1337
地球化学	2339
生物科学	6274
农业科学	1787
医药卫生	17714
工程技术	9234
环境科学	1973
综合性自然科学	2311

图 3-1　各学科领域期刊数量分布图

STM 期刊定期出版是连续出版的一个特征，在乌利希数据库提供的期刊出版周期中，除了众所周知的周刊、旬刊、月刊、双月刊、季刊、年刊等类型外，还有一年 20 期、30 期、不规则周期、三年出版一次等各种纷繁多样的期刊出版周期，本书在保留出版周期的基本特征后，对各种各样的出版频率进行了归类处理，经过数据处理后的结果如表 3-2 所示，全球 STM 期刊以季刊出版的期刊品种数量最多，其次是双月刊。另一个值得关注的现象是数字出版的崛起，重塑了作者投稿、同行评议、论文出版的流程，各出版社纷纷推出了单篇即时出版的模式，即在完成同行评议，作者提交最终论文版本后即时发布，但期刊仍旧在形式上保留固有的出版周期，在论文组织模式上保持原有的卷期形式。

表 3-2 出版周期分布

出版周期	刊数/种	出版周期	刊数/种
季刊	12966	12 期<出版周期<24 期	276
双月刊	6783	5 期	210
半年刊	6394	周刊	136
月刊	5601	>24 期	73
年刊	3086	双年刊	56
3 期	1875	其他	32
不规则出版	1750	旬刊	22
<12 期*	1014	>52 期	4
半月刊	412		

注：* 指一年出版周期小于 12 期，但这种出版周期不包括季刊、双月刊、半年刊等有规则的出版周期，下同。
数据来源于乌利希国际连续出版物数据库。

二、国际学术期刊开放获取出版模式

科学技术的发展推动期刊出版的变革，在保持印刷版的同时，期刊出版先后出现了缩微平片、光盘、以网络为载体的电子版等多种形式，并形成了一种期刊多种载体并存的现象。进入 20 世纪 90 年代后，技术发展改变了用户的阅读习惯，数字出版在国际上越来越普及，以网络为载体的期刊传播模式效果日益凸显，与此同时科学共同体在迫切希望科研成果快速被发表的同时，强烈呼吁科研成果广泛传播和共享。这个过程中，开放获取（Open Access，简称 OA）成为期刊出版的突出特征。

（一）出版机构开放获取出版模式

OA 出版旨在促进科研信息交流、打破学术研究成果传播壁垒，可以实现网络自由阅读，不受时间、地点的限制。瑞典隆德大学所做的《开放获取期刊目录》（Directory of Open Access Journals，下称 DOAJ）[1]数据库，登记了全球同行评议的 OA 期刊，总计 10327 种（截至 2017 年 11 月 3 日）。在 DOAJ 数据库收录的期刊仅仅是纯粹 OA 出版的期刊，不包括复合 OA 出版期刊。复合 OA 期刊即是部分论文由作者选择 OA 模式出版，部分论文采用传统出版模式。国际出版商和学协会出版的期刊在推出 OA 期刊的同时，也将传统出版模式的期刊转换为复合 OA 出版模式，将 OA 出版的选择权交给作者。

OA 出版与传统出版的不同之处之一在于付费模式的变化，传统出版模式由读者付费获取阅读的权利，OA 出版模式是作者付费出版，读者免费阅读。作者支付的发表费称为论文处理费（Article Processing Charge，简称 APC）。APC 包含以下服务：①即刻/永久/全球范围内的全文开放获取服务；②同行评审及出版电子系统的开发/维护；③为线上出版进行的各种准备工作；④确保出版后尽快得到相关收录的服务；⑤确保获得服务平台的各种链接服务，方便其他期刊的电子引用[2]。

目前，论文处理费的支付模式有多种，包括以下几种：

（1）固定收费模式：大部分出版商对其所有期刊只采用一种标准固定收费模式，同一出版商发行的不同期刊论文处理费是不同的，如 *PLoS ONE* 的论文处理费用为 1495 美元，*Nature Communication* 的论文处理费高达 5200 美元。BMC 出版的系列期刊论文处理费 600～2400 美元。

（2）基于论文的收费模式：出版商根据稿件的页面及版本来收费，一些出版机构完全依照页码收费。一些出版机构则设定一个最低标准，超过这个标准加收

---

[1] http://doaj.org
[2] STM Report 2015

费用。与纸质期刊采用的按页面收费相似，一些出版商也会额外收取制图费、彩图费等费用。

（3）基于作者的收费模式：当发展中国家的作者难以承受高昂的论文处理费时，出版机构也为有需要的作者提供豁免的可能，尤其是论文处理费明显高于其他专业期刊的生物医学期刊。不少出版机构提供这种豁免政策条件，大多要求作者提出申请并提交相关材料。还有一些出版机构则是直接减少对发展中国家作者的费用。另一种模式是一些学会主办的期刊也会向其会员提供优惠。

（4）团体优惠政策：大多数情况下，论文处理费由研究基金支付，一些出版机构与高校、科研院所以及项目基金组织签署合作协议，为其论文的发表提供优惠，机构和基金单位可以成为开放获取出版社的会员，以支付会费的形式赞助作者论文的发表。

（5）额外收费：某些出版商会为作者开通快速审理通道，并收取相应费用，如 Academic and Business Research Institute 收取 165 美元快速审理费以保证在 10 个工作日内完成审稿。

论文处理费没有明确的收取标准，据《国际科技与医学出版者报告2015》(*The STM Report 2015*) 调查表明，影响因子越高的期刊，论文处理费越高，以 *Nature* 系列期刊为例，*Nature Communication* 的论文处理费高达5200美元，BMC 系列期刊的论文处理费在 600~2400 美元之间。

（二）学协会开放获取出版典型案例——SCOAP³

不仅是出版商推出 OA 或复合 OA 出版模式，研究机构也在科研成果共享、开放获取出版方面做出了积极探索，欧洲原子能研究机构（简称 CERN）和德国马普学会等机构联合发起的 SCOAP³（Sponsoring Consortium for Open Access Publishing in Particle Physics）[①]，现已有44个国家（地区）和3家政府间合作组织的3000余家图书馆、高能物理资助机构和研究机构参与，承载高能物理领域50%

---

① http://scoap3.org

以上的高水平论文的开放获取出版。

SCOAP³ 于 2005 年开始规划，2007 年发布高能物理领域的开放获取出版报告，描述 SCOAP³ 项目启动的背景、项目模型、覆盖内容、财政机制、招标要求以及未来实施步骤等，第一次较为系统和完整地完成了项目蓝图的设计。各个国家的研究机构、图书馆和图书馆联盟纷纷加入 SCOAP³，中国也由中国科学院文献情报中心代表中科院正式加入该计划。2012 年，SCOAP³ 宣布与 6 家出版社的 10 种高能物理期刊达成开放获取出版意向，并就论文处理费计算方法达成协议，该计划正式迈入实施阶段，其中中国科学院主管的 *Chinese Physics C* 是 SCOAP³ 其中之一。

SCOAP³ 是金色 OA 的一种新型出版模式，其短期目标是促进高能物理领域开放获取出版的发展，同时为图书馆、科研机构减少订阅费用；而中长期目标则是为整个开放获取出版业提供一个可持续、高质量、富吸引力的 OA 模型。SCOAP³ 作为一个全局模式，重新定义了作者、出版社、资助机构、订阅机构之间的关系，同时它将资助论文自动分发到作者所在机构知识库，提高了机构知识库的内容质量，扩大了机构知识库的影响力，促进了机构知识库的发展。SCOAP³ 模式应用创新了支持 OA 出版的经济模式，解决了 OA 发展中的经费问题。

SCOAP³ 模式应用使学科领域开放获取期刊的价格更接近其实际价值。模式联盟汇聚了学科领域作者、资助者、读者机构和订阅机构等强大力量。SCOAP³ 每年公布每种期刊的 OA 论文量、每个成员国的资助论文量以及分担费用等详细信息，增加了论文处理费计算的透明度。目前在 SCOAP³ 论文数据库中已上线 1.7 万余篇开放获取论文。

（三）国家资助的开放获取出版案例——SciELO

SciELO：科技在线图书馆（Scientific Electronic Library Online）[①]，建立于 1997 年，是一种合作性的网上电子出版模式，发起于巴西，到 2017 年 10 月，SciELO

---

① http://www.scielo.org

共收录来自拉丁美洲、葡萄牙、西班牙、南非等14个国家的1447种期刊，71万多篇研究论文。其主要目标是遵循开放获取模式，提高国家及国际间期刊显示度，保证研究人员在自己的地区可以免费获取研究成果。各国政府在基础设施上投资数十亿美元来支持该项目的运转。2017年该项目宣布提供预印本服务。

SciELO的开放获取模式成为国家资助开放获取出版的一个典型事例。

（四）开放获取出版平台——arXiv

arXiv[①]由美国洛斯阿拉莫斯国家实验室创建于1991年，其建设目的在于促进科研成果的交流与共享，帮助科研人员追踪本学科最新研究进展，避免研究工作重复等。目前由康奈尔大学负责运行，截至2017年11月arXiv包含物理学、数学、计算机科学、电子工程与系统科学、经济学、计量生物学、计量金融等学科，论文涉及学科突破了原有的物理学、数学等学科。目前共计130多万篇预印本文献，提供原文开放获取服务。

提交到预印本库中的论文不需要经过同行评议过程，默认文责自负的原则。收入该库中的论文可以受到同行随时随地的评论，论文作者也可以对这种评论进行反驳。论文作者在将论文提交arXiv的同时，也可以将论文提交学术期刊正式发表，论文一旦在某种期刊上发表，在arXiv相应论文记录中将会加入文献正式发表期刊的卷期及其页码信息，标注其正式发表后的DOI。目前arXiv的维护费用主要由西蒙斯基金会和康奈尔大学图书馆赞助。为进一步保持arXiv的开放服务，arXiv积极呼吁包括个人在内的不同机构、团体捐款。

arXiv的创建对开放获取、开放获取出版具有推动作用。

三、出版伦理规则

在国际学术期刊出版过程中，具有相对完整的伦理规则，以出版道德委员会

---

① https://arxiv.org/

（Committee on Publication Ethics，COPE[①]）的"期刊出版商的行为规则"最为经典，对出版商规定了基本行为规范。而在 OA 出版模式出现后，出版界更加关注出版过程的透明性。出版道德委员会、开放获取期刊目录（DOAJ）、开放获取学术出版商联盟（Open Access Scholarly Publishers Association，OASPA）和世界医学编辑协会（World Association of Medical Editors，WAME）等学协会或者研究机构，见证了近几年会员数量、开放获取出版期刊数量的持续增长，在数量持续增长过程中既有来自正规的期刊出版商，也有来自具有虚假和欺骗性的不正规期刊出版商。因此上述组织独立或通过合作分别形成了透明原则、最佳实践和判别标准。2013 年 12 月，开放获取学术出版联盟制定了"学术出版中的透明原则和最佳实践"[②]。

在"学术出版中的透明原则和最佳实践"中主要突出了以下几点内容：

（1）在期刊网站上应明确列出同行评议过程及与同行评议过程中有关的所有政策和标准。

（2）期刊网站上应公开编辑委员会成员及其所在机构。

（3）应公开期刊编辑人员的全名和所在机构以及编辑部的联系信息。

（4）出版商和编辑要采取合理手段发现并阻止有不端行为的研究论文的出版，包括剽窃、引用不当和伪造数据等。任何情况下，期刊或其编辑都不应鼓励或纵容此类不端行为的发生。如果期刊出版商或其编辑被告知期刊出版的论文涉及任何科研失范行为，出版商或编辑要遵循 COPE 指南（或其他同等要求）对其进行处理。

（5）期刊网站上还要明确指出期刊所有权和管理层等相关信息。出版者不应使用容易误导潜在作者和编辑错误认识期刊的所有者性质的组织或机构名称。

（6）期刊要有处理编辑、作者和评审专家之间潜在利益冲突的明确政策，并清楚地声明该政策。

（7）公开面向作者所收取的各种费用。

[①] https://publicationethics.org/
[②] http://oaspa.org/principles-of-transparency-and-best-practice-in-scholarly-publishing/

（8）公布论文的版权和许可协议，向读者公开使用每篇论文是否存在费用。该文件还对期刊广告、收入、销售活动也做了约定。

在出版伦理规则中，随着数字出版和论文的广泛利用，版权和相关许可协议越来越受到重视，与之相关的科研道德和出版过程中的透明性也备受关注，公开各种标准成为必然。

四、国际科技期刊传播与服务模式

国际科技期刊传播与服务模式随着技术发展、学术交流模式变化，也发生着重要的变化。各出版社在保持传统出版以及订购模式的同时，不断推出基于互联网的开放获取和电子版订购服务。

（一）期刊订购模式

从用户角度，对期刊的获取主要有两种途径，一种是印刷版期刊的订购获取，另一种是电子期刊的订购获取。当前，用户通过订购电子期刊是获取期刊的主要途径，也是期刊实现传播的主要方式。

1. 印刷版期刊订购

国外出版集团仍旧保持印刷版期刊的订购服务，因为国外期刊入境需要相关手续，所以我国用户获取印刷版期刊方式主要有以下两种：

方式一：机构用户对外文印刷版原版期刊的批量订购。机构用户在当年确认下一年批量订购外文印刷版原版期刊的名称、数量等信息，形成期刊订购清单，提交给授权许可进行国外书刊进出口的国内订购代理商，国内订购代理商在相关出版社规定时间内，将机构用户的下一年期刊订购清单以及机构用户信息提交给相关出版社。出版社根据期刊订购情况组织印刷、运输相关期刊，期刊经过海关检验合格后由国内订购代理商配送至机构用户。一般情况下，按照出版计划，期刊从出版至到货需要60个工作日左右。

方式二：个人用户对外文印刷版原版期刊的零散订购。个人用户在期刊零售订购端（如亚马逊网站、京东网站、出版社网站等）提交订单、支付相关费用，期刊零售订购端接受订单、处理订单、运输、送海关检验、配送，最后送至个人用户手中。零散订购的到货周期与机构用户订购外文印刷版原版期刊的时间周期基本一致，约需 60 个工作日。

2. 电子期刊订购

电子期刊的订购，是当前用户获取国外期刊的最主要途径。用户对电子期刊的订购，需要通过具有国外书刊进出口资质的国内订购代理商订购。用户可以根据自己的需求，随时通过国内订购代理商订购单本电子期刊，或者打包订购多品种电子期刊；打包订购多种电子期刊，也即通常称作的数据库订购。影响电子期刊订购的价格、开通范围、开通方式、数据年限等的要素，用户可以与出版商直接商谈、确定，也可以委托其国内订购代理商与出版社进行商谈、确定。

当然国外出版商也提供单篇订购模式，可以由个人用户自行付费。目前电子期刊的订购主体还是机构用户，一般情况下由图书馆支付订购费，根据订购的用户 IP 范围提供服务，用户在使用过程中需要遵循相关的电子期刊使用规则，尊重知识产权，合理使用。

3. 期刊订购模式的变化趋势

从用户角度，印刷版期刊相比电子期刊，存在订购周期长、内容获取不便利、需要人工维护、占用大量物理空间等问题，因此，越来越多的用户增加电子期刊的订购、减少印刷版期刊的订购。从出版社角度来讲，由于印刷版期刊的订购量逐渐减少，有关的印刷成本、运输成本逐渐上升，出版社也开始减少可供印刷版订购的期刊品种，转为"E-only"模式出版，即仅提供电子期刊订购，从供应端推进用户从印刷版期刊向电子期刊订购的转变。

（二）期刊线上服务

出版社在印刷版向电子期刊转变过程中，期刊网站的服务提升（线上服务）

是吸引用户的重要措施。

1. 期刊内容线上访问

用户可以通过期刊网站，进行在线检索、浏览、下载、打印所订购期刊在订购年限出版的文章，并在一定许可条件下，可以进行论文的文献传递，为非电子版订购用户提供服务。

当前国外重要出版机构都采用相关的行业标准对论文进行结构化处理，提高论文内容的揭示粒度，方便用户准确定位论文内容。

期刊内容不局限于论文本身，而是通过标准协议接口，通过数字资源唯一标识符（例如 DOI），实现了跨期刊、跨平台、跨出版机构的数据关联，拓展了用户获取信息的渠道。近几年，论文与科学数据的关联、文字与多媒体的结合也成为事业，期刊的服务突破了单一的文字限制，更多地与互联网资源进行整合，增加了服务内涵。对于单篇论文而言还接入了与社交媒体的互动功能，有助于快速分享科研成果。

2. 作者线上投稿

作者在线投稿是期刊网站的必备功能之一。但国外出版社作者投稿的网页上明确提供了版权授权与声明、出版伦理规则、同行评议规则、APC 收取规则等一系列与论文发表相关的原则性文档。同时国际主要出版集团，例如施普林格-自然、爱思唯尔等提供了基于数据分析的投稿建议文档，有助于作者判断，有针对性选择投稿期刊。从为作者提供服务的角度，"审稿进度查询"、编辑留言、同行评议结果反馈等是最为常态的服务内容。

3. 个性化定制服务

出版商根据用户定制的各种条件，由期刊网站实时向用户推送期刊出版动态信息，帮助用户在第一时间获取关注领域的最新出版信息，内容包括最新出版论文、重点关注的论文点击量、引用量变化等等，提示用户相关研究的进展。

4. 用户管理

国外出版商对订购用户特别是机构用户有明确的管理规则和服务。设置了机构用户 IP 信息管理、对所订购的每一种期刊的使用量统计等服务功能，期刊使用量统计方面，所有的出版社均遵循 COUNTER 标准，帮助机构用户实现自助式管理，并可根据数据使用量统计为订购策略的优化提供数据支撑。

（三）国外期刊出版商与期刊编辑部的合作模式

国外期刊出版商广泛与各国的期刊编辑部开展合作。我国的部分英文期刊与爱思唯尔、施普林格-自然、英国物理学会（IOP）等出版机构合作，日本绝大多数期刊是与施普林格-自然集团合作。在合作中多采用"编辑部负责内容，出版社负责运营"的合作模式，具体合作方式如下：

期刊编辑部负责和决策期刊的办刊宗旨，承担稿件审核与同行评审等工作，对文章的内容和文章的质量负责。

期刊出版商负责期刊的运营、宣传和管理，包括：

（1）制定全球化的定价策略、宣传策略，充分考虑全球科研背景、用户需求、科研发展水平以及用户订阅能力；

（2）整合多领域学科期刊，形成海量资源，形成品牌优势和效应，利于顶级期刊的学科拓展延伸和初级期刊的宣传发展；

（3）承担期刊平台建设，为用户提供基于电子版期刊内容的整合检索，以及期刊平台的运维，减少资源重复投入和平台重复建设。

第二节 典型国家科技期刊出版特点

英语是国际学术交流的通用语言，作为母语为英语的美国、英国学术期刊出版量占全球出版量的 1/3。因此对母语为非英语国家期刊出版的特征分析，可以为我国期刊的发展提供一定的借鉴。

一、典型非英语母语国家科技期刊出版特点

本章在 STM 期刊出版量前 20 个国家中选择了期刊出版数量较大，经济较为发达的典型非英语母语国家进行分析，主要聚焦于俄罗斯、法国、德国、日本 4 个非英语母语国家，同时与中国进行了比较。非英语母语国家的期刊特征主要集中在两个方面，一是出版语种特征，二是出版商分布特征。

（一）科技期刊语种特征分布

从期刊出版量看，4 个国家中俄罗斯、法国、日本以母语为出版语言的期刊数量超过本国学术期刊总量的 60%以上，其中以俄罗斯最为突出，俄语期刊占俄罗斯 STM 类期刊的 75.18%。我国也是以母语为主的期刊出版大国，中文期刊占比高达 90.17%。德国出版的德语期刊占该国 STM 期刊总量的 38.12%（表 3-3）。

多语种期刊出版是 4 个国家的共同特点，多语种出版是指在期刊正文中采用 2 种或以上文字出版。在 4 个国家中多语种期刊主要表现为母语与英语的双语出版，出版比例均占多语种出版的 80%以上。

法、德、日、俄英文期刊占各国 STM 期刊数量比例分别为 14.30%、51.10%、21.08%、10.43%，以德国出版英文期刊比例最多，俄罗斯最少。我国英文期刊的比例更少，占比仅为 8.70%。

表 3-3　不同语种科技期刊数量分布　　　　　（单位：种）

序号	国别	英语	母语	多语种	其他语种	总计
1	中国	307	3182	40	/	3529
2	德国	1067	796	217	8	2088
3	俄罗斯	192	1384	265	0	1841
4	日本	375	1103	298	3	1779
5	法国	106	473	147	15	741

注：数据来源为乌利希国际连续出版物数据库。

各国不同语种期刊的学科分布中，除俄罗斯以外，德国、法国、日本出版的英语和多语种期刊基本分布在数学、物理学、化学、生命科学等偏重基础研究的学科领域，工程技术及医药卫生领域则以本国母语期刊数量最多（表 3-4）。基础研究和应用研究的期刊语种分布具有明显的特征。

表 3-4　四国不同语种科技期刊学科分布　　（单位：种）

国别	语种	数学	物理学	化学	地球科学	生物科学	农业科学	医药卫生	工程技术	环境科学	自然科学综合
德国	德语	16	13	14	48	116	15	463	88	20	51
	多语种	10	5	9	29	68	4	67	28	4	11
	英语	111	70	85	97	191	25	298	240	74	22
俄罗斯	俄语	74	90	72	88	119	75	422	378	52	169
	多语种	27	16	13	20	39	9	60	63	13	27
	英语	24	36	29	27	49	3	8	54	14	11
日本	日语	9	29	18	35	95	46	670	189	33	41
	多语种	13	16	12	28	57	11	125	46	8	18
	英语	25	26	18	20	71	12	119	90	26	13
法国	法语	9	5	3	33	80	9	279	36	20	21
	多语种	15	3	5	13	40	6	45	25	3	5
	英语	6	8	2	5	24	1	46	22	4	2

注：数据来源为乌利希国际连续出版物数据库。

（二）英文期刊与国际出版商合作特征分析

德国、法国、日本、俄罗斯的 6400 余种期刊由 2880 个机构出版，但集中于施普林格-自然、爱思唯尔、威利-布莱克威尔三大出版集团（占比 19.08%），出版数量分别为 849 种、238 种、134 种。德国是出版大国，并且施普林格-自然出版集团创建于德国，因此出现期刊高度集中于施普林格-自然出版，是一种自然现象。

日本的 STM 期刊中，英文及多语种期刊有 61 种由施普林格-自然出版，15 种期刊与爱思唯尔出版集团合作出版，虽然也有与其他国际出版集团的合作出版，但合作期刊数量规模都不大，主体出版机构是日本本国的出版商、学协会、高等院校、科研机构等。

俄罗斯期刊没有与国外知名出版商合作出版。全部期刊来自736个出版机构，包括出版社、科研机构、高等院校、学协会等，其中出版量最大的机构为MAIK Nauka-Interperiodica，出版134种期刊，其次为Izdatel'stvo Nauka，以119种期刊的出版量位列第二。

法国有316个机构出版STM期刊，其中爱思唯尔出版集团出版172种，施普林格-自然集团出版28种，两者出版量占该国STM期刊的26.99%。包括以上两个出版集团在内的7家出版机构承担了47.1%的出版量，期刊出版相对集中在少数出版机构中。

我国英文期刊主要的国际合作出版商为施普林格-自然、爱思唯尔两个出版集团，另有剑桥大学出版社、英国物理学会等机构。国际合作出版利用了国际知名出版商的传播平台和传播渠道，在一定程度上提升了期刊的传播效应。

（三）不同语种期刊影响力分析（以SCI收录期刊为例）

以SCI 2016年JCR统计，德国、法国、日本、俄罗斯4个国家被SCI收录1164种期刊[①]，占2016年JCR可统计期刊量的11.90%。其中德国期刊600种、法国期刊178种、日本期刊237种、俄罗斯期刊149种。在JCR2016年中国期刊数量为179种。

在1164种期刊中，期刊语种的分布也有一定特点。德国、日本、俄罗斯突出表现为英文期刊进入SCI的数量远远大于母语期刊的数量。法国从其母语、多语种、英文期刊的数量上看表现为均衡状态。但是从各语种期刊占各国出版量的比例看，英文期刊被收录的比例远远大于母语期刊的收录比例，特别表现在日本和俄罗斯，日本英文期刊中被SCI收录的期刊占其收录期刊量的78.48%，而日文期

---

① 乌利希期刊数据库与SCI对期刊的出版国标注不同，本节期刊出版国家归属以各个的数据源的各自标准为数据统计基础。

刊的收录比例仅为 9.20%，俄罗斯两者的收录比例表现得更为悬殊，英文期刊收录比例为 89.26%，我国被 SCI 收录的期刊中英文期刊占全部被收录期刊的 90%。英文期刊进入 SCI 的比例占有绝对的优势，SCI 作为一个国际知名的提供科学研究信息发现服务的数据库，收录了全球 8800 余种期刊，英文期刊是其主体，可以看出英文期刊在学术交流中的重要地位。

表 3-5　2016 年 SCI 收录 4 国各语种科技期刊数量分布

国别	英语	占本国 JCR 收录量比例 /%	母语	占本国 JCR 收录量比例 /%	多语种	占本国 JCR 收录量比例 /%
德国	410	68.33	105	17.50	85	14.17
俄罗斯	133	89.26	15	10.07	1	0.67
日本	186	78.48	23	9.70	28	11.81
法国	67	37.64	56	31.46	55	30.90

注：数据来源为科睿唯安 JCR2016 年版。

在 JCR 数据中提供了期刊影响力的系列表现指标，以影响因子为比较指标，法、德、日 3 国的英文期刊影响因子平均值均高于本国语言及多语种期刊的影响因子平均值（表 3-6）。以影响因子平均值排序，逐次为英文期刊、多语种期刊和母语期刊，再次说明英文期刊在国际学术交流中的作用。

表 3-6　2016 年 4 国各语种科技期刊影响因子平均值

国别	英文期刊 IF 平均值	母语期刊 IF 平均值	多语种期刊 IF 平均值
德国	2.4911	0.8670	1.3610
俄罗斯	0.6901	0.4465	0.3250
日本	1.5462	0.6663	0.8956
法国	2.2180	0.6021	1.0968

注：数据来源为科睿唯安 JCR2016 年版。

二、金砖国家科技期刊出版特征

作为新兴经济国家的金砖国家——巴西、俄罗斯、印度、中国、南非，不仅在经济上有快速的发展，在科技期刊出版方面也不逊色，其中中国、印度、俄罗斯、巴西也是科技期刊的出版大国，科技期刊的数量分别位列全球的第三、第四、第六、第九位（见表3-1），南非科技期刊140余种，相较于其他4个国家略为逊色。本章节重点以巴西、印度、南非为分析对象，观察新兴经济体的科技期刊出版状况。

（一）科技期刊出版特征

1. 科技期刊语种分布

印度和南非的学术交流语言以英语为主，兼顾本国语言。巴西的官方语言为葡萄牙语，这3个国家的学术交流语言不具有典型地域性特征，本国语言的期刊数量不多。中国和俄罗斯是典型的非英语母语国家，同时也是出版大国，本国语言的期刊占有绝对的位置（表3-7）。

巴西期刊的特征是多语种期刊占有一定的比例，形成了在一种期刊上采用英语、本国语言、其他语言文字交替或同时出版的状态，多语种期刊的比例为33.49%，与上文提到的典型非英语国家期刊的语种有相似之处，多语种期刊的出版在一定程度上满足了国际、本国的不同需求，进一步提高了科研成果传播的效率。

表3-7　金砖国家科技期刊语种分布　　　　　　（单位：种）

序号	国别	英语	本国语	多语种	其他语种	总计
1	中国	307	3182	40	/	3529
2	印度	2280	32	10	/	2322
3	俄罗斯	192	1384	265	0	1841
4	巴西	54	519	292	7	872
5	南非	118	/	26	1	145

注：数据来源为乌利希国际连续出版物数据库。

2. 科技期刊出版机构分布

印度、巴西、南非3个国家均没有较大规模的出版集团，出版机构分布比较分散，巴西 661 个出版机构出版了 872 种期刊，平均一个出版机构出版 1.32 种期刊，与其相同的是南非，平均单个出版机构出版 1.44 种期刊。印度平均一个出版机构出版 2.28 种期刊。从一个出版机构规模看，印度有 14 家机构出版期刊数量超过 20 种，其中有 2 家出版机构出版期刊数量超过百种，具有一定的规模效益。

3 个国家中，印度开展的国际合作的比重略大，与施普林格-自然出版集团有合作关系，出版 42 种期刊，8 种期刊与爱思唯尔出版集团合作。总体看，3 个国家的国际合作出版特征不明显。

3. 科技期刊开放获取出版

开放获取出版正在成为期刊出版的常态，各大出版集团积极创建 OA 期刊的同时，也将传统订购模式的期刊转变为传统订购与开放获取出版相结合的复合出版模式。在各出版集团转型期刊出版模式的同时，也涌现出不少以 OA 期刊为内容的新型出版公司，这些特征在金砖国家中有突出表现。

以巴西为代表的国家联盟、国家支持的开放获取出版模式，在开放获取出版研究与实践中奠定了地位。1997 年巴西为提高其 10 种期刊的传播效果，开展开放获取出版相关研究，圣保罗研究基金会（FAPESP）支持建立了 SciELO（科学电子在线图书馆，Scientific Electronic Library Online）。SciELO 是最早为科学文献提供开放访问的机构之一。建立了 SciELO 服务系统，提供国家、学科、期刊、论文的检索与发现服务。2002 年后，巴西国家科学技术发展委员会（CNPq）开始支持该项目，2005 年阿根廷加入该项工作，由此巴西进一步加强了与其他国家的合作，将该出版模式推广到拉丁美洲国家（阿根廷、玻利维亚、巴西、智利、哥伦比亚、哥斯达黎加、古巴、墨西哥、秘鲁、乌拉圭和委内瑞拉）以及西班牙、葡萄牙和南非，形成了 14 个国家联合的开放获取出版联盟。巴西牵头完成了出版的元数据标准，数据长期保存标准等与数字出版相关的标准规范。2013 年，随着 JATS（Journal Article Tag Suite[①]标准在全球的广泛应用，SciELO 将自定义的各种标准全部迁移，

---

① https://jats.nlm.nih.gov/

采用 JATS 标准。

SciELO 项目不仅出版期刊，还开展了开放获取图书的出版。2017 年该联盟宣布开展预印本服务。巴西在 SciELO 中一直处于牵头引领的地位，SciELO 的创建满足了发展中国家对科学文献的需求，为提高文献的可见性提供了一个有效的方式。在巴西率领并与多国的合作支持下，实现了 1447 种期刊的开放获取出版。

印度也是开放获取期刊的出版大国，有 469 种期刊采用开放获取出版模式，从形式上紧跟了当前期刊出版的潮流。

开放获取出版的形式为学者带来了文献获取的便利，消除了数字环境带来的信息传播不平等的鸿沟，更加有利于科学成果的传播与普及。但是，从另一个角度又需要监督和净化，开放获取出版为出版机构提供了赢利的途径，一些不良出版商以赢利为目的，违背科研伦理道德，出版了掠夺性期刊，混淆科研成果视听，印度的某些出版机构被列入到疑似掠夺性期刊目录中。因此，期刊的发展速度与质量需要同时关注，科研道德、出版伦理需要出版机构和科学界共同维护和高度重视。

（二）科技期刊国际影响力分析

基于 2014—2016 年 SCI 的数据统计，金砖国家均有期刊被 SCI 收录。从 2014—2016 年 JCR 的数据看，5 个国家收录期刊数量较为稳定（表 3-8），总体看 SCI 收录期刊量占出版量的比例较低。

表 3-8　金砖国家 SCI-JCR 收录期刊数量分布（2014—2016 年）　（单位：种）

序号	国别	SCI-JCR 收录期刊数量 2014 年	2015 年	2016 年	期刊总数
1	中国	173	185	179	3529
2	印度	100	102	97	2322
3	俄罗斯	147	146	149	1841
4	巴西	106	110	111	872
5	南非	33	34	35	145

注：（1）期刊总数来自于乌利希国际连续出版物数据库，统计年为 2017 年。

（2）数据来源：科睿唯安 JCR2014—2016 年版。

金砖国家中，绝对期刊数量中国最多。从收录期刊数量占本国出版量比例看，以南非占比最高，2016年SCI收录期刊数量占本国出版量的24.14%，其他依次为巴西12.73%、俄罗斯为8.09%，中国和印度的收录比例相似，分别为5.07%、4.18%，收录期刊数量占各自出版期刊数量的比例较低。

利用JCR的分区统计5个国的期刊影响力分布，印度、俄罗斯、巴西、南非4个国家期刊分布主要集中在Q3和Q4区，以Q4区分布期刊数量最多。南非没有位于Q1区期刊，巴西在2016年有2种期刊首次进入了Q1区。3年数据统计表示出印度、俄罗斯、巴西、南非4个国家期刊发展比较稳定，没有较大变化。相比较而言中国的期刊表现良好，Q1区期刊数量不仅在金砖国家中位列第一，而且呈现年度稳步增加的趋势。但与JCR的所有期刊相比，金砖国家期刊的总体表现为国际影响力较弱，尚未在国际科技期刊中占有重要的席位（表3-9）。

表3-9 金砖国家JCR科技期刊分区分布　　　　（单位：种）

国别	JCR分区	2014年	2015年	2016年
中国	Q1	17	23	34
	Q2	38	37	32
	Q3	58	60	48
	Q4	60	65	65
印度	Q1	1	1	0
	Q2	5	7	6
	Q3	18	21	20
	Q4	76	73	71
俄罗斯	Q1	2	3	5
	Q2	5	2	5
	Q3	29	38	22
	Q4	111	103	117
巴西	Q1	0	0	2
	Q2	4	10	10
	Q3	33	29	34
	Q4	69	71	65
南非	Q1	0	0	0
	Q2	3	5	4
	Q3	9	12	11
	Q4	21	17	20

注：数据来源为科睿唯安JCR。本表以国家出版期刊总量排序。

三、典型案例

（一）百年老刊——德国《应用化学》

德国作为一个科技期刊的出版大国，也是非英语母语国家的典型代表，其科技期刊出版数量多，大多数期刊在国际学术界有较高的影响力，德国不仅有优秀的期刊，更有全球知名的出版商施普林格-自然集团，从单刊模式走向集团模式，从一个国家的出版商，成为在全球拥有员工和办公场所的出版巨头之一，德国成为科技期刊出版的强国。

从单刊角度看，德国的期刊有其发展的特点。以国际知名的 *Angewandte Chemie*（《应用化学》）[①] 一刊为例。德国《应用化学》创建于1888年，是一种以德语出版的百年老刊，一年出版52期。1961年创建《应用化学·国际版》（*Angewandte Chemie·International Edition*），将德语版翻译成英文出版，同样是一年52期。该刊由德国化学会主办，目前由 Wiley-Blackwell 出版集团出版。2016年《应用化学·国际版》的影响因子为11.994，在综合性化学学科的166种期刊中位列第13位，持续保持在综合性化学期刊类别中的领先地位。

《应用化学》十分重视论文的质量，主要发表化学领域最新的综合性评论文章、高热点论文和每周通讯。评论综述包括了化学领域所有分支的最新重要研究成果，重点关注没有解决的问题，讨论可能的进展。高热点论文提供关于化学研究趋势的简要评论。论文十分强调原创性。通讯类论文严格选择并报道最新的研究结果，为科学家提供最好的信息服务。该刊还定期出版化学及其相关领域诺贝尔奖获得者讲座报告，以高质量的内容保证期刊的品质。

同时，在数字出版方面也一路领先，论文上线速度以天计算，尽可能缩短发表时差。在数字资源唯一标识符、论文描述元数据标准、开放获取出版规则等方面均采用国际相关标准，在作者指南、基于论文内容的服务都有较好的呈现，对

---

① http://onlinelibrary.wiley.com/journal/10.1002/（ISSN）1521-3773/earlyview

论文发表后的影响力追踪、评论也及时更新，形成了投稿方向明确、作者指南清晰、后续宣传推介到位的以论文、作者为核心的服务体系。

期刊主编是期刊发展的灵魂人物。Peter Goelitz 博士担任《应用化学》主编35 年，在 Peter Goelitz 博士的领导下，《应用化学》从一个国家级的期刊转变为一个领先的国际化期刊，目前投稿量的 90%来自于德国以外。2016 年，在《应用化学》上发表论文数量前四名的国家是美国、中国、德国和日本。1980 年 10月，Goelitz 博士加入 Verlag Chemie（现在的 Wiley-Blackwell 出版集团）的应用化学编辑部，1982 年被任命为主编，在长达 35 年的工作中，他成功地创刊了一系列的化学、材料类期刊，这些期刊在他的领导下很快在各领域内取得了领先的地位。通过与相关领域学会、协会及知名的科学家们开展紧密合作，聚集了优秀的学术资源，在期刊的质量上得到了保证。他的工作被欧洲的研究机构和大学广泛认可，为了出版工作，他整合了欧洲大陆的化学期刊资源，建立了来自 16 个国家的化学出版联盟，在亚洲也做了相应的尝试，联合 13 个亚洲国家的化学学会建立了亚洲化学编辑学会（Asian Chemical Editorial Society）。作为 Wiley-Blackwell 出版集团的副总裁和出版总监，Goelitz 博士领导的团队出版了25 种期刊，同时还在德国化学会的多个理事会中担任职位。2017 年 9 月，Goelitz退休，他的继任者 Neville Compton 博士是《应用化学》的副主编，《欧洲化学》的主编，被认为是全球最有经验的学术期刊编辑之一。

百年老刊，顺应科研范式变化，融入国际学术交流，领军型人物把握方向，使得德国《应用化学》持续在化学领域中保持全球领先地位。

（二）为本国学者服务——《日本物理学会会刊》

日本 STM 期刊出版量位列全球前十位，也是出版大国。日本 STM 期刊以日文、英文、多语种出版，其中英文期刊占 21.08%，在非英语母语国家中，出版英文期刊的比例比较高，较早地融入了国际学术交流圈。日本英文期刊与国际知名出版商合作出版的情况有一定的比例，但日本本国出版的英文期刊比例较高。在此，选择日本物理学会出版的 *Journal of the Physical Society of Japan*[①]（简称 JPSJ）（《日本物理学会会刊》）作为案例进行分析。

日本物理学会的前身创建于 1877 年，目前有 1.7 万名会员，日本历史上的诺贝尔物理学奖和化学奖的获得者是其会员。该学会出版 4 种期刊，其中 2 种为日文期刊，一种期刊立足于为学会会员提供物理学领域的发展动态，另一种则是为大学物理教育提供交流平台的期刊。英文期刊 *Journal of the Physical Society of Japan* 是其出版的 4 种期刊之一。

JPSJ 创刊于 1946 年，由日本物理学会独立出版。是 SCI 的来源期刊，一直位于 SCI 综合性物理学领域的 Q1 或 Q2 区域，SCI 将其自创刊以来的所有论文全部收录。JPSJ 刊登了不少经典文献，其中日本知名物理学家久保亮五发表于 1957 年的一篇论文，自发表至今已经被引用了 5900 余次，2017 年仍有 181 次的引用。久保亮五是该期刊的重要核心作者，在该刊上发表的多篇论文都是高被引论文。

JPSJ 年度发表论文的 85%来自于日本本土的高等院校、科研机构，以东京大学、东北大学、大阪大学等知名院校为论文的主要机构。中国、美国、德国是国外稿件的主要来源，但论文数量占比较小。近年来，中国的论文数量略略高于美国，位居国际论文数量第一位。

JPSJ 虽然是英文期刊，但为了更好地传播其本国的研究成果，期刊编委会对每期出版的论文进行筛选，在日本物理学会的网站上建立了"值得关注的论文"栏目，将有亮点的论文文摘翻译为日文，并由知名学者撰写了关于该论文要点、研究背景、研究结论等内容的日文说明及评论，为本国的学者提供细致的服务。

目前，JPSJ 采用了开放获取政策，是一种 OA 期刊。2008 年开始该刊从传统订阅模式转变为复合 OA 模式。2016 年 6 月 1 日进一步明确了出版规则以及不同类型论文的论文处理费，成为全面开放的 OA 期刊。在出版规则中明确规定遵守 CC BY4.0 协议、提供开放获取的接口供第三方获取论文数据使用等规则说明。在

[①] http://journals.jps.jp/journal/jpsj

JPSJ 网站上，自 1946 年创刊号以来的所有论文提供了 PDF 格式文件开放获取服务。同时基于全部论文数据提供了论文引证数据、单篇论文下载量、推荐自创刊以来的高影响力论文等服务。

JPSJ 的编委会成员 90%为日本学者，其他编委会成员则来自于中国、韩国、美国等国家。结合 JPSJ 论文发表的国家分布特征可以看出 JPSJ 虽然是一个英文期刊，但在国际化发展的程度上不是很高，编委会成员和作者分布高度集中于日本。纵观 JPSJ 的发展历程，高发文时期在 1965—2013 年，年度论文量在 600~1000 篇之间，2014 年开始发表论文数量下降，连续 3 年刊登论文量在 400 余篇。从 2013 年开始，其影响因子及 JCR 分区位置出现下滑趋势，从 Q1 区的末端下滑到 Q2 区的末端。以 2016 年 SCI-JCR 统计，进入 Q1 区的日本期刊有 13 种，其中有 11 种期刊由国际知名出版商出版，从这个角度来看，期刊的出版平台在数字环境中尤显重要，优质期刊的传播途径是提升期刊影响力的重要举措之一。

JPSJ 在开放获取政策制定、同行评议规则制定、为本国学者服务方面的工作，值得我们很好地借鉴。

四、对我国科技类学术期刊出版的借鉴与启示

通过对国际科技期刊发展概况、典型国家及案例研究，总结各自特点，分析出版特征表明，服务学术交流、传播科研成果、推动科技成果产业化是科技期刊的责任和目标，国际科技期刊一直有力地支撑科研学术交流，国际出版巨头在期刊数量上占绝对优势，各国各类出版机构出版的期刊更强调服务于本国用户，融入国际交流。以下几点对发展中的我国科技期刊具有借鉴意义。

（一）出版语言多元化是科技期刊的通行做法

在出版语言选择方面，期刊的出版语言多元化特征明显。英文和母语期刊不可或缺，多语种期刊也是一种较好的出版形式。受地域的影响，日本、俄罗斯多语种期刊的特征主要体现在英语与本国语言两种语言，而法国、德国多语种期刊

则包括了欧洲多种语言，多语言出版促进了期刊的传播范围。在多语种出版中形式比较多样，有的是同一期多语种出版，有的是单一语种不同期交叉出版，有的是单一语种专刊出版等，没有固定的模式。但俄罗斯突出特点是英文期刊数量占比很低，我国的情况与其相似。从期刊的影响力角度分析，英文期刊的影响力会优于母语期刊，因此为提高我国期刊的被关注程度，适度发展英文期刊和多语种期刊是一种可借鉴的方法。

（二）科技期刊与学术交流特征和服务用户需求紧密结合

从期刊数量上看，4个非英语母语国家除德国外，母语期刊数量占有绝对优势。从学科分布看，则发现具有基础科学或者是没有地域性特征的学科具有国际交流的特征，而具有地域研究特征或者技术应用有关的学科则需要在服务用户需求的同时，兼顾国际交流的需要。法、德、日出版数学、物理学、化学等基础学科的英文期刊数量超过母语期刊数量，而在医药卫生、工程技术领域则母语期刊的数量多于英文期刊的数量，这一点在日本体现得尤为突出。期刊语种的选择是以为用户服务为主旨的，期刊不仅是学术交流的平台，也是科研成果转移转化的渠道，日本在出版英文期刊的基础上，选择其优秀论文用日文进行推荐，较为有效地解决了读者需求和研究成果传播的有效性。为国家需求服务是期刊人的责任。

（三）科技期刊国际合作出版是一种常态

与国际知名的出版集团合作在传播渠道、编辑服务等方面有借船出海的作用。日本有17.33%的英文期刊与国际出版商合作，占英文期刊的总量不高，但在2016年JCR中，日本英文期刊影响因子的前10种期刊中，有7种是国际合作出版期刊。同样，法国影响因子的前10种期刊中有6种期刊是国际合作出版期刊。俄罗斯的英文期刊由本国出版，从影响因子的平均值看，远低于法、德、日3个国家。虽然尚无法证明国际出版合作与影响因子的相关关系，但从另一个角度可以说明，期刊传播渠道是重要的，只有让更多的读者、作者方便、快捷地了解期刊、获取论文，才能有较好的学术影响力。

（四）打造具有自主知识产权的数字出版平台必不可少

国际合作出版是一种出版方式，但作为一个出版大国迈向出版强国的过程中，必须要打造具有自主知识产权的数字出版平台，快速提升学术期刊整体传播力度，构建良好的国际传播渠道。同时数字出版平台的打造也是保护期刊数字资产的一种方式，只有拥有了数字资产的权利，才能更好地适应数字环境的发展，才能提升基于期刊内容的多元化信息服务发展。巴西与其他拉丁美洲国家以及南非、西班牙、葡萄牙的合作，形成了一种学术出版的新模式，为我国的期刊发展提供了借鉴，在尊重知识产权的基础上，开放、合作，构建一个整合的传播平台，拓展信息传播的渠道。

（五）开放获取出版必须遵守国际规则

国际学术期刊的开放获取出版已成趋势，不论出版商、学协会、研究机构，还是国家层面，形成了多种开放获取出版模式。在开放获取出版过程中，明确了开放获取出版的透明性原则和最佳实践的规则，明确了论文版权的归属，在作者权益、出版机构的运营方式上进行了规定，以避免学术不端行为。但在开放获取出版的运行中，利益的诱惑使得开放获取出版被蒙上阴影，更加强调开放获取出版质量，防止科研失范行为，主动纠正学术不端行为，是期刊出版商的责任和义务。国际出版商以及绝大多数的出版机构，在网站上公布了详细的同行评议规则、数据描述和使用标准、作者权益等信息。增强投稿、审稿、数据利用及发表等贯穿论文出版流程的透明性，提升作者和读者对出版机构的信任感，这一点十分值得借鉴和学习。

第三节　中国科技期刊发展特点及未来趋势[①]

在2016年5月底的"科技三会"上，习近平总书记发出了建设世界科技强国

---

① 本节"中国科技期刊发展特点及未来趋势"中的"中国科技期刊"，限定为"国家新闻出版广电总局认定的两批学术期刊"中的"中国科技类学术期刊"，对应于国际通行的STM期刊。

的伟大号召，明确指出"面向世界科技前沿、面向经济主战场、面向国家重大需求，加快各领域科技创新，掌握全球科技竞争先机"。建设世界科技强国，不仅需要拥有一批世界一流的科研机构、研究型大学和创新型企业，成为全球高端人才创新创业的重要聚集地，涌现出一批重大原创性科学成果和国际顶尖水平的科学大师；与之相适应，也需要拥有一批高质量的科技社团和世界水平的科技期刊。科技期刊要坚持对科研成果的首发作用，发挥在学术评价中的把关作用，增强在学术发展中的推动作用，加强在学术传播中的主导作用，把握在学术伦理中的监控作用，抓住科技进步为中国科技期刊发展带来的重要历史机遇，与中国科技发展同行。

一、中国科技期刊处于重要发展机遇期

中国科技期刊的发展机遇与挑战并存。近年来，随着我国科研经费投入持续大幅增加，中国的学术论文无论数量还是影响力都取得了快速的增长，科技期刊具备良好的发展基础。同时，中国科技期刊受到前所未有的重视，国家从政策和经费上给予史无前例的支持，中国科技期刊处于重要的发展机遇期。但是，科技期刊发展环境在改善的同时，也存在着诸多发展中的问题，需要管理层、科技界、期刊界同心协力，抓住机遇，迎接挑战。

（一）中国科研实力快速提升，科技期刊具备良好发展基础

近年来，我国科技经费投入力度加大，研发（R&D）经费投入和国家财政科技支出均实现较快增长，与发达国家的差距逐年缩小。根据国家统计局、科技部和财政部联合发布的《2016年全国科技经费投入统计公报》[1]，2016年，全国共投入R&D经费15676.7亿元，比上年增加1506.9亿元，增长10.63%，增速较上

---

[1] 国家统计局，科学技术部，财政部. 2016年全国科技经费投入统计公报. 2017-10-10. http://www.stats.gov.cn/tjsj/zxfb/201710/t20171009_1540386.html

年提高 1.7 个百分点；R&D 经费投入强度（与国内生产总值之比）为 2.11%，比上年提高 0.05 个百分点。按 R&D 人员（全时工作量）计算的人均经费为 40.4 万元，比上年增加 2.7 万元。

从主要创新指标看，中国正加速从科技大国向科技强国迈进，成为世界重要的研发活动中心。科技论文产出是一个国家科研能力的反映，随着科研经费投入持续大幅增加，中国的学术论文无论数量还是影响力都取得了进展。以 Scopus 数据库为例，2016 年收录中国科技论文 47.14 万篇，占世界份额的 14.1%，已连续 12 年仅次于美国，排在世界第 2 位[①]，且与排名第一的美国之间的差距逐年缩小。27 个一级学科中，我国有 18 个学科的发文量排在世界前两位。在某些领域，如材料科学、化学和物理学等，论文数量已超过美国，位居全球第一[②]。根据 WoS 数据库统计，我国各学科论文在 2007—2016 年十年段的被引用次数处于世界前 1% 的高被引论文有 20131 篇，占世界份额的 14.7%，排名世界第 3 位，研究水平已处于国际领先地位[③]。

中国新一轮科技革命和产业变革正蓄势待发，并必将产生一系列有重大影响的原创性成果，中国科技期刊面临着前所未有的发展机遇，必须根据时代要求，做好期刊自身建设，从而在实现科技强国的过程中发挥出应有的作用。

（二）科技期刊受到国家高度重视，得到政策和经费上的大力支持

中国将于 2050 年建成世界科技创新强国，成为世界主要科学中心和创新高地。中国科技的振兴需要一批高水平科技期刊。近年来，发展中国科技期刊的重要性、必要性和紧迫性得到广泛的认同，科技期刊建设被视为文化发展战略的组成部分。

[①] SCImago Journal & Country Rank.Country ranking. All Subject Areas. http://www.scimagojr.com/countryrank.php

[②] SCImago Journal & Country Rank. Country ranking. Materials Science. http://www.scimagojr.com/countryrank.php?area=2500&year=2016

[③] 中国科学技术信息研究所.中国科技论文统计结果，2017，新闻稿. http://conference.istic.ac.cn/cstpcd2017/document/正文 2017_1 新闻稿.pdf

自 2015 年以来，上至国家部委，下到科研院所，出台了一系列支持国内科技期刊发展的政策，国家财政对期刊的投入力度也大幅增加。

2015 年 11 月，中国科协联合教育部、国家新闻出版广电总局、中国科学院、中国工程院共同发布了《关于准确把握科技期刊在学术评价中作用的若干意见》，明确要求"大力支持我国各类公共资金资助的优秀科研成果优先在我国中英文科技期刊上发表，便于国内学术界第一时间获取和利用。"2015 年 12 月，国务院办公厅《关于优化学术环境的指导意见》指出，要"更加注重科研成果的质量水平、创新性和社会价值，推动各类公共资金资助的科研成果优先在我国中英文期刊上发表，推进已发表科研成果在一定期限内存储到开放的公共知识库，实现公共利益最大化。"

2015 年 12 月，中国科协、教育部、科技部、卫生计生委、中国科学院、中国工程院、国家自然科学基金委员会制定并发布《发表学术论文"五不准"》；2017 年 7 月，中国科协印发《科技工作者道德行为自律规范》，为科技期刊的发展营造了风清气正的学术氛围。

一系列政策的落地还需要思想上的共识和行政力量的推动。有关部委和部分科研机构已开始采取措施，支持中国科技期刊的发展。2016 年 5 月，国家第四轮学科评估，由原来的"限填 20 篇，其中国内期刊论文不少于 5 篇"改为"限填 30 篇，其中国内论文不少于 10 篇"。国内期刊论文数量要求提高，且比例由 1/4 增至 1/3。与此同时，第七届中国科学院学部主席团第二十次会议决定，从 2019 年起，要求院士候选人 10 篇代表性著作中，至少应有 1 篇在"两刊"（《中国科学》和《科学通报》）或其他中国优秀期刊上发表[1]。

2006 年至今，中国科协先后实施或牵头实施了"中国科协精品科技期刊工程""中国科技期刊国际影响力提升计划""中国科技期刊登峰行动计划"等重大工程项目，为推动中国科技期刊的健康可持续发展发挥了良好的示范与引领作用。尤

---

[1] 严谨，彭斌，柴钊. 发展中国科技期刊，服务创新型国家建设. 科技与出版，2017（1）：33-40

其是 2013 年开始实施的"中国科技期刊国际影响力提升计划",是迄今为止我国对英文科技期刊资助力度大、目标国际化程度高、影响力深远的专项支持项目,对于支持我国英文期刊提升国际影响力和高起点创办更多的英文期刊,都产生了十分重大的影响。

(三)中英文科技期刊有序协调发展是大势所趋

我国拥有数量众多的科技工作者,一方面我们的母语是中文,另一方面中国科技期刊中绝大多数是中文期刊,因此中文期刊在普及科学知识、传播科学思想、倡导科学方法的过程中发挥着不可或缺的作用。然而,目前绝大多数的中文期刊在基金经费、科研评价、编辑队伍等方面得不到有力支持,大量优秀的科研成果以英文发表到国外,中文期刊的功能正在被异化,成为作者毕业、评职称、拿项目的工具,靠收取版面费等策略勉强生存。

习近平总书记在"科技三会"上再次重申:"广大科技工作者要把论文写在祖国的大地上,把科技成果应用在实现现代化的伟大事业中"。由此可见,科技工作者的产出不仅是学术论文,更应把科研与实践相结合,真正服务于祖国经济建设,实现科技强国的目标;另一角度可以理解为,中国科技工作者要将文章发表在国内期刊上,促进国内学术交流与传播,促进科研成果转化。

中国科技期刊要在建设创新型国家中发挥作用,根本是要为中国的企业、科研做好服务工作[1]。在这一过程中,中文期刊具有极其重要的作用。因为语言的优势,发表在中文期刊上的文章可以更加便捷地在国内传播,尤其是从事偏应用技术领域或英语掌握程度相对较弱的科研人员,可以通过中文期刊更快地了解到前沿研究领域,更重要的是,中文期刊能够将他们的重大研究成果不受语言限制地发表出来。

近年来,国际出版机构对中国科技期刊和中国科技资源表现出极大的热情,

---

[1] 颜帅,张昕. 科技期刊如何服务于创新型国家建设——中国科技期刊的"三步走". 科技与出版,2014,1: 22-25

多家国外知名出版集团与中国科研机构或学会等合作创办新刊,邀请国内知名科学家担任这些期刊的主编,在中国的科研机构设立编辑部等,分散了中国科技期刊的专家资源,优秀稿件分流严重。这些期刊借助成熟的平台、雄厚的资金以及中国科技工作者的支持,在短期内快速发展起来。国际出版机构的强势参与使中国科技期刊面临着日益激烈的竞争。

与国际出版机构的合作,一方面,帮助中国科技期刊快速融入国际渠道;另一方面,导致大量的办刊经费、科研经费中的出版经费流入了国际出版机构;同时,使得本来在中文稿源、办刊经费、学科编辑等方面捉襟见肘的中文期刊更加雪上加霜[①]。

中英文科技期刊有序而协调发展是未来中国科技期刊发展的大势所趋。当前,评价体系应适当向中文期刊倾斜,加强对现有的已经初步具备一定学术影响力的中文期刊进行全面支持,包括论文评价机制、期刊发展资金、人员编制、出版政策等方面。

(四)加快体制机制改革,激发科技期刊发展活力

中共中央办公厅、国务院办公厅2011年5月颁布《关于深化非时政类报刊出版单位体制改革的意见》。期刊出版体制改革的目的是希望通过体制改革使出版单位成为具备法人资格和独立承担责任能力的市场主体,并且通过重组和集约,改变数量多、规模小、竞争力弱的局面,实现内涵式发展,调整结构和布局,形成一批专、精、特、新的现代报刊出版企业[②]。

2014年4月,国家新闻出版广电总局发布了《关于规范学术期刊出版秩序促进学术期刊健康有序发展的通知》,其设计的学术期刊改革程序,可以概括为:资质认定-体制改革-质量评估-政策扶持4个环节。其中出版单位体制改革以编辑、出版分离和专业化、数字化、集约化发展为基本内容,改革是全方位、多路径的,

---

[①] 任胜利. 2016年我国英文版科技期刊发展回顾. 科技与出版,2017,2:26-29.
[②] 武夷山,梁立明,潘云涛,等著. 中国科技期刊发展之路. 北京:科学技术文献出版社,2014.299.

而不局限于编辑部体制[①]。

2014年10月,《深化新闻出版体制改革实施方案》正式出台。《方案》提出,要完善新闻出版管理体制、增强新闻出版单位发展活力、建立健全多层次出版产品和要素市场等。中央深化文化体制改革的形势对推动科技期刊既是一次机遇,也提出了更高的要求,中国科技期刊要牢牢把握全面深化改革和新科技革命的契机,通过创新和逐渐完善管理制度来保证期刊的发展活力,同时要做好政策引导与支持,积极强化科技期刊的市场主体建设。

随着出版体制改革进入深水区,科技期刊将面临全方位的考验,只有顺应这种趋势,期刊才能在激烈的市场竞争中生存下来,成为市场主体自主经营,期刊才有机会做大做强。建立完善的绩效管理制度,包括科学的考核机制、激励机制、期刊绩效评价机制,才能从根本上激活期刊编辑部的危机意识和竞争意识,为期刊发展增添蓬勃的生命力。

长期以来,中国科技期刊实行主管、主办和出版的三级管理体系。由于主管主办单位多元化,科技期刊多部门交叉管理,自身产权、所有权等不甚明确,办刊经费更多的是要依靠上级拨款,资助或者版面费收入,跨主管、跨主办、跨地区、跨行业的出版资源整合较难推进。针对这一系列问题,在办刊机制改革中,应注重加强学科、地域等方面的联合,努力实现同一主办单位的科技期刊的集约化经营和规模化发展,以学科集群形式强化科技期刊的品牌影响力和学术竞争力。

主管主办单位应加强战略指导与宏观管理,要建立和完善主管、主办单位各个层次的支持科技期刊发展的战略指导体系,包括期刊资助、管理、学术质量控制、编辑职业伦理建设、期刊评价和奖励体系等,为科技期刊营造更加有利的发展环境。

从出版单位的情况来看,中国有4381个科技期刊出版单位,大多是挂靠主办

---

① 洪峻峰. 当前学术期刊改革的顶层设计与底层回应. 清华大学学报(哲学社会科学版),2015,30(3):50-59.

单位的期刊中心或编辑部。对于科技期刊编辑部来说，改革能够调动全员的积极性、主动性、创造性，使期刊具有强大的内生动力。

未来，需要逐步完善主管、主办、出版三级管理体系，加快内部运行机制改革，激发科技期刊发展活力，以更加开放的思维和更加宽阔的视野来推进科技期刊体制机制的改革创新。

二、建设科研诚信和规范出版伦理是中国科技期刊发展前提

科学研究以诚信为基础，同时，科技期刊编辑也应遵循一定的出版伦理政策。近年来随着科研产出的不断增加，科研不当和不端行为也日益增多，科研诚信和出版伦理问题受到了越来越多的关注。

（一）出版伦理政策体系日益完善，技术检测和社会监督成为有效补充

目前国际上发布出版伦理指南或政策的机构主要有三类，第一是出版机构，如 Elsevier，Springer Nature，Wiley-Blackwell 等出版公司；第二是编辑委员会和学术团体，如出版道德委员会（COPE）、美国科学编辑理事会（CSE）、国际医学期刊编辑委员会（ICMJE）、美国化学会（ACS）、英国物理学会（IOP）等；第三是政府机构以及社会团体，如美国的科研诚信办公室、澳大利亚科研诚信委员会、挪威的国家研究伦理委员会以及欧洲科学基金会等。

这些机构制定的政策或法规主要针对科研诚信行为，但在其中都涉及了出版伦理或者道德的内容，并具有相当大的影响力，为科研人员或者组织提供科研行为参考依据。在所有发布的出版伦理政策中，COPE 发布的指南无疑是最完善且影响力最大的，涉及重复发表、剽窃、伪造数据、署名、利益冲突、伦理问题以及审稿违规 7 个方面的具体内容。

除了出版伦理指南或规范，还有一些基于数据库开发的技术应用，被用于防范出版过程中的不端行为。如目前大部分期刊在线投审稿系统中都采用了文

本查重插件,来检查文章是否存在抄袭或者剽窃的现象。由国际出版链接协会（PILA）研发的 CrossCheck,是其中普遍采用的一个文献检测系统,于 2008 年启用。

社会层面的监督也是目前的热点,如撤稿观察网（Retraction Watch）是一个记录学术论文撤稿的博客,由生物医学领域的记者（编辑）Adam Marcus 和 Ivan Oransky 于 2010 年 8 月开始发布。该博客提供了一个窗口用于展示科学是如何自我修正的,提高了撤稿过程的透明度,也完善了社会各界防范学术不端的监督机制。

（二）严格学术出版资质,开展学术期刊认定

学术期刊是发表科研人员撰写的经同行评议论文的周期性出版物,国际上公认没有经过规范同行评议的期刊将不被承认为"学术期刊"。为严格学术期刊出版资质,优化学术期刊出版环境,促进学术期刊健康发展,国家新闻出版广电总局于 2014 年开始对中国学术期刊的认定工作。在审核认定工作基础上,对学术期刊与非学术期刊实行分类管理,严格学术期刊出版资质和要求,清理和规范非学术期刊理论版、学术版、收取论文发表费等违规行为;要求学术期刊规范出版流程、遵守学术规范、加强队伍建设、提高学术水平。将制定完善学术期刊出版质量综合评估标准,委托相关机构对数量较大的医药卫生类和教育类学术期刊进行评估,建立完善学术期刊评价体系和激励引导机制,提升学术期刊整体质量。对经评估出版质量高、学术影响力强的期刊,予以政策和资金扶持;对评估不达标的学术期刊限期整改。

近年来,国家新闻出版广电总局连续开展打击期刊违规刊发质量低劣论文专项治理工作,停办和处罚了一批超越业务范围刊发低质论文的期刊,并通过新闻媒体公开曝光。同时要求学术期刊网络收录和信息服务机构严格把关,有效规范了期刊出版秩序。为了确保认定工作客观公正,专门成立了学术期刊审定审核工作领导小组,组建了由 47 位院士、教授等组成的审核认定专家组,并科学严谨地

建立了认定工作标准、规则和流程，产生第一批 5737 种学术期刊。2016 年又开展了第二批学术期刊认定工作，认定了第二批共 693 种学术期刊。目前共计认定学术期刊 6430 种（含社科期刊）。

（三）建设科研诚信，规范出版伦理

中国对科研诚信建设极为重视，中国科研诚信体系的建立已经历了十年的发展。2007 年 3 月科技部专门成立了科研诚信建设办公室，负责科研诚信建设的日常工作，并承担科研诚信建设联席会议秘书处和科技部科研诚信建设工作专家咨询委员会秘书处的职能。

科研诚信建设联席会议由科技部联合教育部、中国科学院、中国工程院、国家自然科学基金委员会、中国科协等 6 个部门共同建立，主要职责是指导全国科技界科研诚信建设工作、研究制定科研诚信建设的重大政策、督促和协调有关政策和重点任务的落实。2009 年中国科研诚信网上线，该网站提供了我国科研诚信相关政策、规范性文件、检测工具以及举报须知等信息。科技部于 2009 年发布了《科研活动诚信指南》，阐述了科研活动中的伦理问题，并对出版中的伦理问题进行了细致的阐述和界定。这些政策和指南代表了政府层面对科研诚信和伦理问题的态度和原则，为我国从事科研活动和科技期刊出版的机构或人员提供了政策依据。2015 年 9 月 17 日，中国科协常委会科技工作者道德与权益专门委员会正式发布《在国际学术期刊发表论文"五不"行为守则》，该守则旨在规范我国学者在国际学术期刊发表论文时所应遵循的 5 个守则，这也是我国政府层面专门针对论文发表出台的首个规范性文件。

成立于 2014 年 4 月的中国期刊协会医药卫生期刊分会医学编辑与出版伦理委员会，是一个专注于出版伦理的学术团体，该委员会主要由医学期刊编辑和研究出版伦理的机构及专家自愿组成，其成立宗旨在于应对全国范围内违反科学研究及出版规则的学术伦理问题；制定、传播和实施医药卫生期刊编辑与出版伦理；提供编辑与伦理各方面的建议；为防止和解决出版过程中的不端行为提供建议等。近年来由于国内英文刊数量增多，随着进入国际视野期刊数量的增加，更多期刊开始重视出版规范及伦理方面的研究，2011年《浙江大学学报（英文版）》的"对不同学科典型抄袭案例的分析指南"获得了COPE研究基金资助，这也是自2008年设立研究基金以来首次由非欧美国家的期刊编辑获得该项目资助。

探索建立科研严重失信行为记录制度，也是科研诚信建设中的重要一环。2016年，科技部等15个部门联合发布了《国家科技计划（专项、基金等）严重失信行为记录暂行规定》，明确界定了严重失信行为的范围，对记录的内容、程序、信息的使用等都作出了明确规定，为开展失信行为记录和信息共享、开展联合惩戒提供了制度依据。

三、理性、科学和指标多元化是中国科技期刊未来评价趋势

科技期刊评价伴随着文献计量学的诞生而产生，评价指标是科技期刊评价的起点和基石。随着人们对期刊评价工作重要性认识的不断加深，国内外出现了不少评价方法。

（一）期刊评价指标多元化，定量与定性相结合

我国现有科技期刊评价体系主要包括北京大学图书馆的《中文核心期刊要目总览》、中国科学院文献情报中心的"中国科学引文数据库CSCD来源期刊"、中国科学技术信息研究所的"中国科技论文统计源期刊"又称"中国科技核心期刊"、武汉大学中国科学评价研究中心的《中国学术期刊评价研究报告：RCCSE权威期刊、核心期刊排行榜与指南》以及CNKI的《中国学术期刊影响因子年报》等。同时，中国科技期刊在进行评价时，较多地采用了国外数据库所提供的期刊评价指标，主要来自以下几种数据库：①WoS数据库，包含《科学引文索引（SCI）》以及国际会议论文集的题录和引文；②《工程索引》（Engineering Index，EI），是工程技术领域的大型综合性检索工具，收录世界工程技术期刊3639种，还有会议

文献、图书、技术报告和学位论文等题录；③Scopus 数据库，是全球最大的文章摘要和引文数据库，拥有近 5600 多万条记录，涵盖来自 5000 多家国际出版商的 22000 余种同行评议期刊，同时包含图书、会议论文集、丛书等丰富的资源。

目前存在的期刊评价指标中，主要是基于引文分析，是通过一定范围论文的文后参考文献中对期刊、著作、著者的引用，并对引用和被引用现象进行分析，以解释其数量特征和内在规律的一种信息计量研究方法。引证行为体现学术研究的相互影响和传承。

随着计算机网络技术的发展，评价方法逐步向网络化和数量化发展，特别是数据库的统计评价功能日益完善和增强，为期刊评价提供了科学的方法和有效的途径。

（二）评价重点由基于期刊的计量指标转向基于文章的科学内容

研究人员及出版商对研究评价的不满在 2012 年底发布的《关于科研评价的旧金山宣言》（The San Francisco Declaration on Research Assessment，DORA）[1]中做出了明确的表达，DORA 建议，不能使用期刊的计量指标作为以研究评价为目的的论文质量替代品，DORA 也给出版商和指标提供者很多建议[2]。其中有关评价指标中提到：①大大降低职称评审中对于期刊影响因子的强调；②提供论文计量层面的指标，以鼓励从期刊层面指标的转移。

早在 2003 年，科技部、教育部、中国科学院、中国工程院、国家自然科学基金委员会印发的《关于改进科学技术评价工作的决定》就明确指出，刊物的影响因子，在用于宏观上判断科学技术产出的总体情况是有意义的，但不宜作为具体

---

[1] 2012 年 12 月 16 日，在美国细胞生物学学会（ASCB）年会期间，一些学术期刊的编辑和出版者举行了会晤，提出了一系列建议，在此基础上形成了《关于科研评价的旧金山宣言》。The San Francisco Declaration on Research Assessment[EB/OL]. [2017-11-02]. http://www.ascb.org/dora／

[2] 旧金山科研评价宣言小组著，李宏，王建芳编译. 关于科研评价的旧金山宣言——让科研评价更加科学. 图书情报工作动态，2013（5）：3-4

论文内在价值的评价标准[①]。

科研论文被引用次数常常用来测量科研人员的影响力并与其学术实力相挂钩。因此，使用引用量作为影响力和质量的替代已经以影响因子形式延伸到期刊。这种做法很普遍，但却受到越来越多的批评。据《国际科技与医学出版者协会报告 2015》，发表于同一期刊的所有论文的质量都相差不多的假设是与研究数据相矛盾的：一个偏态分布显示期刊中一般有 15%的论文占有 50%的被引用量，而有 90%的被引用数量出自 50%的论文[②]。

期刊影响因子的滥用有以下问题：①期刊影响因子被用于衡量单篇文章甚至科研人员的科研能力；②影响因子是以引用为单一测度源的评价指标，而引用测度只是影响力的一个很小的方面；③引用是一个慢而滞后的指标，而不同学科产生引用的时间周期并不同；④影响因子为一个单一而生硬的工具，作者引用意图不明显，同意或否认引用文献的成果并不得而知。

传统意义上的评价指标是利用文献计量学方法计算引用数据指标的方式来衡量期刊水平和学术影响力，基于这种计算方法来衡量期刊显得过于单一。除此之外，基于引用的评价机制还存在很多其他一些受业内人士诟病的问题，如时间滞后、自引、反引等。因此，学术界逐渐开始考虑以论文层面的计量和评价作为替代计量学，与期刊评价互为补充。

替代计量方法在很大程度上依赖于社交媒体和社交工具，包含 Twitter 消息、Facebook、博客文章、书签数据（如 CiteULike，Mendeley）以及新闻媒体和论文层面的评论，甚至包含了批注和评级。目前已经涌现大量的工具和服务支持替代计量的跟踪、报告和可视化，包括替代计量学（Altmetrics），PlumX 度量指标[③]（EBSCO 于 2014 年开发，2016 年被 Elsevier 收购，PlumX 是收集人们在研究过程

---

① 科技部. 关于改进科学技术评价工作的决定(国科发基字[2003]142 号)2003-8-5 http://www.most.gov.cn/tjcw/tczcwj/200708/t20070813_52375.htm

② Seglen P. O. The skewness of science. *Journal of the American Society for Information Science*，43（9），628-638，1992.

③ https://plumanalytics.com/learn/about-metrics

中相互影响所留下的在线"足迹",包括使用、捕获、提述、社交媒体和引用文章这五个方面的度量指标,并通过比较"同类"度量指标来进行分析),PLoS 文章级指标工具[①](基于 Altmetric 数据),PageCritic[②]等。同时,为了提升文章的传播度,吸引读者的阅读,作者也在不断地寻求方法来扩散其文章的影响,提高他们替代指标的分值,如使用 Kudos[③],旨在帮助作者扩大他们研究论文的读者群并增加引用,它的方法是通过撰写外行能读懂的总结和有效地利用社交媒体的结构化过程来提高文章的扩散面。

(三)期刊评价影响科研人员的研究行为

在我国,不同职称状态的科研人员对期刊指标的态度大有不同。据耿海英和苏金燕对不同职称状态的科研人员对期刊指标态度的调研分析[④],中级职称人群最关心核心期刊排名问题,其次是副高职称人群,然后是正高职称人群;初级职称人群对期刊排名问题的关注度最低,他们更关注的通常是论文能否发表以及论文发表的数量,而不太在意发表在什么刊物上。

英国卓越研究框架(REF)和澳大利亚卓越研究(ERA)进行了评价指标对科研行为影响的研究。Adams 和 Gurney[⑤]分析了英国的数据,显示研究人员倾向于将他们认为是领域内重要成果的文章,选择投稿到高影响因子的期刊,其主要目的是为了评价自我,即便是这篇文章发表后得不到很好的引用,甚至有时候并不是研究论文,但是他们坚信期刊的高影响力品牌是其科研能力高水平证据的代理"信号"。

---

① https://www.plos.org/article-level-metrics

② http://www.papercritic.com

③ http://www.growkudos.com

④ 耿海英,苏金燕. 我国科研人员对期刊评价认识的调查分析,图书与情报,2016,2:107-112.

⑤ 2014, Evidence for excellence: Has the signal overtaken the substance? http://www.uberresearch.com/first-digital-research-report-launched-by-digital-science-looking-wether-there-is-evidence-for-excellence/ ⑥ 中国科学技术信息研究所.2017-10-31,中国科技论文统计结果,新闻稿。

四、提高办刊能力是中国科技期刊未来工作重点

近年来，中国科技期刊品种数量不断增长，学术水平稳步提升，品牌特色日益鲜明，涌现出一批代表我国学科优势、具有国际影响力的品牌期刊，显示出中国科技期刊发展的强劲势头，确立了中国科技期刊在国际上新的地位和形象，增强了中国科技期刊的信心。但是，总体而言，中国科技期刊大而不强、多而不优，刊物的学术质量还有较大的上升空间，办刊能力建设亟待加强。

（一）中国科技期刊学术影响力整体提升，英文刊增速大于中文刊

中国科技期刊要取得发展，要得到广大科研人员的信任和支持，需要依靠自身实力的提升。然而，与西方科技期刊 350 年的发展历史相比，中国科技期刊还处于起步阶段。新中国成立的 1949 年，中国仅有科技期刊 80 多种，中国科技期刊真正开始正常发展是在 1978 年，与改革开放同步，可以说，中国科技期刊的繁荣与飞跃仅仅用了不到 40 年的时间。

近年来，经过不断的努力，中国部分优秀期刊的学术质量和品牌影响力已初步得到认可。数据显示，2016 年，中国被 SCI 收录的期刊中，进入本学科领域总被引频次排名前四分之一行列的期刊共有 11 种，进入影响因子本学科领域排名前四分之一的期刊有 34 种[1]。与 SCI 收录的全部期刊相比较，我国的 SCI 收录期刊近年来在学术影响力指标方面进步更为明显。2013—2015 年，SCI 收录全部期刊的总被引频次和影响因子年均增幅分别为 4.57% 和 1.46%，同期中国 SCI 期刊的这两项指标年均增幅则分别为 9.26% 和 15.90%[2]。

基于《中国科技期刊引证报告（扩展版）》等数据，我国中文科技期刊近三年来的平均总被引频次和平均影响因子也在逐年上升。2014 年平均总被引频次为 1426 次/刊，2015 年为 1657 次/刊，2016 年增长至 1723 次/刊。2014 年我国中文科

---

[1] 中国科学技术信息研究所.2017-10-31，中国科技论文统计结果，新闻稿。
[2] 任胜利.2016 年我国英文版科技期刊发展回顾.科技与出版，2017，2：26-29.

技期刊的平均影响因子为 0.530，2015 年为 0.602，2016 年增长至 0.606。说明我国中文科技期刊的学术影响力也在逐年上升[①]。

（二）高效的服务创新能力是吸引本土作者回归的重要方面

目前我国在数量上可称为科技期刊大国，与十年前相比，已经取得了令人瞩目的成绩，但是，我国高水平的科技期刊数量和质量远不能满足科研成果产出的需要，与科研发展的整体水平不相匹配，与作为经济大国的国际地位不相适应。

数量上，2016 年 SCI 数据库收录中国大陆期刊 179 种，EI 数据库收录中国大陆期刊 214 种，Medline 收录中国大陆期刊 195 种，Scopus 收录中国大陆期刊 655 种，基本占到被收录数据库的 2%～3%，这与占世界 14%的科技论文产出形成了鲜明的对比。质量上，我国 SCI 收录期刊的影响因子和总被引频次的平均值，远低于国际整体平均值，尤其缺乏在国际科技舞台上有竞争优势的顶级学术期刊。

我国高水平期刊的学科面与科学研究的学科覆盖面也不相匹配。在很多领域，我国仅有零散的甚至没有高水平期刊。

我国优势学科的高水平论文大多发表在国外期刊上。根据 Scopus 数据库中 2012—2016 年发文情况，在我国发文量排世界第一的 3 个学科——化学、物理学和材料科学中，发表到国外期刊的文章数量占我国总发文量的 75%以上；同时这些文章的整体篇均引次远高于发表在国内期刊上的文章。海外发表比例最高的是化学，高达 85%，整体的篇均引次为 20.77，远高于投稿国内期刊文章的篇均引次 4.46。

以中国科学院化学研究所为例，2012—2016 年（数据来自 SciVal），在中国科学院化学研究所发文量排名前十的期刊中，共发表 607 篇文章，占总发文量的 25%，其中仅有 1 种为中国期刊，且该期刊发表文章的篇均引次远远低于该所整体篇均引次 18.3（表 3-10）。

[①] 王婧，刘志强，张芳英. 2016 年我国中文科技期刊的发展状况. 科技与出版，2017，2：34-38.

表 3-10　2012—2016 年中国科学院化学研究所发文量排名前十的期刊

期刊	出版商	CiteScore 2016	发文篇数	篇均引次
RSC Advances	英国皇家化学会	3.06	87	7.99
Chemical Communications	英国皇家化学会	6.06	82	28.94
Advanced Materials	Wiley-Blackwell	17.79	78	78.14
Polymer	Elsevier	3.77	68	11.71
Journal of Materials Chemistry A	美国化学会	8.46	61	33.44
ACS applied materials & interfaces	美国化学会	7.60	55	24.85
Macromolecules	美国化学会	5.76	52	32.81
Acta Polymerica Sinica	科学出版社	0.39	42	1.21
Angewandte Chemie - International Edition	Wiley-Blackwell	10.80	41	48.98
Polymer Chemistry	英国皇家化学会	5.30	41	14.44

当前，新一轮科技革命和产业变革正在孕育兴起，全球科技创新呈现出新的发展态势和特征，物质结构、宇宙演化、生命起源、意识本质等基础科学领域正在或有望取得重大突破性进展，信息技术、生物技术、新材料技术、新能源技术正在广泛渗透。中国已将机器人和智能制造纳入了国家科技创新的优先重点领域。移动互联网、智能终端、大数据、云计算、高端芯片、新能源、气候变化、空间、海洋开发、低碳技术、生物能源、生物制造等将成为世界科技创新发展的重要领域，也是创新型国家建设的重要突破口。因此，我国应加快对科技期刊学科布局的调整，根据"十三五"重点发展的学科，鼓励在推动科技创新的重要领域创办新刊。对于存量期刊，要进一步调整报道方向，明确定位和作用，为我国科技工作者参与国际交流和竞争，也为新成果的技术开发与转化提供平台。

（三）获取优质稿源和稳定出版体量是科技期刊影响力提升的根本

缺乏优质稿件一直以来都是中国科技期刊面临的最大挑战。首先，科研评价导向被公认是造成这种局面的主要因素之一，尽管已经有部分学术期刊进入到国际一流刊物的行列，然而大部分中文学术期刊在被认可度上仍然无法和国外期刊相提并论，科学家需要在更高声誉的国际主流英文刊物上发表论文才会被同行认可，因此我国优秀的研究人员很少会将自己的成果发表在中文学术期刊上。其次，经费问题也是限制学术期刊获取优质稿源的因素。由于部分学术期刊没有获得足够的经费支持，需要自我开展多种经营以维持运转，甚至还需要向作者收取一定的版面费用，这也会影响不少高水平作者的投稿意愿。再者，国内期刊的同质化现象也对期刊发展带来不利影响，由于缺乏长远的发展规划，期刊的宗旨没有跟随学科的发展做出相应的调整，很多期刊办刊方针并不明晰，同类型期刊较多，而国外出版机构会随时根据学科的发展创办新刊或者停掉某些逐步偏离学科发展方向的期刊，期刊内容和定位呈现动态发展趋势。我国期刊受限于管理体制等诸多因素，基本上自创刊起就固化了办刊方向和服务对象，很难根据学科发展或出版市场变化进行有效的应对。

优秀期刊的出版体量整体下降现象值得注意。中国 SCI 期刊的平均年载文量近年来呈现持续下降的态势，与 JCR 收录全部期刊的平均年载文量相对稳定且略有上升（年均增幅约为 1.5%）的态势正好相反。统计结果显示（表 1-34），我国被 SCI 收录期刊的平均年载文量由 2013 年的 167 篇下降至 2016 年的 144 篇，年均降幅约为 4.59%。这或许表明中国科技期刊的稿源竞争力近年来有所下降，从而表现出在科技期刊国际化发展的政策和经费的鼓励和支持下，虽然有越来越多的期刊被国际主流检索系统收录，影响因子等主要影响力指标也有所上升，但期刊发表论文的数量规模却持续萎缩[①]。

（四）分类建设编辑出版人才队伍是当务之急

科技期刊能力建设的根本在于编辑出版人才，一流的编辑办一流的期刊，加快编辑出版人才队伍建设是重中之重。

在人才队伍建设方面，目前重视的仍然是学科编辑。中国科协和中国科学院两大系统制定了较为稳定的支持政策。中国科协精品科技期刊工程设立了出版人才培育项目，连续三年，每年 5 项，支持力度 15 万元/项/年。"中国科学院文献

---

① 任胜利.2016 年我国英文版科技期刊发展回顾.科技与出版，2017，2：26-29.

情报和期刊出版领域引进优秀人才择优支持项目"简称"小百人计划",每年资助 3~4 人,每人 25 万元,连续三年。不过此项目更倾向于支持英文期刊编辑人才的引进。未来,仍需加强制定期刊出版人才战略规划,建立完善的人才培养、评价和奖励机制,提高编辑队伍的创新能力和国际化、专业化水平,同时应特别加强对中文办刊人员的重视和培养。

针对不同办刊模式的期刊和编辑部,还应推进主编、编委会、运营管理、技术编辑的整体队伍建设,带动中国科技期刊编辑出版人才队伍的全面发展。在学术质量提升方面,对优秀办刊人、审稿人进行奖励,支持期刊依据国际标准聘请高水平主编,以及具有国际水准的期刊编委、审稿人;在运营管理方面,通过国际合作方式进行编辑人员业务培训,选派更多的优秀编辑骨干到国外先进期刊社或出版机构进修学习,提高运营管理业务素质;还应培养一批技术编辑,加强其在新技术、新媒体、新平台的使用能力。

五、集群化发展是中国科技期刊出版产业做大做强的重要途径

从国内外科技期刊出版行业的发展规律来看,没有规模就没有效益,而要实现规模就得走集约发展与资源整合之路。近年来,中国科技期刊在集群化方面做出了创新和突破,形成了以中国航天期刊群、中国光学期刊联盟和中国力学期刊联盟等为代表的专业学科刊群,以中国科技出版传媒股份有限公司(科学出版社)、中华医学会杂志社、高等教育出版社、北京卓众出版有限公司等为代表的大型期刊集群,积极探索新型出版模式,形成了编辑、出版、传播、利用全链条的数字化转型,并以数字化平台为核心,提升了集约化发展的能力。

(一)整合学科资源,实施规模化发展战略

科技期刊的一个重要集群化模式就是发展学科刊群。中国科协精品科技期刊工程就是以学科刊群为纽带,加强同类优秀期刊的协同与联系,建立起一批具有学科优势和集群效应的科技期刊集群,实现规模效应与群体优势,强化为学科领

域的服务能力，为打造既有中国特色又有国际影响的科技期刊出版品牌，增强我国科技文化产品的国际传播能力和影响力打下了较好的基础。

中国科学院上海光学精密机械研究所（下称中科院上海光机所）十余年来实行科技期刊集群化经营，整合我国光学期刊资源，建立了"中国光学期刊联盟"和"中国光学期刊网数字出版技术平台"，实现了由传统出版模式向数字化出版模式的转型。自2002年起，中科院上海光机所积极整合光学资源，提出并构建了"中国光学期刊网"雏形，于2004年正式开通，成为基本囊括国内所有光学期刊及部分国外最新文献的数字出版及资源平台。目前，该网站日均页面访问量约30万，超过美国光学学会数字出版平台，位列全球所有网站排名的前1%，成为全球访问量最大的光学专业网站。借助中国光学期刊网这一共享数字出版平台，中国激光杂志社以《中国激光》《光学学报》等权威期刊为龙头，以"共享资源，共享经验，抱团取暖，做大做强"为宗旨，以相同专业为导向，跨主管部门、跨主办单位、跨地域整合国内光学期刊，于2004年成立"中国光学期刊联盟"。目前，该联盟已整合由中国科学院、中国科协、中国兵器工业集团、中国航天科工集团、中国工程物理研究院、工信部等16个部门主管、50多个单位主办的48种光学期刊，占国内所有光学期刊数量的95%[①]。整合期刊资源后，按照编辑和经营分离的思路，中国激光杂志社负责各加盟期刊的数字发布权、纸刊发行权和广告代理权等营销业务，通过联合发行、经营广告、举行学术会议、举办行业展览、开展项目研究等多种经营形式，并按一定比例分成，提升资源整合的效率和紧密性，规模化经营战略不断深入，依托平台整合优势，杂志社年收入已达1000多万，开创了一种突破主管、主办和地域限制，实现期刊集群化发展的独特模式，其基本思路和理念为国内多家同行所仿效。

（二）建设期刊集群，实施集团化发展战略

从出版产业发展角度分析，当前国际科技期刊出版产业已颇具规模，垄

---

① 中国科学技术协会主编.中国科协科技期刊发展报告（2016）.北京：中国科学技术出版社，2016.

断竞争的市场格局基本形成。根据《国际科技与医学出版者协会报告 2015》（*The STM Report 2015*），全球英语 STM 期刊在 2013 年度的收入约为 100 亿美元（2008 年为 80 亿美元，年均增幅约为 4.5%），2013 年度更广义的 STM 信息出版市场价值大约为 252 亿美元，其中约 55% 的收入来自美国出版公司[①]。而中国的科技期刊大多停留在"小、散、弱"的小作坊时代，集团化建设步伐缓慢，市场化程度低，难以获得规模经济效益。即使有些期刊与国际出版商合作，也大多处于依附地位，在期刊运作的研发、销售等高附加值环节难以得到提高。

近年来，在以企业为主体、市场为导向的科技期刊发展环境中，一批国有期刊出版企业深化改革，逐步完成了资源的整合和集成，以中国科技出版传媒股份有限公司、中华医学会杂志社、高等教育出版社、卓众出版公司等为代表的出版企业，旗下的期刊集群发展已经颇具规模。

中国科技出版传媒股份有限公司是我国最大的科技期刊出版机构，出版期刊 300 余种。"十二五"以来，以《中国科学》和《科学通报》（"两刊"）为龙头，以中科院"率先行动"计划为契机，以平台建设为基础，打造了一批高水平、具有国际影响力的学术期刊群；聚集了一批有专业特色和行业影响力的学术期刊，在若干个学科领域形成了专业期刊集群；创办了一批优秀英文期刊，建成功能完善、技术先进的一体化期刊服务体系（"三个一批"）。

目前，《中国科学》杂志社负责编辑出版的"两刊"系列初步呈现出具有国际影响力的学术期刊群的端倪；北京中科期刊出版有限公司的多学科期刊集群平台建设初具规模；科学出版社与爱思唯尔合资成立的北京科爱森蓝文化传播有限公司（科学出版社控股，简称科爱公司），按照国际化办刊模式已经在新兴学科、交叉学科、期刊空白学科适时创办了 14 种国际网络版期刊，如《合成生物与系统生物技术》《新兴污染物》等。截止到 2017 年底，科爱公司编辑出版服务的英文科

---

① Mark Ware，Michael Mabe，编著. 中国科学技术协会组织翻译. 国际科技与医学出版者协会报告. 2015.

技期刊已超过 40 种。科学出版社传统图书出版部门也利用学科资源优势，创办了十余种颇具专业特色的学术期刊，如 *Chinese Annals of History of Science and Technology*（《中国科学技术史（英文版）》）、*Journal of Management Science and Engineering*（《管理科学学报（英文版）》）等。

（三）专业分工协作，完善科技期刊产业链

集群化发展是中国科技期刊出版产业做大做强的重要途径。下一步要通过市场化手段对既有期刊资源进行整合、重组，通过政策引导、加大资金支持力度等手段，重点扶持一批有发展潜力的科技期刊出版单位，通过体制创新、制度创新、人才创新、业态创新等，增强自主创新能力和市场竞争力，激活科技期刊的发展动力，从而带动中国科技期刊的整体发展。

加强期刊出版单位内部资源的优化配置，加强编辑加工基地建设，加强数字出版和传播平台建设，通过专业分工基础上的协同合作，不断完善科技期刊出版产业链。努力使期刊出版单位实现学术与经营分离，编辑部负责学术，开展期刊组稿、采编等学术管理工作，设立市场部作为经营支撑平台，负责全部期刊的市场运营与发展，从财力上、市场运营上支持期刊的发展，提升办刊水平和运营效率，降低办刊成本，增强办刊竞争力，形成多元化、专业化运营优势，整合期刊资源、塑造核心品牌。强化精品刊群品牌建设，依托优质学术资源或具有自主知识产权的出版平台，支持建设以学科等要素为纽带，跨学科、跨地域的学术期刊联盟。依托主管主办单位、出版单位、专业学会等多种形式，寻求突破组织结构、管理机制和传播体系等方面瓶颈的有效办法，创造集群化刊群内容、技术、平台、人才的共享环境。打造一批形态多样、特征明显、手段先进、效果显著、可持续发展能力好、具有一定国际竞争力的学术期刊集群。

六、从"借船出海"到"造船出海"是中国科技期刊国际化之路

英文期刊是科技期刊国际化水平表现的重要组成部分，充分了解我国英文科

技期刊发展现状，进而总结中国科技期刊国际化发展优势及特点，有助于科技期刊从"借船出海"到"造船出海"，进一步提升中国科技期刊的国际影响力。

（一）英文刊指标发展态势良好，载文量亟需提高

影响因子是科技期刊学术质量的表现之一，从期刊学术指标来看，我国期刊均呈现较好的发展态势，自2005年起，我国JCR期刊在国际同学科期刊中的排名不断提升，其中位于Q1和Q2区的期刊发展尤为迅猛。2015年度SCI收录的Q1区的中国期刊23种，2016年度上升至34种，占2016年中国SCI期刊总数（179种）的18.99%。

然而，只有"质"没有"量"，刊物没有出版规模，没有一定容量，是不会出现一流影响力的，也就难以基业长青[①]。从中国科技期刊平均载文量的变化来看，2005年中国SCI期刊的平均载文量为220篇，而到2016年却降至144篇，减少了34.55%，而与此同时SCI的全部期刊平均载文量却在上升，这一不正常现象我们应该予以充分重视。

针对高影响力期刊的调研统计显示，JCR2016年收录的179种中国学术期刊中影响因子位于前20名的期刊中，有15种期刊发表文章量小于所有期刊的平均载文量139篇，占前20名的四分之三；发文最少的期刊2016年发文17篇。表3-11列举了JCR2016年影响因子排名前十的中国英文刊。

近十余年来中国国际合作论文比例逐年提高，合作研究国家越来越多。通过Scopus数据库统计[②]（图3-2），以现有SCI收录的179种中国大陆期刊2005—2016年数据为统计样本，从其中发表的国际合作论文数量占这些期刊发表论文（所有文章类型）总数量的比例来看，中国SCI期刊国际合作论文比例自2005年以来逐年提高，2016年达到了34%，即三分之一的文章有国外作者，与世界上158个国家进行了合作。

[①] 肖宏. 谈期刊出版创新理念——"质""量"一流，自主创新（一）. 科技与出版，2012，（08）：4-6.
[②] www.scopus.com（检索时间为2017年4月10日）

表 3-11　JCR2016 年影响因子排名前十的中国英文刊

序号	英文刊名	中文刊名	影响因子	2016年可被引文章
1	Cell Research	细胞研究	15.606	75
2	Light-Science & Applications	光：科学及应用	14.098	83
3	Fungal Diversity	菌类多样性	13.465	26
4	Bone Research	骨科研究	9.326	27
5	National Science Review	国家科学评论	8.843	17
6	Molecular Plant	分子植物学	8.827	105
7	Nano Research	纳米研究	7.354	351
8	Journal of Molecular Cell Biology	分子细胞生物杂志	5.988	41
9	Cellular & Molecular Immunology	细胞与分子免疫	5.897	78
10	Protein & Cell	蛋白质细胞	5.374	57

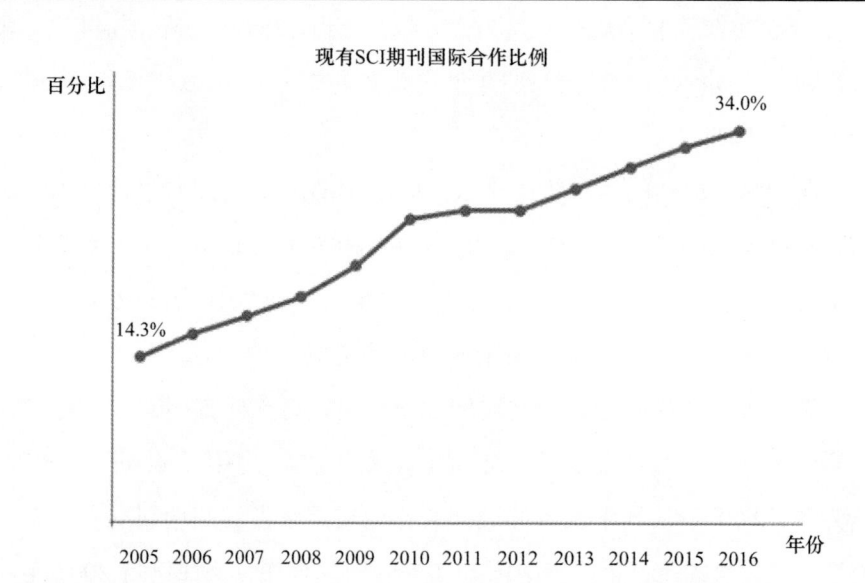

图 3-2　近十余年来中国 SCI 期刊的国际合作论文比例趋势

（二）经费支持初见成效，新办英文刊发展快起点高

2013 年启动的中国科技期刊国际影响力提升计划（下称"期刊影响力计划"），重点支持了一批学术质量较高、国际影响力较大的英文期刊，着力提升学

术质量和国际影响力；同时争取每年创办 10 种代表中国前沿学科和优势学科，或能填补国内英文期刊学科空白的高水平英文科技期刊。中国科协于 2016 年起开始实施了中国科技期刊登峰行动计划（下称"登峰计划"），旨在推动一批科技期刊攀登世界一流科技期刊高峰。"在重点学科领域中遴选十余种期刊进行优先支持，打造中国的 *Science*、*Nature*"，2016 年共有 15 种期刊入选。2013—2015 年，第一期"期刊影响力计划"共支持 135 种英文科技期刊，A 类 15 种，B 类 40 种，C 类 50 种，D 类 30 种新刊。

在中国英文科技期刊中，国际化程度较高、具有较大发展潜力的期刊基本都入选上述两个计划。但总入选期刊仅有 159 种，占现有中国英文期刊 302 种的 52.65%，也就是说，有近一半的英文期刊未受到资助，且有 66 种期刊连续得到资助，甚至有四种期刊同时获得第一期、第二期提升影响力计划和登峰计划的资助。

在第一期得到 ABC 类资助的期刊中，截至 2015 年项目结束，从影响因子来看，有 54 种期刊影响因子提升，占总项目支持总数近半，整体平均涨幅 10.8%，其中 *Journal of Rare Earths*（《稀土学报》）涨幅最高，提高了 73.5%；总被引次平均涨幅 20.7%，其中 *Acta Metallurgica Sinica-English Letters*（《金属学报（英文版）》）涨幅最高，提高了 80.5%。

另外，可喜的是，我国新创办的英文期刊大多较快被国外知名数据库收录。例如，分析我国收录于 SCI 数据库期刊的创刊年份得知，有 33 种期刊创办于 2009 年以后，占我国 SCI 期刊总数的 17.8%；有 77 种期刊创办于 2000 年后，占总期刊数的 41.6%；尤其是影响因子在前 20 名的期刊中，有 12 种创办于 2009 年后（图 3-3）。

（三）国际化发展需要从"借船出海"到"造船出海"

毋庸置疑，期刊国际化发展初期，采取与国际出版机构合作的"借船出海"方式，既是可行的，也是必经之路。现阶段中国科技期刊不断提升的传播度、显示度以及引用水平主要依托与国际出版商的合作。中国 SCI 期刊中，仅有 13 种期刊未与国际出版商合作（占中国 SCI 期刊总数的 7.26%），利用自己或国内出版单

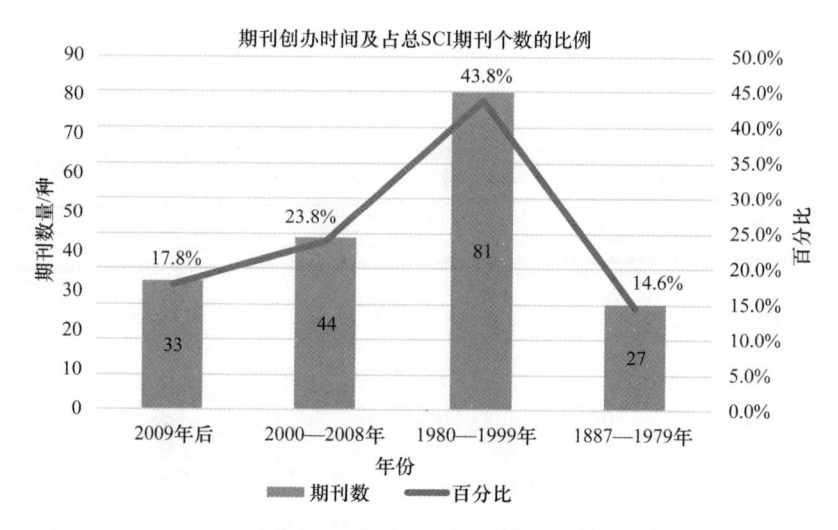

期刊创办时间及占总SCI期刊个数的比例

图 3-3 创刊时间及占 SCI 收录期刊总量的比例

位提供的平台。这种与国际出版商的合作主要采用有偿服务的方式，其中主要合作对象依次为：Springer Nature，Elsevier，Wiley-Blackwell 等（表 3-12）。中国 SCI 影响因子前 70 位的期刊均与国际出版商进行了出版合作。换句话讲，目前中国高影响因子的科技期刊，无一例外地都依赖于海外出版商所提供的发展平台，假如这些科技期刊离开了国际出版商的出版技术和平台，则难以拥有现在的国际传播度和成绩。

表 3-12 SCI 期刊主要合作的国际出版商

SCI 期刊海外出版商	刊数/种	占比/%
Springer + BMC	67	37.43
Elsevier + Cell Press	32	17.88
Wiley-Blackwell	11	6.14
NPG	7	3.91
IOP	7	3.91
OUP	5	2.79
Taylor and Francis	4	2.23

注：（1）出版商按合作期刊数量排序。

（2）NPG 于 2015 年与 Springer 合并为 Springer Nature 出版集团，表中为进行对比，将 Springer + BMC 与 NPG 合作分别列出。

我国英文期刊的办刊团队在与国外出版机构合作的过程中无疑学到了很多学术质量标准、编辑出版质量控制、出版道德要求、宣传推广等方面的经验，同时，我们也应看到，国外出版机构大多更倾向于重视合作期刊财务能力的表现、期刊发表的文章数量、学界对期刊的认可等。也正因为如此，我国有不少采取订阅合作模式的期刊在合作协议期满后常因为期刊的盈利能力较差而被外方要求改用开放获取合作模式，尤其是近年来新创办的英文期刊，基本都是采取开放获取合作模式才得以与外方持续合作。

鉴于此，对我国英文期刊的可持续发展提出如下建议：

第一，加快提升英文期刊的国际影响力和学术声誉。目前我国英文期刊面临着如何与国外出版商竞争高质量的稿源、如何吸引更多的一流学者参与办刊、提高审稿质量等一系列问题或挑战。我国大多数英文期刊还处于缓慢发展或停滞不前的状态，需要办刊人员系统总结分析高度国际化期刊尤其是我国本土英文期刊的成功经验，深入剖析这些期刊快速国际化发展的运作机制，并采取相应的国际化发展举措。

第二，加强英文期刊自主发展能力建设。目前我国大多数英文期刊以单刊编辑部形式运作，在出版运营方面高度依赖国外出版机构。期刊的主办单位和编辑部在稿源组织、学术质量控制、编辑加工等环节投入了大量的人力和财力，但销售收入很少，甚至还要支付国外合作方一定的费用开展电子数据库的存储和推广。这种非市场化的运作方式从长远看很不利于期刊的良性自我发展。随着我国英文期刊数量规模的扩大和质量水平的提高，应有一定的政策或举措来引导期刊的集群化发展，促进数字出版与营销平台的建设，形成自主良性发展的基础。

要"借船出海"更要"造船出海"！科技期刊国际化发展需要转型升级，"造船出海"正是国际化转型升级的必然选择。尤其是中国出版界更要加大"造船出海"的力度，进一步创新方式，不断开拓走向世界的道路[①]。

---

① 刘彬. 中国出版要有造船出海勇气. 光明日报，2016-06-13.

七、依托融合出版、提供知识服务是中国科技期刊未来发展方向

2014年中央全面深化改革领导小组第四次会议审议通过了《关于推动传统媒体和新兴媒体融合发展的指导意见》。习近平总书记在主持会议时强调，推动传统媒体和新兴媒体融合发展，要遵循新闻传播规律和新兴媒体发展规律，强化互联网思维，坚持传统媒体和新兴媒体优势互补、一体发展，坚持先进技术为支撑、内容建设为根本，推动传统媒体和新兴媒体在内容、渠道、平台、经营、管理等方面的深度融合，着力打造一批形态多样、手段先进、具有竞争力的新型主流媒体，建成几家拥有强大实力和传播力、公信力、影响力的新型媒体集团，形成立体多样、融合发展的现代传播体系。因此，大数据时代、新型出版模式下的科技期刊必须顺应发展趋势，依托融合出版，提供知识服务。

（一）新技术、新平台助推数字出版

伴随着计算机技术、互联网和移动互联网技术的发展，中国科技期刊纷纷开始建立和完善其数字出版和交流平台，以数字形式开始对其知识资源进行传播和发布，不仅如此，涉及期刊发布、生产、管理、营销等传统期刊出版过程中的各个环节，均已开始以数字化、网络化、实时化的方式，为读者、作者群提供了内容丰富、形式多样的数字期刊。

网站形式是最基本的数字发布出版平台，而现在微信和微博是期刊发展新媒体的主要方式，同时，部分期刊还使用了QQ群、APP（移动终端软件）等方式，QQ群主要是即时通讯工具，适用于固定群内用户之间的沟通交流，推进信息共享。据国家新闻出版广电总局2016年年检数据，31%的期刊开通了微博、微信、APP等新型出版功能，以提高期刊的传播力及影响力。其中微信是目前期刊选用最多的新媒体形式，通过微信可以形成经过确认的强关系圈子，在圈子成员中形成有效的沟通网络；微信还可以实现与官网、采编系统、信息查询、APP等功能融合，与不同形式的媒体进行优势互补，发挥跨媒体融合的作用。期刊APP以移动终端

为载体，可以实现随身携带、随时阅读、任意定位、任意查找、跨地域阅读等。以《中国激光》和《中国国家地理》为例，这两种期刊的 APP，主要目的是通过移动终端将内容传播给用户，并提供相关的新闻资讯来吸引黏性读者群。

众所周知，大量的搜索行为不是从期刊网站开始的，多达 60%的网站链接是来源于搜索引擎。鉴于此，期刊网站和全文内容设计应基于搜索引擎最优化，也就是说，科技期刊平台的技术焦点应该是从如何使内容更容易被搜索和发现（如平台架构、语义富集、搜索引擎优化等），转换为如何使内容更有用、更互动、更可用和再利用（如应用程序接口（API）技术、数据集成、数据和文本挖掘、语义网络技术、生产和工作流程工具）。

近些年，中国科技期刊行业人员讨论"增强出版"的出版模式，已有一定的进展[①]。而国际出版商也在不断地创造和研究一些潜在的新方法来探索、展示、格式化和共享网站上的文章及其相关内容。增强型 HTML 格式，如 Elsevier 的未来文章格式（Article of the Future）、Wiley-Blackwell 的 Anywhere Article 和 eLife 的镜头格式（Lens formats），以及其他出版商推出的类似文章格式。这些格式都是基于研究科研人员怎样使用在线文章而建立的，其主要目标是改善和简化用户体验。未来科技出版平台的一个关键的技术特征是应具有开放的应用程序接口，提供免费的技术参数，使得平台可以互相衔接，共享资源。当代应用程序接口的发展将有助于出版商开放更多新产品，提供更快捷的服务。

（二）学术期刊数字出版需要成熟稳定的商业模式

目前，西方发达国家已成功实现由传统出版向数字出版转型，大型出版集团已经完成了一系列数字出版的基础性工作，如内容资源的数字化、数字出版平台的搭建以及数字内容存储技术、展示技术的应用等，已经开始利用数字出版技术的优势向其他国家进军。经过近 20 年的发展，欧美大型出版集团已经成功建立起

---

① 刘锦宏，张亚敏，徐丽芳. 增强型学术期刊出版模式研究. 编辑学报，2016，28（01）：15-17. [2017-09-09]. DOI：10.16811/j.cnki.1001-4314.2016.01.005.

基于海量内容的在线知识服务商业模式，营收稳定，且增值幅度大。据 Elsevier 科技部战略总监 Alexander van Boetzelaer 博士 2009 年 10 月 27 日在上海召开的"第五届中国科技期刊发展论坛"上声称，2008 年，Elsevier 初步完成了从"传统出版商"过渡到"信息解决方案提供商"的转型，公司 80%的收入来自于数字化产品。

与此相比，我国数字出版虽然也取得了一定的成绩，但是仍然处于劣势，数字出版产品没有形成品牌优势。中国科技期刊普遍未建立起成熟的商业模式，数字出版收入所占比例明显偏低。据国家新闻出版广电总局 2016 年年检数据（参见表 1-18），在有效统计的 4967 种中国科技期刊中，3749 种期刊是没有任何数字出版收入的，占统计期刊总数的 75.48%，另有 536 种期刊年度数字出版收入尚未达到 1 万元人民币。究其原因，是我们数字出版的商业模式还处于起步阶段，对于数字化新技术的反应滞后，大部分期刊还只是纸质版期刊内容的数字化而已。

（三）预印本平台：科技论文的新型呈现形式

预印本（Preprint）是指科研工作者的研究成果还未在正式出版物上发表，而出于和同行交流目的自愿先在学术会议上或通过互联网发布的科研论文、科技报告等文章。与刊物发表的论文相比，预印本具有交流速度快、利于学术争鸣的特点。从预印本网站上获取信息，一般电子预印本比印刷版论文发表早 1~2 年。这对前沿科学的研究人员有一定参考性。最早的预印本平台出现在 1991 年美国的洛斯阿拉莫斯国家实验室（LANL），范围主要集中在高能物理领域的 arXiv，到现在，arXiv 已从高能物理领域发展到物理学、数学、计算机科学、量化生物学、量化金融学、统计学等多学科领域。

2016 年，各学科领域频频建立新的预印本服务器，迎来又一波高潮。2016 年 5 月 17 日 Elsevier 宣布收购社会科学研究网（Social Science Research Network，SSRN）。SSRN 是全球经济学、法学和社会科学研究领域最受欢迎的预印本仓储之一。在服务器收藏了 20 多万篇可供免费下载的论文全文以及 30 多万篇论文摘要和作者信息。同在 2016 年，我国发布了第一个按国际通行模式规范运营的预发布平台，中国科学院科技论文预发布平台（ChinaXiv），致力于构建一种学界自治的科研成果交流和共享平台，面向全国科研人员接收中英文科学论文的预印本存缴和已发表科学论文的开放存档，鼓励科研人员公平竞争，保障优秀科研成果首发权的认定，推动科研成果的开放获取，促进更大范围的学术交流。

预印本快速发展使得让原已深受开放获取影响的科技期刊受到了更大冲击，尤其是科技期刊的诟病许久的同行评议周期，甚至有人开始提出是否预印本会取代学术期刊。另外，期刊同行评议，或者称为对科研成果的"认证"功能，根据《国际科技与医学出版者协会 2015 报告》分析，在某些学科，期刊的"认证"功能并非是一定必要的，人们愿意接受预印本（未经同行评议的作者原稿）来代替最终发表的版本，特别是在理论性学科和大型实验性学科（高能物理学、理论物理学、数学、计算机科学），但是在中小实验领域（生命科学、化学、地质学等）更为重要，单纯从科研人数上来讲，后者拥有全球研究人员数量的绝大部分。

尽管预印本平台技术和功能有了一定的发展，但目前仍存在一些明显弊端，如无法被检索数据库检索、无内容审核程序等问题。对于科技期刊来讲，应有充足的危机感，一方面需要提供更加优质的同行评议，改善同行评议的大环境，另一方面，重视将技术与平台相结合来加快自身发展，适应预印本与学术期刊共存现状，让科研学术环境更加完善。

（四）知识服务：大数据时代的科技期刊发展方向

1996 年，世界经合组织发表了题为《以知识为基础的经济》的报告[①]，预示着社会经济形态将进入现代化的最高级——知识经济时代。而"大数据"，2009 年还是互联网公司的专业术语，2013 年就已经成为了一股社会浪潮。2015 年国务院在《促进大数据发展行动纲要》中指出，信息技术与经济社会的交汇融合引发了数据迅猛增长，数据已成为国家基础性战略资源，大数据正日益对全球生产、流

---

① OCED. The Knowledge-based Economy. http://www.oecd.org/sti/sci-tech/theknowledge-basedeconomy.htm. [2017-11-09]

通、分配、消费活动以及经济运行机制、社会生活方式和国家治理能力产生重要影响。

随着信息技术的不断突破，知识经济从概念到实践的逐渐成熟，知识服务，一种面向用户提供知识内容和解决方案的服务，一种用户利用自己的专业知识参与分析和决策的个性化服务，必将成为大数据时代科技出版的发展方向。趋于集成化发展的科技期刊群，将逐渐整合成为科研人员的创新研究平台，成为联系科研界和工业界的纽带。这就意味着，科技期刊未来的发展，无论其载体形式如何变化，其销售模式、管理模式甚至版权模式，都将会随着知识服务的经济模式而发生颠覆式的改变。

从销售模式来看，大数据下的知识服务销售的不再是期刊本身，而是期刊的内容整合和分析结果，用户参与的专业分析结果也可以成为销售的重要组成部分，这可能会引起版权的重新定义。当我国大部分科技期刊仍然把管理重点放在"编辑加工"的时候，国际科技期刊出版商的管理重点已经是"内容和学术经营"。科技期刊，无论是纸质载体还是网络载体，是一种实物资产。而知识服务，作为知识资产的一种形式，可以是实物——期刊内容，也可以是非实物——专业人员的融合分析。在信息经济时代，对知识资产的有效管理是赢得竞争优势的关键[1]。而大数据知识服务推动下的科技期刊出版，其管理的重点将会转变为"用户需求体验"。

大数据知识服务成为科技互联网巨头新的经济增长点，也给我国出版业带来了新的机遇[2]。中国科技期刊，尤其是英文科技期刊在从"借船出海"到"造船出海"的时候，应该顺应时代发展趋势，抓住"知识服务"带来的机遇，在与国际出版商合作的同时，广泛展开与互联网企业合作，大胆创新，推出富有中国特色

---

[1] Max H. Boisot. Knowledge assets: securing competitive advantage in the information economy. New York: Oxford University Press, 1998. 知识资产——在信息经济中赢得竞争优势. 张群群, 陈北, 译. 上海: 上海世纪出版集团, 2005.

[2] 吴雪, 陈冰洁. 知识狂欢, 凛冬将至, 出版业何以待春风？——巨头涌入, 知识服务领域将如何生长？新出版日报, (1836), 2017-9-29.

的知识服务产品和模式。

第四节　中国科普期刊发展特点及未来趋势

改革开放之后，我国科普期刊得到快速发展，出现了一批深受读者喜爱的优秀科普期刊。从20世纪90年代至今，科普期刊的发行量出现下滑[①]。目前，总体上我国科普期刊的规模和影响力相对较小，市场竞争力较弱，资金投入不足。但随着科技的发展和公众对科学教育的日益重视，我国科普期刊拥有巨大市场潜力。科普期刊需要在数字化时代找准自己的定位，充分参与市场竞争；在发挥传统媒体特色的同时，与新媒体深度融合。得到市场认可的优秀科普期刊，将不断扩大品牌影响力，走上集团化发展之路。

一、中国科普期刊发展现状

根据本书提出的科普期刊定义及筛选方法，从我国出版的科技类期刊中初步筛选出科普期刊182种。目前，除了少数期刊外，我国科普期刊普遍规模较小，影响力不大，利润偏低。

（一）科普期刊的定义

在我国出版的科技期刊中，科普期刊是一个比较小的门类。

科普，即科学技术普及，又称普及科学、大众科学、流行科学等，是指以通俗易懂的方式向公众普及科学技术知识、倡导科学方法、传播科学思想、弘扬科学精神的活动。科普期刊（或称科普杂志）与学校的正规科学教育不同，是对公众进行非正式科学教育的读物。科普期刊的主要特征是：（1）面向大众（非专业人员），读者主要是非科研人员，也包括希望获取其专业领域之外的科学信息的科研人员；（2）以相对浅显的语言介绍与科技相关的原理、知识、新闻、观点等。

---

① 初迎霞，孙明，张品纯. 我国科普期刊的发展历程[J]. 编辑学报，2011，23（4）：288-290.

区分某个刊物是否是科普期刊，我们主要通过以下两个方法：（1）根据期刊对自身办刊宗旨、读者定位的说明。很多期刊明确说明了自身是科普期刊还是学术期刊、专业期刊，面向的是大众还是本专业、本行业人员。（2）根据期刊所发表的文章的内容和性质进行判断。如果发表的是研究论文、报告、综述，或是以本行业的产品、市场、发展趋势、政策等信息为主，则不属于科普期刊。如果文章内容与科学原理、知识、方法等关系不大，也不属于科普期刊。

具体来说，行业期刊、学术期刊不属于科普期刊。此外，教辅类期刊，商业类期刊，时尚消费、产品评测类期刊，女性、男性、生活时尚类期刊，气功养生类期刊以及科幻、奇幻类期刊等，也不应归类为科普期刊。少数期刊既发表一些行业、学术类文章，也发表相当比例的科学知识类文章，可以归为科普期刊。

国家新闻出版广电总局近年来对期刊的统计，是将期刊分为综合类期刊、哲学社会类期刊、自然科学技术类期刊、文化教育类期刊、文学艺术类期刊 5 类。科普期刊与上述 5 类期刊可能会有交叉，例如文化教育类期刊中也有一些科普期刊。本书基于自然科学技术类期刊中的科普期刊进行统计分析。

（二）我国科普期刊的数量

我国 2016 年出版的 5020 种科技期刊中，除去经过认证的学术期刊外，还有 1060 种。但这些期刊并非全是科普期刊，而主要是报道行业资讯的行业性期刊，以及一些以发表论文为主但未通过学术期刊认证的期刊。另外，还有不到 100 种教辅类、商业类、时尚消费类、产品评测类、气功养生类以及科幻、奇幻类期刊等。

按照前述原则和方法，从 1060 种期刊中初步筛选出科普期刊 182 种。以下的分析统计主要是基于这 182 种期刊的数据进行的。

按刊物涉及的内容范围，上述 182 种科普期刊可再分为包含科学技术各个方面的综合类科普期刊和专注于某一个学科/领域的专科类科普期刊。例如，《科学世界》《环球科学》《知识就是力量》《科学画报》等都是典型的综合类科普期刊；《兵器知识》《现代物理知识》《心理与健康》《中国国家天文》等则属于专科类科普期刊。

182 种科普期刊中,数量最多的是医药、卫生类科普期刊,有 60 种,占科普期刊总数的 32.97%。综合类自然科学(自然科学总论)科普期刊有 53 种,占 29.12%。应用科学、技术类(农业、林业,工业技术,交通运输,航空、航天,环境科学、安全科学等)科普期刊有 51 种,占 28.02%。其他基础科学类(数理科学和化学,天文学、地球科学,生物科学等)科普期刊有 18 种,占 9.89%(表 3-13)。

表 3-13 我国 182 种科普期刊的学科分布

学科分类	科普期刊数量/种	学科分类	科普期刊数量/种
N 自然科学总论	53	S 农业、林业	10
O 数理科学和化学	5	T 工业技术	23
P 天文学、地球科学	8	U 交通运输	5
Q 生物科学	5	V 航空、航天	8
R 医药、卫生	60	X 环境科学、安全科学	5

182 种科普期刊中,月刊 107 种,占到 58.79%;其次为半月刊,有 29 种,占 15.93%。刊期最短的为周刊,最长的为季刊(图 3-4)。

从科普期刊的属地分布来看,北京、上海、广东出版的科普期刊种类最多,共 105 种,占全国科普期刊的 57.69%。特别是北京出版的科普期刊多达 78 种,占全国科普期刊的 42.86%(图 3-5)。

从期刊主管单位来看,拥有上述 182 种科普期刊数量较多的主管单位依次为:中国科学技术协会(27 种)、中国科学院(15 种)、国家卫生和计划生育委员会(10 种)、上海世纪出版股份有限公司(6 种)、中国教育部(3 种)、中国工业和信息化部(3 种)、国家林业局(3 种)、上海市科学技术协会(3 种)。

根据《全国期刊业基本情况》[①](国家新闻出版广电总局规划发展司)的统计分析,近几年来全国期刊的总印数从 2012 年的 33.5 亿册逐年下降到 2015 年的 28.78 亿册,平均期印数从 2012 年的 16767 万册下降到 2015 年的 14628 万册。这主要

---

① 国家新闻出版广电总局规划发展司. 2015 年全国期刊业基本情况[J]. 中国期刊年鉴, 2016: 456.

图 3-4　182 种科普期刊的刊期分布

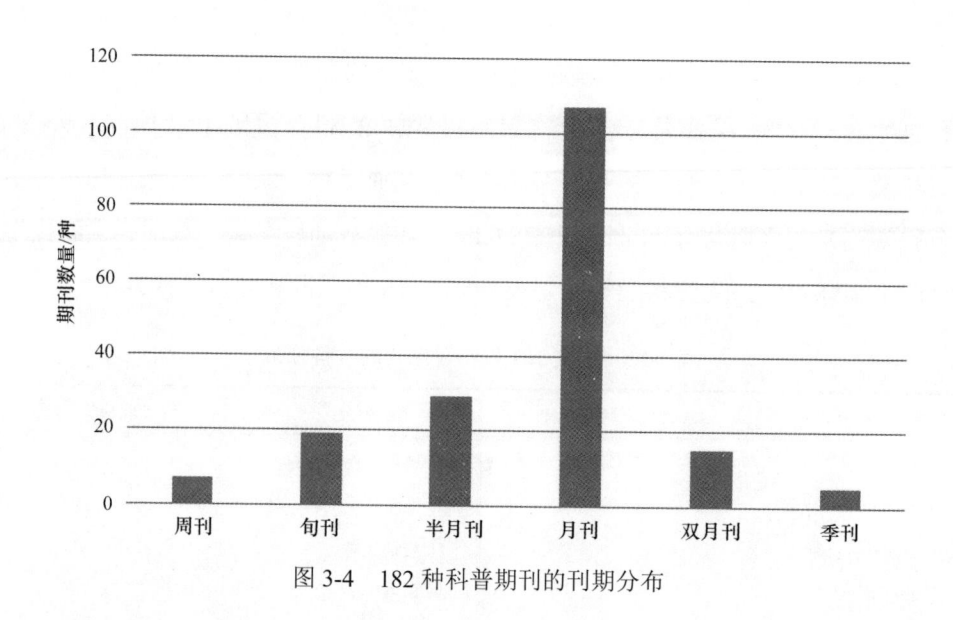

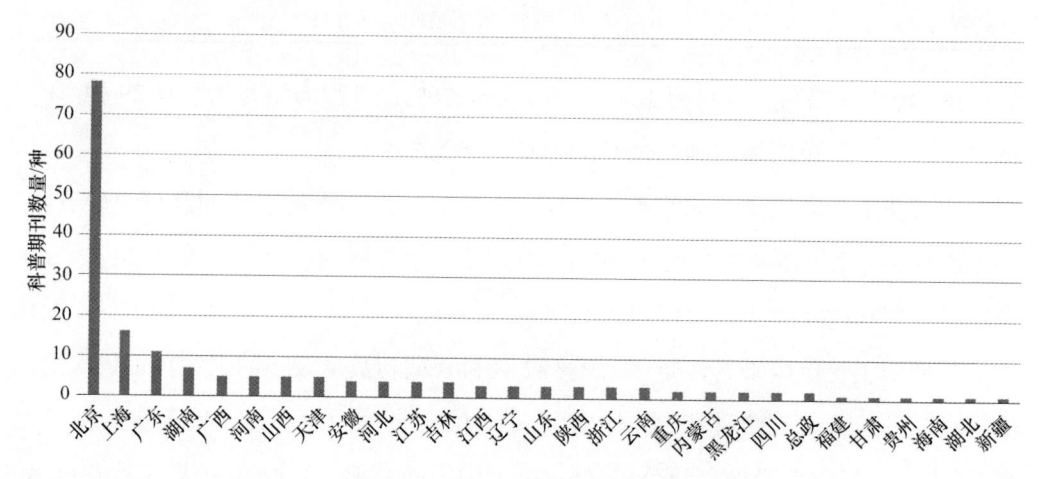

图 3-5　科普期刊的属地分布

是人们的阅读习惯发生变化造成的，科普期刊也不例外。科学技术部发展计划司的《全国科普工作统计分析报告》[1][2]显示，近年来我国科普期刊的总印数也呈明

---

[1] 科学技术部发展计划司. 2008 年全国科普工作统计分析报告[R]. 科技统计报告（20），2009.
[2] 科学技术部创新发展司. 2013 年全国科普工作统计分析[R]. 科技统计报告（14），2015.

显下降的趋势。

（三）我国科普期刊的规模和影响力

我国从事科普期刊工作的人员较少。基于对 2016 年国家新闻出版广电总局年检数据进行的统计，182 种科普期刊的总从业人数约 2500 人。其中，在编人数约 980 人，聘用人数约 1520 人。采编人员的数量约 1250 人，占总从业人数的 50%。

大部分科普期刊的规模相对较小。约 80% 的科普期刊总人数（包括采编、行政、广告、发行、新媒体工作人员等）少于 20 人；46% 的科普期刊总人数不到 10 人。

相对于时尚、文化类杂志，科普期刊的发行力量薄弱。85% 的科普期刊发行人员不足 3 人。作为面向大众的刊物，科普期刊的发行量普遍偏低。约 70% 的科普期刊平均期发行量不到 3 万册，达到或超过 10 万册的只有 10%，这与我国巨大的人口基数很不相称。也有个别发行量较高的科普期刊，期发行量达到 50 万册以上，主要是在我国拥有较大读者群基础的健康类科普（《家庭医生》）和人文旅游地理类科普（《中国国家地理》）。

与国际知名科普期刊如 *Scientific American*（《科学美国人》）等相比，我国科普期刊的国际影响力非常小。*Scientific American* 除了英文版在全球发行之外，还在全球出版包括中文版在内的 14 种语言的版本[①]。我国的 182 种科普期刊，除了 3 种为少数民族语言外均为汉文，几乎没有其他语言的版本，且绝大部分都没有海外发行。个别几种有海外发行的杂志，海外发行量也只有几百册，最多一两千册。

（四）我国科普期刊的经营状况

我国科普期刊的定价总体比较低。182 种期刊中，定价在 10 元以下的有 91 种，占 50%；定价 10（含）~20 元的 77 种，占 42.31%；定价 20（含）~30 元的 11 种，占 6.04%；定价 30 元（含）以上的有 3 种，最高的定价为 42 元。

---

① About Scientific American[Z]. [2017-10-20]. https://www.scientificamerican.com/page/about-scientific-american/.

年度广告收入10万元以下的86种（47.25%），10万（含）~50万元的41种（22.53%），50万（含）~100万元的17种（9.34%），100万（含）~200万元的14种（7.69%），200万（含）~300万元的11种（6.04%），300万元及以上的13种（7.14%）。

发行收入10万元以下的71种（39.01%），10万（含）~50万元的30种（16.48%），50万（含）~100万元的22种（12.09%），100万（含）~200万元的20种（10.99%），200万（含）~300万元的13种（7.14%），300万元及以上的26种（14.29%）。

我国科普期刊的利润普遍偏低。上述182种科普期刊中，75%年利润总额不到10万元，甚至有将近25%的期刊利润总额为负数。部分科普期刊经营情况较好，年利润总额在100万元以上的有16种（占8.79%），其中有一半（8种）是健康类科普期刊。利润总额比较突出的是《中国国家地理》，年利润达到700万元以上。

二、中国科普期刊发展特点

目前，我国科普期刊的发展面临着一些问题和挑战，包括科普的小众化、新媒体的冲击、高水平科普作家的缺乏、市场竞争能力较弱、资金投入不足等。

（一）科普内容消费成为小众市场

随着社会经济的发展，人们文化生活的日益丰富，读者所关注的内容在发生变化，关心的领域也在不断扩大。现在最受人们关注的是社交、时尚、健康、旅游、文化、娱乐等领域的信息，科学、科普则成为比较小众的领域。青少年学生是科普期刊的重要读者，然而应试教育使得这部分读者将更多的精力用于阅读教辅类书刊。

（二）新媒体对传统期刊造成巨大冲击

随着信息技术，特别是移动互联网的迅猛发展，读者获取信息的渠道迅速变化，自媒体、电子刊、碎片化阅读等越来越成为主流。由于受众的结构发生了变化，美国杂志媒体协会将杂志版本分为了印刷+数字版、网络版、移动版、视频版四类[①]。

根据中国新闻出版研究院发布的《第十四次全国国民阅读调查报告》[②]，2016年我国成年国民各媒介综合阅读率为79.90%，较2015年的79.60%略有提升。其中，数字化阅读（网络在线阅读、手机阅读、电子阅读器阅读、Pad阅读等）方式的接触率为68.20%，较2015年的64.00%上升了4.2个百分点；期刊阅读率则为26.30%，较2015年的34.60%下降了8.3个百分点。

近年来我国部分科普期刊停刊，或放弃纸刊出版而转向数字化出版，以减少印制发行等成本，来寻求新的发展。但数字化出版的赢利模式尚需摸索。科普期刊的竞争对手不再限于同类期刊，而扩展到各大门户网站的科技频道、科普网站、微信科普公众号以及各种移动阅读APP等。

（三）重学术、轻科普导致缺乏高水平科普作者

由于学术评价体系等制度的影响，我国学术界存在着重学术、轻科普现象。很多专业研究人员缺乏科普的热情或写作经验，而一些专业的科普作者则在专业学术素养上又有所欠缺。

科普作者的缺乏造成了科普期刊缺乏高水平的原创内容。科普期刊存在内容同质化的现象，有不少内容相互转载，甚至直接取自网络。

（四）参与市场竞争能力弱，市场配置资源能力差

我国科普期刊中，出版单位性质属于企业法人的只占小部分，大部分则属于事业法人和非法人编辑部，资金来源主要依靠自筹或主办单位全额拨款、差额拨款等。在这样的机制下，多数科普期刊缺乏参与市场竞争、有效利用市场配置资源的能力。

---

① 刘建昌. 2014—2015年美国杂志市场分析[J]. 中国期刊年鉴，2016：437.

② 中国新闻出版研究院. 第十四次全国国民阅读调查报告[R/OL]. （2017-04-19）[2017-10-20]. http://wemedia.ifeng.com/13113367/wemedia.shtml.

一方面，科普事业具有一定的公益性，需要政府的支持；另一方面，科普期刊作为媒体也需要适应市场，努力改变在市场中所处的弱势地位。

（五）对科普期刊的资金投入不足

国家近年来对科普的投入虽然在增加，但大部分科普经费集中于科普活动、项目、图书等，对科普期刊的投入相对较少。我国的科普市场目前还不成熟，大部分科普期刊作为具有公益性质的出版物，培育周期长，收益回报慢。在资金有限的情况下，难以抓住机遇扩大影响。

虽然面临着种种问题，但随着政府和公众对科普的日益重视，在全社会的支持和科普期刊从业者的努力下，我国科普期刊拥有巨大的发展潜力。

三、中国科普期刊发展趋势

我国科普期刊市场拥有巨大潜力。在数字化时代，科普期刊的定位需要发生相应的转化。既要发挥纸质期刊的特色，又要与新媒体深度融合。企业化经营，多元化、规模化发展，是优秀科普期刊的发展趋势和方向。

（一）科普期刊市场潜力巨大

公民的科学素养和科学理性的思维方式，对于社会的建设和发展至关重要。根据中国科学技术协会发布的第九次中国公民科学素质调查结果[①]，2015 年我国具备科学素质的公民比例达到 6.20%，比 2010 年第八次调查时的 3.27%提高了近 90%。但与发达国家相比，还有不小的差距。

随着社会的发展，公众日益重视科学教育，呼唤优秀的科普精品。新媒体虽然发展迅猛，但纸质期刊依然为很多读者所喜爱。此外，对于少年儿童和老年读者来说，纸质期刊仍然是优于数字化媒体的一种阅读方式。

---

① 中国科协. 第九次中国公民科学素质抽样调查结果[R/OL].（2015-09-19）[2017-10-20]. http://education.news.cn/2015-09/19/c_128247007.htm.

中国拥有巨大的读者用户基数，是全球最大的杂志市场。随着教育改革以及教育理念的不断发展，青少年学生们逐渐走出单纯应试教育的模式，开始注重综合科学素养的培养。高品质的科普期刊具有很大的市场潜力。

（二）科技发展催生高水平科普内容

我国科技水平快速发展，科技成果产出大幅增加，为原创科普内容提供了源头活水，科普也必将随之进入快速发展的阶段。学术界日益认识到科普的意义和重要性，各种层次和形式的科普创作不断涌现。

具有海外留学和研究经历的大批年轻人回到国内，加上国内外学术界的交流日益密切，将发达国家的科普意识和理念带回了国内。

（三）科普期刊定位发生转化

科普期刊具有自身的特点：与以碎片化阅读为特色的数字化媒体相比，纸质期刊的内容通常更有深度，版式、图片更美观，阅读体验更好，也更便于收藏。与图书相比，期刊则更为灵活，更贴近生活和热点。

随着数字化媒体的发展，纸质期刊的定位逐渐从大众化转向个性化、小众化、精品化。通俗类、资讯类的低端期刊会迅速被移动阅读取代，纸质期刊则趋向于高端阅读和收藏。因此，内容和阅读体验的不可替代性是科普期刊生存的关键。

（1）内容的深度化、精品化。科普期刊的时效性远落后于新媒体，但其优势在于对科学原理和相关背景的深度挖掘、解读，可以满足科学爱好者的需求。虽然在热点话题的及时报道上难以做到第一时间跟进，但是也正因此赢得了对相关话题深入挖掘，做出与众不同的精品科普文章的时间。正是这样的原创精品文章，才值得读者购买、收藏，反复阅读，从而与快餐式、碎片化的新媒体区分开，实现内容的不可替代性。

（2）阅读体验的不可替代性。纸质期刊具有大开本、版式美观和印刷效果精美的优势，可充分展现精彩大图之美。目前的移动终端等虽然灵活、方便，但无法实现纸质期刊那样赏心悦目的效果和上佳的阅读体验。纸质科普期刊要通过精心的版式设计、以图片为主的内容安排、高水准的印制质量，将视觉效果做到极致，实现阅读体验的不可替代性。例如《科学世界》杂志独具特色的图解科学风格，就得到了市场的认可。

（四）媒体融合助力科普传播

传统媒体与新媒体具有互补的优势。通过媒体融合，可以实现科普期刊内容的充分利用，拓展纸质期刊的发行渠道。

将纸质期刊内容通过新媒体的形式发布，可以实现内容的碎片化阅读，便于互动，有利于快速传播。但如果简单地将内容直接数字化，则往往阅读体验不佳。因此，需要从版式及内容上针对数字终端进行调整优化。另一个方向，则是开发全新的数字科普期刊产品。

碎片化营销、单篇销售，以及新数字期刊的开发，丰富了科普期刊的盈利模式。

科普期刊的发行传统上包括邮政发行、自办发行等形式。今后，新媒体如微博、微信、二维码、APP等将越来越多地运用到期刊的发行中。

（五）重视品牌建设，扩大品牌影响力

科普期刊将越来越重视品牌建设。在提高品牌认知度的前提下，丰富产品线，包括推出具有鲜明品牌特色的子刊、数字刊，以及各类科普活动如科学考察、科学营、科技竞赛、在线课程等，全面提升盈利能力。目前一些影响较大的科普期刊，如《中国国家地理》《环球科学》等，每年都推出一系列科考、夏令营等活动，取得了很好的社会效益和经济效益。

（六）企业化经营，集团化发展

我国多数科普期刊属于事业法人和非法人编辑部，过于依赖政府、主管部门的拨款维持生存，没有充分参与市场竞争，因此，期刊的定位和经营存在一定的

随意性和盲目性[①]。

随着出版、传媒业市场化的不断深入，将有更多的科普期刊出版单位通过转企改制，成为独立的市场主体，激发企业活力。通过市场竞争，会涌现出个性鲜明、定位准确、适应市场需求的新科普期刊，也会逐渐淘汰市场定位不清晰的期刊。优秀的科普期刊将通过市场获取更多资源，实现社会效益和经济效益双丰收。

优秀科普期刊将逐渐摆脱产品单一的模式，实现多元化、规模化、集团化发展。例如《中国国家地理》杂志社就推出了面向青少年学生的科普杂志《博物》，还与中华书局合作发行侧重于历史人文的《中华遗产》杂志，丰富了产品线。

通过规模化经营，有利于充分发挥品牌影响力，合理配置资源，降低成本，增强市场竞争力。这是科普期刊发展的必然趋势。

[①] 赵芳. 我国科普期刊出版商业模式创新[D]. 西安：陕西师范大学硕士论文，2011：12.

附录一　2016年中国科技期刊发展纪事[①]

编撰说明

本纪事以条目形式系统翔实记录了2016年我国科技期刊出版事业发展的历程和状况，客观呈现我国科技期刊出版事业发展轨迹和脉络，供业界、学界同仁参考。

编撰原则：

（1）严格按照党的路线、方针、政策及有关规定，坚持历史唯物主义观点，坚持实事求是的原则。

（2）全面系统翔实记录影响我国科技期刊出版的主要事件和活动，做到要事突出、大事不漏。纪事内容包括科技期刊业主要活动和变革，重要文件、法律法规，部分期刊社团组织、重要期刊出版单位主要活动等。

（3）采用公元纪年顺序编排，所列条目有明确日期者标明月、日，日不清者附于月末。

（4）本纪事主要来源于公开出版的图书、报刊以及现存档案等。由于资料收集的限制，书中未收录同时期我国香港、澳门、台湾地区的期刊出版情况。

[①]《发展纪事》执笔：段艳文

1月

1月5至6日,"全国新闻出版广播影视工作会议"在北京召开。与会人员认真聆听了刘云山、刘奇葆在全国宣传部长会上的重要讲话。蔡赴朝同志出席会议并作工作报告,聂辰席同志作总结讲话,田进、李秋芳、阎晓宏、童刚、吴尚之、王庚年、阎晓明出席会议。

1月12日,中国期刊协会向"从事期刊出版工作满30年"的代表颁发了荣誉纪念章,旨在为期刊业界树立榜样、提振信心,激发广大期刊出版工作者的使命感和责任感,促进我国期刊业的发展。

1月13日,国务院办公厅印发《关于优化学术环境的指导意见》。《意见》强调,科技工作者不准以任何形式抄袭盗用他人的论文等科研成果;不准利用中介机构代写或变相代写论文,或通过金钱交易在国内外刊物上发表论文。

1月15日,"第十届中国期刊创新年会"在北京开幕,年会由中国新闻文化促进会、中国新闻出版研究院联合主办,中国期刊协会会长石峰、中国新闻文化促进会理事长李东东出席会议并致辞,国家新闻出版广电总局新闻报刊司司长李军等领导与专家作主题演讲,来自全国各地出版业、期刊业的近300名代表参会。

2月

2月25日,国家科技图书文献中心以国家许可方式购买美国Wiley-Blackwell出版社回溯期刊数据库全国开通仪式在北京举行。美国Wiley-Blackwell出版社的927种学术期刊1997年(含)回溯至各期刊创刊年卷期的内容,通过NSTL的"外文回溯期刊全文数据库"平台和Wiley-Blackwell出版社的WileyOnlineLibrary平台并行为我国大陆公益性、非盈利机构读者提供免费在线利用。

3月

3月1日，国家新闻出版广电总局公布并施行《新闻出版许可证管理办法》。《办法》对于新闻出版许可证的设立、设计、印刷、制作与发放均进行了具体说明。

3月1日，《公益广告促进和管理暂行办法》正式施行。《办法》由国家工商总局、国家互联网信息办公室、工业和信息化部、住房和城乡建设部、交通运输部、国家新闻出版广电总局等六部门联合发布。《办法》规定，各类广告发布媒介均有义务刊播公益广告。

3月31日，同方知网美国子公司CNKI（美国）在2016美国亚洲研究协会（AAS）年会上首次发布了中国知网翻译出版的《经济研究》《东北亚论坛》《敦煌研究》《中国针灸》等近百种中英双语对照学术期刊网络版。

4月

4月15日，国家新闻出版广电总局印发《关于开展第二批学术期刊认定及清理工作的通知》，认定和清理工作是着力解决群众和行业反映强烈的突出问题，规范期刊出版秩序的一项重要基础性工作。

4月15日，中国国际图书贸易集团有限公司与加拿大 PressReader 公司共同合作的数字报刊发行项目在北京启动。项目将中国数千种报刊产品带入国际数字阅读市场，刷新中国电子报刊的发展格局，为中国国际出版市场的国际化商业模式作出新探索。

4月18日，由《中国科学》杂志社自主研发的 SciEngine 平台开始试运营。SciEngine 平台以《中国科学》系列期刊和《科学通报》的内容资源为依托，是我国首个集全流程数字出版与国际化传播于一体的科技期刊服务平台。

4月17至19日，中国高校科技期刊研究会在洛阳召开七届五次常务理事会议。会议确定今后双数年遴选"中国高校杰出百佳·优秀科技期刊"、单数年表彰优秀编辑出版团队和个人；并决定组织出版《中国高校科技期刊百年史》。

4月22日，国家新闻出版广电总局主办的"2016年首届少儿报刊阅读季"在北京启动。活动期间开展"好报刊伴我成长"主题巡展，"我的报刊我的童年"主题研讨、主题征文、征画、讲故事活动，全国少儿报刊出版单位向农村、边远地区捐赠报刊等系列活动。

4月26日，中国科学院文献情报中心正式发布《2015年OA期刊排行榜报告》，呈现2015年度全球STM领域高质量OA期刊的评价评估结果，以及18个学科的TOP期刊排行榜单。

4月27日，第三届中国工程院院刊（英文期刊）发展研讨会在北京召开，中国工程院院长周济、中国农业大学校长柯炳生等出席，会议对期刊当前面临的主要问题和相应的办刊举措与经验进行充分讨论。

5月

5月9日，第七届中国科学院学部主席团第20次会议原则通过《关于改进和加强"学部平台办刊"的建议》，要求各学部常委会继续加大对《中国科学》和《科学通报》（下称"两刊"）工作的指导和支持，加强常委会与相关编委会的联动，使"两刊"成为学部发挥学术引领作用的重要平台；希望更多院士特别是新当选院士积极供稿并参与组稿和审稿工作，并决定从2019年起，要求院士候选人10篇代表性著作中，至少应有1篇在"两刊"或其他中国优秀期刊上发表。

6月

6月1日，国家新闻出版广电总局与商务部发布的新版《出版物市场管理规定》

正式施行。新《规定》修订的主要内容有：按照国务院行政审批改革要求，删除原《规定》中有关出版物总发行和连锁经营企业的表述，取消对举办全国性出版物展销活动的审批，改为备案。按照国务院第六批取消、下放的行政审批项目和改为后置审批的工商登记前置审批项目，将设立出版物批发、零售单位的审批程序由"先证后照"改为"先照后证"。

6月3日，第五届上海期刊论坛在上海举行。论坛聚焦"创新驱动·融合发展·协作共享"主题，探讨移动互联网蓬勃发展的形势下，期刊界的融合与发展。论坛由上海大学、上海市出版协会、上海市期刊协会主办。其间，东方网、上海大学和上海市期刊协会共同签署出版融合发展战略合作协议。三方将在申报"出版融合发展重点实验室"项目、推进新型出版业态下人才队伍建设等方面展开合作。

6月13日，国内首个按国际通行模式规范运营的科技论文预发布平台——"中国科学院科技论文预发布平台"上线运行。该平台将与传统的基于期刊成果发布方式形成有效互补，致力于构建一种新型的学界自治的科研成果交流和共享平台，保障优秀科研成果首发权的认定，推动科研成果的开放获取，促进更大范围的学术交流。

6月15日，中国科学技术协会组织开展的"中国科技期刊年度优秀论文遴选推介活动"在北京启动。遴选活动分10个学科集群进行，遴选范围为发表在2012—2014年的中国科技期刊上的优秀论文。

6月22日，第四届西部科技期刊发展论坛暨第21届京津沪渝科技期刊主编/社长研讨会在北海举行。论坛的主题为"媒体融合推动科技期刊的繁荣发展"。论坛由广西科学技术协会主办，广西科学技术期刊编辑学会承办，四川省科学技术期刊编辑学会等多家单位协办。近150余名代表参会。

7月

7月4日，以 *Light: Science & Applications*（《光：科学与应用》）为平台，中国科学院长春光学精密机械与物理研究所与美国罗彻斯特大学共同主办的2016光学精密工程论坛在长春开幕。来自美国、英国、法国、德国、俄罗斯等16个国家和地区的50余位国际知名光学专家，以及来自国内80个重点大学及研究所的200余位光学专家、青年科学家等代表参会。

7月10日，中国科技期刊编辑学会主办的"第一届中国科技期刊高峰论坛"在北京举办，学会理事长朱邦芬院士到会致辞。中国科技期刊编辑学会理事、学术工作委员会委员、特邀代表等共计150余人参会。

7月12日，中国科学技术协会印发《关于开展中国科学技术协会主管期刊从业人员队伍基本情况调查工作的通知》，《通知》对期刊从业人员队伍基本情况开展调查工作。

7月14至15日，"第八届中国英文科技期刊研讨会暨 Scholar One 中国用户年会"在贵阳召开。研讨会由中国高校科技期刊研究会、中国科学技术信息研究所、汤森路透主办。年会邀请了国内外科技期刊领域的专家进行专题讲座。

7月20日，全国科技报刊创新发展研讨会在太原召开，研讨会由山西省科学技术协会和中国科技新闻学会主办。会上全国科技报刊"科普中国·寻找最美乡村科技致富带头人"活动同时启动，来自全国30多家科技报刊社社长、总编共50余人参会。

7月27至30日，第八届"科技期刊发展创新研讨会"在兰州举行。研讨会由中国科学技术期刊编辑学会、科技导报社主办，中国科学技术期刊编辑学会政策咨询与发展工作委员会、《中国学术期刊文摘》编辑部承办。来自各出版单位124

名代表参会。

7月29日，中国科学技术协会、国家新闻出版广电总局等六部门组织实施"中国科技期刊国际影响力提升计划第二期项目"（2016—2018年）。经项目发布、自主申报、资格审查、专家评审和项目公示，遴选出105种期刊和20种拟创办期刊，予以资金和出版资源支持。

8月

8月8日，国家新闻出版广电总局发布了《2015年新闻出版产业分析报告》。《报告》显示，2015年全国期刊总印数28.78亿册，降低6.69%；总印张167.78亿印张，降低8.60%。

8月17至19日，2016年中国农业期刊创新发展学术年会在怀化举办。年会主题为"农业期刊的数字化发展与集群化建设"。年会由中国高校科技期刊研究会农业期刊专委会主办，湖南农业大学期刊社、怀化学院学报编辑部承办。来自全国农业期刊编辑部100多位代表参会。

8月26日，第九期中国科学技术协会科技期刊主编（社长）沙龙在丹东举行。沙龙由中国科学技术协会学会学术部主办、中国生物工程学会和中国科学院文献情报中心共同承办。来自有关学会，科研、出版机构的专家和国内有关科技期刊的主编、社长、编辑部主任50余名代表参会。

9月

9月1日，"全国报刊媒体融合创新案例30佳名单"在北京公布。名单由国家新闻出版广电总局新闻报刊司自2015年底开始组织开展"2014—2015年度报刊媒体融合创新案例征集及优秀案例推荐活动"。经过案例收集、专家初评、复评、终评，最终确定30个融合创新案例入选。

9月9至12日,第十四届(2016)全国核心期刊与期刊国际化、网络化研讨会"在银川召开。研讨会以"创新驱动发展促进期刊繁荣"为主题,共同讨论了如何更新期刊发展观念,深化期刊体制机制改革,充分发挥期刊作为创新工具功能,推动期刊业繁荣发展。研讨会由中国科学技术期刊编辑学会、中国科学技术信息研究所、北京万方数据股份有限公司、万方数据电子出版社共同主办。

9月12至16日,中国期刊协会组织包括《东北大学学报》《暨南大学学报》等在内的13家学术类期刊出版单位,对原美国汤森路透(Thomson Reuters)《科学引文索引》(SCI)总部(现为科睿唯安,Clarivate Analytics)、施普林格自然(Springer Nature)出版公司进行了考察与交流。

9月21日,"京津冀科技期刊协作发展联盟"成立大会暨京津冀科技期刊创新发展论坛在北京召开,大会由北京市科学技术协会、北京经济技术开展区管委会共同主办,北京科学技术期刊学会、天津市科技期刊学会、河北省科技期刊编辑学会承办。近200余名代表参会。

9月23至25日,2016"中国(武汉)期刊交易博览会"在武汉举办。本届展会由国家新闻出版广电总局指导,湖北省人民政府、中国邮政集团公司主办,中国期刊协会等单位承办,以"新理念、新融合、新发展"为主题,共有50余个国家和地区的3600多家单位参展,展出的期刊及衍生品多达1万多种、20多万件。

9月24日,2016"中国最美期刊"遴选活动结果在"中国(武汉)期刊交易博览会"现场正式公布。《中国国家地理》《国家科学评论(英文版)》《英国医学杂志(中文版)》等入选100种"中国最美期刊"。此项活动由中国(武汉)期刊交易博览会组委会主办、中国期刊协会《中国期刊年鉴》杂志社承办。

9月24日,首届中国科技期刊国际影响力高层座谈会在"中国(武汉)期刊交易博览会"现场举办。座谈会由中国新闻出版传媒集团、《中国学术期刊（光盘版）》电子杂志社有限公司主办，以"学术期刊国际影响力提升措施及其科学评价"为主题，为促进我国科技期刊国际化发展，提升中英文科技期刊国际影响力与核心竞争能力，开展科学合理的学术期刊国际化发展评价，分享国际知名科技期刊新思路、新经验、新做法。国家新闻出版广电总局、中国科学技术协会、中国期刊协会等单位领导，以及业内专家、期刊社代表参会。

9月24日，上海市科技期刊学会举办第二届"上海市科技期刊编辑技能大赛"，以辨识并纠正常见编校差错为主要内容。大赛分个人赛和团队赛。大赛得到上海市多家刊社和编辑部的热烈呼应，实际参赛人数达151人。

9月26至30日，国际期刊联盟（FIPP）主办的第五届亚太数字期刊大会在新加坡召开。中国期刊协会代表团参会，另有来自美国、印度、英国、法国等25个国家和地区的近300余名代表参会。

10月

10月9日，国内首批无人智慧报刊亭在杭州投入使用。该报刊亭设有16个透明箱，共分100个格子，内放当日报纸及当期杂志，购买者只需点击触摸屏，选择报刊名目及支付方式，即可取到所需报刊。智慧报刊亭支持微信、支付宝和投币方式付款。该报刊亭还设有食品饮料自动销售区等，并将拓展公交查询等便民服务功能。

10月11日，为全面贯彻落实《关于推动新闻出版业数字化转型升级的指导意见》《新闻出版广电"十三五"时期科技发展规划》，继续深入推进新闻出版业数字化转型升级工作，国家新闻出版广电总局发布了《新闻出版业数字化转型升级软件技术服务商推荐名录（2016）》。

10月12日,"第十三届长三角科技期刊发展论坛"在嘉兴召开。论坛由上海市科技期刊学会、江苏省科技期刊编辑学会、浙江省科技期刊编辑学会共同主办,杭州市科学技术协会承办,120余位代表参会。

10月12日,中国科学技术信息研究所研制的《2016年版中国科技期刊引证报告(核心版)》在北京发布。《报告》分为两部分,包括自然科学卷和社会科学卷,其中《中国科技期刊引证报告(核心版)》自然科学卷以《中国科技论文与引文数据库(CSTPCD)》为基础,共收录了全国1985种科技核心期刊。近500余名代表参会。

10月13日,《中小学图书馆馆配期刊目录》在北京发布。《目录》由中国期刊协会和中国教育装备行业协会联合遴选和发布。《快乐科学》《我们爱科学》《十万个为什么》《小聪仔》等期刊入选。

10月14至16日,第四届"中国期刊质量与发展大会"在太原召开。大会以"期刊质量与学术繁荣——中国期刊的品质化、专业化、数字化、国际化"为主题,大会组委会由中国科学院自然科学期刊编辑研究会、全国高校文科学报研究会、中国科学与科技政策研究会、中国人民大学报刊资料中心等11家单位组成。350余名代表参会。

10月20日,科普与全媒体研讨交流会在北京举办。会议由中国科学技术期刊编辑学会主办,中国科学技术期刊编辑学会科普工作委员会承办。大会围绕"科普与全媒体"的主题进行了热烈的讨论和深入的交流。

10月27至28日,第十二届"中国科技期刊发展论坛"在兰州开幕。论坛由中国科学技术协会、国家新闻出版广电总局联合主办,由中国科学技术协会学会服务中心、甘肃省科学技术协会、甘肃省新闻出版广电局承办。甘肃省人民政府副省长、甘肃省科学技术协会主席夏红民，中国科学技术协会党组成员兼学会学术部部长宋军，国家新闻出版广电总局新闻报刊司司长李军等领导同志出席论坛并发言。来自国内外相关领域的 400 多位院士、专家、学者以及科技期刊工作者参会。

10 月 28 日，中国科学院学部"科学与技术前沿论坛"第 60 次论坛——"中国科技类学术期刊发展战略研究"在北京召开。论坛由中国科学院学部主办，中国科学院学部学术与出版工作委员会承办，《中国科学》杂志社协办。国家自然科学基金委员会主任杨卫、中国出版协会常务理事长邬书林、爱思唯尔出版公司期刊出版全球总裁 PhilippeM.A.B.Terheggen、中国科技期刊编辑学会理事长朱邦芬等出席并作报告。

11 月

11 月 4 日，中国科学报社与细胞杂志社战略合作签约仪式暨"中国科学家与 Cell Press"座谈会在北京举行。中国科学报社社长、总编辑陈鹏与美国细胞出版社总裁、《细胞》杂志主编 Emilie Marcus 共同签署了战略合作协议。

11 月 10 日，国家工商总局公布《广告发布登记管理规定》，《规定》明确，广播电台、电视台、报刊出版单位从事广告发布业务的，应当向所在地县级以上地方工商行政管理部门申请办理广告发布登记。《规定》还提出，办理广告发布登记，应当具备下列条件：（一）具有法人资格；不具有法人资格的报刊出版单位，由其具有法人资格的主办单位申请办理广告发布登记；（二）设有专门从事广告业务的机构；（三）配有广告从业人员和熟悉广告法律法规的广告审查人员；（四）具有与广告发布相适应的场所、设备。《规定》自 2016 年 12 月 1 日起施行。

11 月 10 日，《中国科学》和《科学通报》（下称"两刊"）第二届理事会第二次会议在京召开。中国科学院院长、"两刊"理事会理事长白春礼主持会议。会议通过了"两刊""十三五"发展规划,并为"两刊"2016年度优秀编委、优秀作者和优秀编辑颁发了荣誉证书。

11月17至18日,中国科学院自然科学期刊编辑研究会第26次学术研讨会暨科技期刊改革与发展研修班在成都举办。来自中国科学院各分院和研究所的130个编辑部的186名期刊编辑参会。

11月20日,《知识就是力量》创刊60周年主题纪念活动在北京举行。中国科学技术协会党组副书记、副主席、书记处书记徐延豪出席活动并致辞,著名天体化学与地球化学家,中国月球探测工程首席科学家,中国科学院院士欧阳自远等专家做主题报告,中国科协、教育部、国家新闻出版广电总局、文化部、共青团中央相关领导、院士、科学家、科普作家代表、编辑代表、读者代表和中小学教师代表和学生代表参会。

11月20至22日,"2016全民阅读嘉年华'数字阅读TOP100城市排行/数字传播影响力期刊TOP100排行发布盛典'"在宁波举行。活动由龙源数字传媒集团、中国新闻出版研究院、宁波市政府联合主办。《大众医学》《家庭医药》等科技期刊入选"2016全民阅读嘉年华数字传播影响力期刊TOP100"。

11月22至23日,第二届"中国学术期刊未来论坛"在北京举行。中国出版协会常务副理事长邬书林、中国期刊协会会长石峰、国家新闻出版广电总局新闻报刊司司长李军等领导到会讲话。论坛还发布了《2016年中国学术期刊国际引证年报》《2016年中国学术期刊国内引证年报》《2016最具国际影响力学术期刊》《2016国际影响力优秀学术期刊》。

12月

12月6日,国际出版交流专题报告会在北京召开。报告会由中国科技期刊编辑学会国际交流与合作工作委员会举办。美国物理联合会（AIP）的首席出版官 Jason Wilde 博士做了《21st Century Journal Publishing》报告，畅谈科技期刊的创立和发展。

12月8日，"中国科技期刊登峰行动计划"答辩活动在北京举行。中国科学技术协会决定从2016年起实施推动一批科技期刊攀登世界一流科技期刊高峰。经过学科遴选、期刊推荐和专家评审，报登峰行动领导小组审定，最终确定《中国机械工程学报（英文版）》《中华医学杂志（英文版）》等16种期刊入选。

12月9日，第十二期中国科学技术协会科技期刊主编（社长）沙龙在北京举行。沙龙由中国科学技术协会学会学术部主办、中国力学学会承办，主题为"协同创新——提升科技期刊学术服务能力"。40余名代表参会。

12月14至15日，首届"全国报刊编校技能大赛"决赛在北京举行。大赛由国家新闻出版广电总局人事司主办，中国新闻文化促进会和中国期刊协会承办，各省、自治区、直辖市新闻出版广电局协办。决赛共有来自中央在京报刊出版单位和全国29个赛区的33个参赛团队的近百位选手参加决赛，河南代表队等6个代表队最终荣获一等奖，甘肃代表队等9个代表队获二等奖，山东代表队等18个代表队获得三等奖。

12月18日，2016年国际科技期刊与科学传播高峰论坛在中国工程院学术会堂举行，论坛由中国工程院战略咨询中心主办，中国工程院院刊《Engineering》《环球科学》《计算科学评论》《中国工程科学》协办。论坛就学术期刊如何拓展服务、如何提高学术成果可见性、新技术如何助力学术出版，以及大众科学传播等议题进行了深入探讨。

12月25日，第十二届全国人大常委会第二十五次会议表决通过了《公共文化服务保障法》。该法共分总则、公共文化设施建设与管理、公共文化服务提供、保障措施、法律责任、附则6章，共65条，将于2017年3月1日起正式施行。

12月27日，国家新闻出版广电总局发布《全民阅读"十三五"时期发展规划》。《规划》期限为2016年至2020年。《规划》还提出了包括举办重大全民阅读活动，加强优质阅读内容供给，推动全民阅读深入基层、深入群众，大力促进少年儿童阅读，保障困难群体、特殊群体的基本阅读需求，完善全民阅读基础设施和服务体系，提高数字化阅读的质量和水平，组织引导社会各方力量共同参与，加强全民阅读宣传推广共9项重点任务。

附录二 名词术语

（按汉语拼音排序）

被引次数排名前 1%的论文百分比

被引次数排名前 1%的论文百分比（% Documents in Top 1%）是指在某一指定学科领域、某一年、某种文献类型下，被引频次排名前 1%的文献数除以该组文献的总数的值，以百分数的形式展现。

被引次数排名前 10%的论文百分比

被引次数排名前 10%的论文百分比（% Documents in Top 10%）与被引次数排名前 1%的论文百分比类似，高于 10% 将被认为高于平均绩效水平。"排名前 1%"和"排名前 10%"两个指标互相补充，提供了更为宽泛的优秀科研（10%）与杰出科研（1%）的全景图。

CiteULike

CiteULike 为一款社交化的参考文献管理工具。创建于 2004 年。CiteULike 免费提供给用户对阅读的网上学术文章和书籍信息进行的保存、分享、组织等，形成个人资料库。支持 Tags、RSS 订阅、设定优先权、内容输出到 BibTeX、EndNote 文献管理系统和由 BibTeX 输入内容、并支持按 Tags 和作者查询以及用户组等服务。

COPE

COPE（Committee on Publication Ethics，出版道德委员会）1997 年由英国的

一些医学期刊编辑创建,是一个专注于出版伦理道德的机构,其宗旨是"促进学术出版诚信"。COPE 是一个开放性非营利组织,学术期刊的编辑或任何对出版道德感兴趣的人都可以申请成为其会员。 COPE 为帮助和指导编辑和出版商处理出版中遇到的伦理道德问题,尤其是如何处理出版方面不当行为的案例及解决方案,例如抄袭、伪造数据等,以应对全球范围内违反科学研究和出版规则的学术伦理道德问题。同时,COPE 还制定了科学出版伦理方面的规范指南。

CrossCheck

CrossCheck 即反剽窃文献检测系统,是由 CrossRef 推出的一项服务,用于帮助检测论文是否存在剽窃行为,它的软件技术来自于 iParadigms 公司的 iThenticate,于 2008 年正式向全球发布。用户通过上传论文与 CrossCheck 数据库中的已发表文献进行比较,返回给用户论文与数据库中已发表文献的相似度,以百分比表示。

CSTPCD

CSTPCD(Chinese Scientific and Technical Papers and Citation Database)是中国科学技术信息研究所的"中国科技论文与引文数据库",收录我国各学科重要科技期刊。主要功能有:(1)权威数据——整合国内外权威的科技论文数据库,提供清晰准确的数据分析基础。(2)统计分析功能——提供实时在线的机构、学者收录引证分析工具与相关报告,为科研人员提供客观、可信的期刊引用分析计量工具与期刊引证报告。

ESI 学科分类

ESI(Essential Science Indicators)学科分类模式是基于期刊的分类,是一种较为宽泛的学科分类模式,由自然科学与社会科学的 22 个学科构成。艺术与人文期刊未被包含在内。每种期刊只被划分至 22 个 ESI 学科中的一个,没有重叠的学科设置使得分析变得更为简单。

高被引论文

高被引论文（Highly Cited Paper）是指按照同一年同一个 ESI 学科发表论文的被引用次数按照由高到低进行排序，排在前 1%的论文。

海外作者论文

海外作者论文是指海外作者作为第一作者在中国科技期刊发表的论文。"国际合著论文"为中国作者作为第一作者，与其他国家作者在中国科技期刊共同发表的论文。

InCites 数据库

InCites 数据库集合了 WoS 核心合集七大索引数据库的数据，与 WoS 核心合集的数据相互连接，采用更加清晰、准确的可视化方式来呈现数据，用户可以更加轻松地创建、存储并导出报告。

基金论文

基金论文是指由基金资助课题产出的论文。

科技三会

科技三会是指全国科技创新大会、两院院士大会和中国科协第九次全国代表大会，2016 年 5 月 30 日在人民大会堂隆重召开，这是我国科技界的一次盛会。中共中央总书记、国家主席、中央军委主席习近平出席大会并发表重要讲话。

科普期刊

科普是普及科学技术知识、倡导科学方法、传播科学思想、弘扬科学精神的活动。科普期刊也称科普杂志（Science magazine/Popular science magazine），是以发表科普作品为主、对公众进行非正规科学教育的定期出版物。科普期刊具有两方面的主要特征：（1）面向大众（非专业人员），读者主要是非科研人员，也包括希望获取其专业领域之外的科学信息的科研人员；（2）以相对浅显的语言介绍与科技相关的原理、知识、新闻、观点等。科普期刊可分为综合类科普期刊和专科类科普期刊，前者涉及科学技术各领域，后者则专注于某一个学科/领域。

Kudos

Kudos是一个面向全球科研人员免费开放的科研影响力提升服务平台，于2014年5月正式推出。Kudos为全球科研人员提供免费在线工具包，主要对已发表论文进行概述、推广，并分享与论文相关的实验数据、视频、图像等辅助材料，从而进一步提升科研成果的影响力，在促进科学传播与学术交流方面走在了世界前列。2015年全球学术与专业出版商协会（ALPSP）将国际最佳出版创新奖授予了Kudos。

论文被引百分比

论文被引百分比（% Documents Cited）是指一组出版物中至少被引用过一次的论文占总论文数的百分比。

论文处理费

作者或相关机构支付的OA论文发表费也称作OA论文处理费（Article Processing Charge，APC），APC中一般包含稿件在线处理系统的开发和运维、同行评议、语言润色、文字编辑、图表制作、排版、校对、在线预出版、出版后论文推送服务、向国际检索系统推介服务、论文的长期存档等整个出版过程中发生的各种成本。不同期刊的APC金额相差很大，每篇论文收取的APC可能低于100美元，也可能高于5000美元，通常介于1000~3000美元之间。一般来说，期刊的稿件录用率越低，花费的成本越高，收取的APC也越高。期刊影响因子与APC大致呈正相关，高影响因子期刊收取相对较高的APC，OA期刊出版商在定价时，也会在一定程度上考虑价格与影响因子的关系。

Mendeley

Mendeley是一款免费的跨平台文献管理软件，同时也是一个在线的学术社交网络平台。可一键抓取网页上的文献信息添加到个人的 library 中。还可安装 MS Word 和 Open Office 插件，方便在文字编辑器中插入和管理参考文献。

OA 出版

OA（Open Access）出版，常译为开放获取出版或开放存取出版，即：采取作者或机构付费、读者免费的出版模式，目的是消除信息获取的障碍，以最大程度地提高论文的影响力和传播范围。OA 论文主要发表于"完全 OA 期刊"和"混合 OA 期刊"。"完全 OA 期刊"通常是指没有纸版的纯网络期刊，"混合 OA 期刊"则是传统出版和 OA 出版相结合的一种出版方式，即：期刊在保留传统订阅出版模式的同时，允许作者自由选择是否将自己的论文 OA 出版，选择 OA 出版的前提条件是作者预先支付一定数额的出版费用。"完全 OA 期刊"也被称之为金色 OA（指整个期刊的文章都可免费获取），如果作者对手稿进行自存档（如：存入机构知识库）而使论文免费获取，也被称之为绿色 OA。

PlumX 度量指标

PlumX 度量指标的前身是 Plum Analytics，于 2012 年由 Andrea Michelek 和 Mike Buschman 创立，2013 年 PlumX 度量指标面向用户使用。2017 年被 Elsevier 收购，作为其数据库文章的度量指标产品。PlumX 度量指标通常称为 PlumX 足迹，它收集并提供文章的使用、捕捉、提及、社交媒体和引用这五方面的度量指标。

热点论文

热点论文（Hot Paper）是指某一 ESI 学科最近两年发表的论文，在最近两个月中的被引用次数排在前 0.1% 的论文。

SciVal

SciVal 数据库的基础数据来自于全世界最大的摘要和引文数据库 Scopus，SciVal 分析工具可以帮助了解全球 220 个国家和 4600 家机构的研究成果。SciVal 将科研表现图像化，可以实时了解个体在全国及全球的科研地位及科研进展，与全球类似机构比较，评估科研表现，并了解本地和全球合作情况，建立合作伙伴关系，促进交流和发展。

Scopus 数据库

Scopus 数据库由爱思唯尔于 2004 年 11 月推出，是目前全球规模最大的文摘和引文数据库。Scopus 涵盖了由 5000 多家出版商出版的科技、医学和社会科学领域的 22000 多种期刊。

STM 期刊

STM 指 Science，Technology 和 Medicine，即科学、技术和医学，"STM 期刊"即科学、技术和医学期刊，对应于我国的"科技期刊"。是学术交流活动中非常稳定、重要的传播媒介。

他引率

他引率是指期刊总被引频次中，被其他刊引用次数所占的比例，测度期刊学术传播能力。他引率=被其他刊引用的次数/期刊被引用的总次数。

替代计量学

替代计量学（Altmetrics）的兴起是单篇论文评价（Article-Level Metrics）、科研成果计量（Eurekometrics）、科研发现计量（Erevnametrics）、科学计量学 2.0（Scientometrics2.0）等众多研究的合流，与科学交流的网络化密切相关。

Web of Science 数据库

Web of Science 数据库（WoS）拥有来自全球 18,000 多种高影响力的学术期刊、180,000 多种会议论文以及 80,000 多种学术书籍的多学科研究数据。Web of Science 囊括了 250 多个学科的学术期刊文献，其中的科学引文索引(SCI)可以一直回溯到 1900 年，其质量、广度、深度与 100 多年来的学术引文回溯数据构成了其数据的独特性，揭示概念与技术的发展过程，保证了知识的发现。

乌利希国际期刊指南/乌利希国际连续出版物数据库

《乌利希国际期刊指南》（Ulrich's Periodicals Directory）创建于1932年，目前通过乌利希国际连续出版物数据库（ulrichsweb）提供检索服务（http://www.ulrichsweb.com/ulrichsweb/）。该数据库收录自1932年以来全球215个国家出版的33.6万种连续出版物，包括期刊、年鉴、会议文献、报纸等，是全球最大最全的连续出版物名录数据库。

相对于全球平均水平的影响力

相对于全球平均水平的影响力（Impact Relative to World，IRW）是指某组文献的引文影响力与全球总体的引文影响力的比值。全球平均值总是等于1。比值大于1时，表明该组论文的篇均被引频次高于全球平均水平；小于1时，则表示低于全球平均水平。

学科规范化的引文影响力

学科规范化的引文影响力（Category Normalized Citation Impact，CNCI）是通过实际被引次数除以同文献类型、同出版年、同学科领域文献的期望被引次数获得的。如果CNCI的值等于1，说明该组论文的被引表现与全球平均水平相当，CNCI大于1表明该组论文的被引表现高于全球平均水平；小于1，则低于全球平均水平。

引文影响力

"引文影响力"（Citation Impact）是一组文献的引文总数除以总文献数量，展现了该组文献的平均引用次数。

卓越论文

卓越论文是指 5 年在中国科技论文与引文数据库（CSTPCD）中发表在中国科技核心期刊，且论文"累计被引用时序指标"（n 指数）超过本学科期望值的高被引论文。

总被引频次

总被引频次是指期刊自创刊以来所登载的全部论文在统计当年被引用的总次数，可以显示该期刊被使用和受重视的程度，以及在科学交流中的绝对影响力的大小。